著作权的替代手段

郭雪军　著

中国海洋大学出版社
· 青岛 ·

图书在版编目(CIP)数据

著作权的替代手段 / 郭雪军著 . -- 青岛：中国海洋大学出版社，2024. 12. -- ISBN 978-7-5670-4068-7

Ⅰ. D923. 414

中国国家版本馆 CIP 数据核字第 20247BB717 号

著作权的替代手段

ZHUZUOQUAN DE TIDAI SHOUDUAN

出版发行	中国海洋大学出版社		
社　　址	青岛市香港东路 23 号	**邮政编码**	266071
出 版 人	刘文菁		
网　　址	http://pub.ouc.edu.cn		
订购电话	0532-82032573(传真)		
责任编辑	赵孟欣	**电　　话**	0532-85901092
印　　制	青岛中苑金融安全印刷有限公司		
版　　次	2024 年 12 月第 1 版		
印　　次	2024 年 12 月第 1 次印刷		
成品尺寸	170 mm ×230 mm		
印　　张	15. 25		
字　　数	241 千		
印　　数	1—1 000		
定　　价	70. 00 元		

前言
FOREWORD

21世纪以来,数据压缩与传输技术、互联网技术的迅猛发展极大地提高了私人复制和传播的能力,对传统的著作权运行方式提出了挑战。在这种情形下,如何保证著作权的排他性以使得著作权许可为核心的产业运作顺利进行是一个值得挖掘的领域。在商业实践中,著作权人与中间商使用替代手段来对抗未经许可的私人复制与传播,对此过程进行整理和分析能够帮助从实践角度认识著作权与替代手段的运行机制和相互关系,以便进一步为立法和司法提供参考。

本书选取三个具有代表性的著作权产业——图书出版产业、音乐产业、电影产业——作为研究对象。研究框架这样建立:首先,分析图书出版产业、音乐产业、电影产业中以法律排他性为基础的“著作权+许可”的商业模式;其次,考察这三种产业著作权的法律排他性与事实排他性的差距;再次,探讨这三种产业中的替代手段如何弥补法律排他性与事实排他性的差距;最后,从实证和规范两个角度描述著作权与替代手段的关系。本书的章节就是基本按照这个研究框架设置的。

本书的第6章是精华所在,总结了对图书出版产业、音乐产业、电影产业的研究结果,并进一步给出了核心观点。图书出版产业、音乐产业、电影产业中的商业实践表明,著作权与替代手段结合起来共同完成了作品到达消费者的商业运行。在作品从著作权人到达中间商的阶段——也就是公开商业领域,著作权人和中间商利用著作权执法排除未经许可的商业提供者,保证著作权的顺利运行。在作品从中间商到达消费者的阶段——也就是私人消费领域，著作权人和中间商利用替代手段吸引消费者购买正版产品，排除未经许可的私人提供者，保证私人消费领域的排他性。这些替代手段包括：天然排他性较强的捆绑电台电视台、电影院、公共场所、现场演出，天然排他性稍弱的捆绑实体书、实体唱片和实体影碟，在天然排他性最弱的网络领域，有捆绑资源库、低价、技术措施、捆绑广告、捆绑社交网络、捆绑个人体验、免费增值、商业赞助等。出于排除成本的考虑，著作权适用于公开的商业领域，替代手段适用于私人消费领域，替代手段对著作权形成了补充的关系。

著作权与替代手段之间存在适用的边界，应达到两者之间的平衡。如果著作权在私人消费领域更换了替代手段，并不会有显著的收益，反而会增加执行成本、减少私人接触作品的机会以及不能实现私人复制的竞争合理性。如果著作权执法不力，替代手段更换了著作权，将在激励创作、激励传播和作者自治三方面产生程度不同的负面影响，中国目前应该改善某些方面的著作权执法，使著作权充分发挥作用。

替代手段在著作权产业中一直存在，作用显著，但是对此法律现象的国外研究较为松散，国内则基本没有开展这方面的研究。本书对著作权的替代手段进行了全面的描述、分类、总结、定义，是对此法律现象的深入挖掘，在国内较为少见。同时，在专注该问题的理论意义与现实意义的基础上，也增加了阅读的趣味性。

目录

CONTENTS

第1章 绪论

1.1 选题背景

1999年夏天，美国东北大学的学生肖恩·范宁（Shawn Fanning）在互联网上推出了专门进行音乐文件交换的软件Napster。由于这款软件能够方便快捷地搜索、定位和传输音乐文件，人们很快开始熟悉并使用它分享受著作权保护的音乐文件，这引起了唱片业的恐慌。同年12月，几家大型唱片公司联合起来起诉Napster公司，打算把这家初创企业扼杀在摇篮里。[①] 在诉讼的过程中，摇篮里的Napster迅速成长为一个巨人，在Napster被法院发布禁令关闭服务器之前，每秒钟就有100个新用户登录Napster，有10 000份音乐文件被传输，其全部注册用户在高峰时期有7 000多万人。[②] 尽管Napster最终败诉了，但没人能够忽视消费者的微观行为被Napster导引和汇集后产生的巨大能量，有识之士不禁要问，仅仅是关闭Napster的服务器就能让未经许可的私人复制消弭于无形吗？如果人们执着于私人之间的文件分享，著作权人该如何阻止无数个消费者在个人计算机上的私人复制行为呢？难道只有著作权人一个接一个地把侵权的消费者告到法院，才能彻底地消灭网络盗版吗？

针对让人头疼的小型违法案件，EconTalk的主持人Russell Roberts曾经讲过这样一个故事，在20世纪八九十年代的纽约和波士顿，由于警察抽不出时间

① Napster诉讼的具体情况参见［美］威廉·W. 费舍尔：《说话算数：技术、法律以及娱乐的未来》，李旭译，上海三联书店2008年，第98-107页。

② Tim Wu, *When Code Isn't Law*, 89 Va. L. Rev. 679, 710(2003). 转引自刘家瑞：《Napster案与文件共享技术的版权责任》，《科技与法律》2004年第4期，第69-77页。

来对付小偷小摸，盗窃车载音响成风，以至于人们习惯于在车窗上看见这样的告示:“这辆车没有音响”或者“音响已经被偷”，用来防备小偷没有检查就冒失地砸烂车窗。警察不管用，但是车载音响的制造商做出了聪明的反应。第一个反应是制造商推出了可携带的车载音响，人们可以在离开车的时候把音响也带在身边。第二个反应是制造商推出了可携带的车载音响的面板，人们离开车的时候只需拆下面板就可以了，因为只偷到音响没有面板还是没法使用。第三个反应是制造商开发出了与汽车单个匹配的车载音响，这种音响一旦离开了匹配的特定汽车就没法使用。音响制造商的商业实践最终消灭了车载音响的盗窃行为。[①] 这个故事告诉我们，市场中自发的商业实践有时候也能做到警察执法想要做到的事情，而且是以更好、成本更低、更有效率的方式。把这个思路扩展到 Napster 案，就是唱片公司也许会有办法让消费者自动地减少非法的音乐分享，我们不能忽视市场中自发的商业实践的潜力。

Napster 带来的震动昭示着音乐消费模式的变革。Napster 之后的 iTunes 以及 Spotify 彻底改变了人们的消费习惯，人们不再流连于唱片店挑选唱片、CD或磁带，而是习惯于在个人电脑和手机上寻找自己喜爱的音乐，他们可以选择单曲下载也可以选择包月，冷门的词曲作者和歌手也能推出自己的作品，因为互联网能帮助他们找到受众(即便是很少)。iTunes 以及 Spotify 提供的新的音乐消费方式把我们又吸引到正版音乐上来，这正是音乐产业在 Napster 案之后的商业实践的结果。Napster 带来的这次巨大的变革正是熊彼特提出的创造性毁灭(Creative Destruction)，音乐产业在重生之后适应了网络消费的新世界。关闭 Napster 的服务器并不能消灭私人复制，著作权人也不可能把每个下载侵权文件的消费者告上法庭，关键是 Napster 如何成长蜕变为 iTunes 和 Spotify。如果 Napster 能够征得著作权人的许可转型为正版音乐网站，如果 Napster 不断地丰富自己的商业实践，提供比私人分享更好的产品，那么人们不会执着于私人分享，而是涌入正版网站消费更好的产品。本书感兴趣的问题是，在这个过程中，著作权起到了什么样的作用？中间商不断创新的商业实践又起到了什

① Russell Roberts: Napsternomics: What's the Most Effective Way to Protect Intellectual Property? http://www. econlib. org/library/Columns/Robertsnapster. html，2019 年 2 月 19 日访问。

么样的作用？著作权与商业实践是什么样的关系呢？应该怎样对待著作权与商业实践的关系？

对于以上问题，一种研究方式是把问题局限在著作权法中进行研究，这有可能带来的危险是：结论陷入简单的非此即彼境地，著作权要么是包治百病的“灵药”，要么在网络世界里毫无用处。另一种研究方式则是把著作权放在一个更广阔的研究空间中研究，更多地探讨著作权与其他社会现象的关系，探讨著作权的能与不能。本书就采取第二种研究方式，把著作权放到市场中研究，探讨著作权法与商业实践的互动与关系。

如果把关切著作权与商业实践的目光聚焦到中国，就会发现情况愈发复杂。改革开放后的中国受益于技术创新的扩散，迸发出巨大的生产力，出现了丰富的商业实践活动，我国著作权的出现和发展正处于这样一个大变革的时期，与之相关的产业演化出了丰富的生态。针对这样复杂的情况，简单地对著作权说是或不是，应该或者不应该，这不是学术的态度，也不能够回应现在与未来。本书认为，对于著作权的种种疑问与要求需要更多贴近现实的观察和探讨，需要深入著作权运行的具体情境中去，看看著作权到底是如何在具体情境中运作的，从现实中一步步做出扎实的研究。现实中的著作权是在系统中的运作，在法律的系统中包括著作权的取得、著作权范围的界定、著作权的利用及著作权的执行等。本书则另辟蹊径，在市场的系统中探讨著作权的运作，把著作权与商业实践的交叉与互动作为研究领域，期待能为发展中的中国著作权法增添另外的研究路径和一点智识上的贡献。

1.2 选题思路与题目的界定

1.2.1 选题思路

本书把著作权与商业实践的关系作为研究领域有三个原因。第一个原因是关于著作权的正当性。在功利主义的正当性理论中，经济激励是主要手段，然而经济激励从哪里来？最根本的来源就是著作权在市场运作中获得报酬，那么，此种经济活动的结果就直接关系到功利主义的正当性是否成立。研究市场运作，就不可避免地涉及著作权与商业实践的关系，因此二者关系的研究有助于让我们更深刻地理解著作权的正当性问题——这个著作权法上最有趣、最复杂、最具有挑战性的问题。第二个原因是关于著作权与商业实践关系的重要性。

相对于著作权的主体、客体、内容、产生、侵权、救济，著作权与商业实践的关系因为和合同法、反垄断法相联系而显得不够纯粹，但是它的研究价值并不低。举个例子，尽管著作权的初始权利一般都是界定给作者，简单的看法是这样能够激励作者创作更多更好的作品，然而在商业实践中，出版者和传播者的利害关系也必须考虑进来，因为它们有可能改变权利和收入分配的格局，甚至有可能抵消著作权的作用，使设置著作权的目的不能充分实现。第三个原因是这一领域目前较少有学者关注，笔者认为如此丰富的商业实践缺乏学术的研究实属可惜，所以不揣浅陋，将此作为本书研究的领域。

然而著作权与商业实践的关系依然是一个广泛的领域，涉及很多概念和现象，本书需要一个确定的题目，就必须凝练和集中。在选题过程中，梳理一下过去有关著作权与商业实践关系的经典论文是必要的，因为经典论文既提供了有探索价值的研究路线，又指明了研究的前沿。当然，选取的论文都是法律类的，因为笔者认为，探讨著作权与商业实践的关系必须反馈到著作权法本身，这才是本书写作的目的和价值所在。笔者发现，有关的经典论文都是从质疑著作权的正当性开始的，而且往往归结于功利主义的正当性，并展开讨论，这大概是因为功利主义的正当性的确提供了一个非常好的讨论起点。比如，自然权利论倡导归属于创造人本身的智力劳动产生了著作权，然而在进一步解释什么样的智力劳动能够产生著作权时，自然权利论者不得不将智力劳动解读为“劳动产生了对他人有价值的某种东西……那么，劳动者因此应该得到某种收益”，它蕴含着这样的推论：如果不能增加有益的价值，则智力劳动未必能够产生著作权。此种“价值增加”的理论通常也被认为是工具主义或结果主义的观点，所以不可避免地与功利主义相交叉。再比如，精神财产论强调创造者的自我表达，但在现实世界中著作权的转让情形则隔断了个人和客体之间的联系，精神财产论者将这个悖论解释为，创造者转让以及使用者支付报酬也是对于创造者人格的尊重和承认，这表明作品的创造者必须得到公众的认同（否则不会有使用者购买），然而公众认同就是趋向于社会福利的目标，精神财产论也就因此不得不和功利主义相联系。[①] 还有一个原因是笔者阅读的论文主要是来自美国学者，而

① 对于自然权利论和精神财产论的详细解读参见［美］贾斯汀·休斯：《知识产权哲学》，杨才然、张萍译，载刘春田主编：《中国知识产权评论》（第二卷），商务印书馆 2006 年，第 25–33 页，第 79–87 页。

美国著作权法毫无疑问是以功利主义为其立法基础的。[①]

在这些经典论文中，本书将首先谈到阿罗(Arrow)的文章《发明的经济福利和资源分配》。[②] 这篇文章发表于1962年，晚于下面接着谈到的普朗特的文章，之所以没有按照时间的先后顺序来阐述，是因为阿罗的这篇文章奠定了信息经济学的正式研究框架，其中涉及的几个重要问题是知识产权经济学的研究起点，本书认为首先介绍一下这篇文章对于问题的展开是有莫大帮助的。如题目所示，阿罗的文章主要涉及两个方面：一是通过福利经济学的视角看待发明导致的社会福利影响，二是研究产生发明的资源投入问题。为了更好地分析这两个问题，阿罗首先总结了发明信息的三个特征：不确定性(Uncertainty)、不可分割性(Indivisibility)和不能独占性(Inappropriability)。不确定性指的是产生发明的风险较大，这和有形资产的投资的差别不是根本性的，因为有形资产的投资也是有风险的。不可分割性指的是信息的使用不会发生损耗，不能独占性则是指发明人无法向使用信息的人收取费用，这两个特征被认为是信息与有形资产的根本区别。在后来的文献中，学者将这两个特征与经济学中的公共物品(Public good)[③] 概念相融合，用公共物品的特征非竞争性(Nonrivalrous)和非排除性(Nonexclusivity)[④] 来代替不可分割性和不能独占性，并因此形成了利用经

① Craig Joyce and Marshall Leaffer and Peter Jaszi and Tyler Ochoa, *Copyright Law* 53 (Matthew Bender & Company, Inc. 2010).

② Kenneth Arrow, *Economic Welfare and the Allocation of Resources for Invention*. In Charles Rowley, ed, *Readings in Industrial Economics: Volume Two: Private Enterprise and State Intervention* 219, 236 (Palgrave 1972).

③ 公共物品指既无竞争性又无排他性的物品，也就是说，一个人享受公共物品不会影响另一个人对它的享用，但是要想排除不付费的无偿使用者也很困难，典型的公共物品是国防、公共场合的烟火表演和基础研究。[美]曼昆：《经济学原理》，梁小民译，生活•读书•新知三联书店、北京大学出版社1999年，第228-234页。

④ 根据门奈尔(Menell)为《法和经济学百科全书》撰写的关于知识产权经济学一般理论的综述，曾提到庇古(Pigou)在论述专利问题的时候最早涉及了非排除性的问题。Peter Menell, *Intellectual Property: General Theories*, in Boudewijn Bouckaert and Gerrit de Geest, ed, *Encyclopedia of Law & Economics: Volume II* 129, 132(Edward Elgar 2000).

济学研究知识产权法的基础。[①]

具体来说，人类的智力创造成果作为无形的信息，具有和公共物品极其相似的非竞争性和非排除性的特点，首先，它一旦被创造出来，就可以被无数次地复制而不发生损耗，每个人使用的时候也不会影响他人的使用，结果就是多一个人使用的边际成本[②]几乎为零；其次，由于使用上的非竞争性，它的创造者想要向使用者收费是非常困难的，因为一旦公开，其他人的使用不会对创造者产生物理影响，创造者无法得知谁在使用，即使知道了，如果没有合同关系，创造者也无法要求使用者付费。如果仅仅从经济后果上看待，智力创造是得不偿失的，因为创造出来的成果会被人无偿使用，而投入的创造成本只能自行承担，无法通过让使用者付费的方式得到补偿。考虑到这样的前景，没有多少人会愿意从事创造，这个理论上的后果和私人企业不愿意提供公共物品非常相似。智力创造成果的这两种特征导致的激励不足、创作匮乏不符合社会发展的整体利益，与政府直接提供公共物品或者对提供公共物品发放补贴一样，政府会努力扭转这种原生态的市场状况。于是知识产权被人为地创设，人类的智力创造成果成为知识产权的客体[③]。为了激励创造，政府以知识产权作为调节工具，授予知识产权客体的创造者以一定时期内排他的利用权，只有他们自己或被他们许可的人才可以使用这些客体，这既补偿他们前期投入的创造成本，又鼓励他们投入资源进行新的创造。功利主义者认为，只要合理调整授权水平，设置知识产权就比不设置好，取得的社会福利就会更多。

---

① Peter Menell, and Suzanne Scotchmer, Intellectual Property Law, in Mitchell Polindky and Steven Shavell, ed, Handbook of Law & Economics Volume 2 at 1473, 1477(Elsevier B. V. 2007).

② 边际成本指生产追加的 1 单位产品所需的追加成本(或总成本的追加额)，或少生产 1 单位产品总成本的减少额。[美]萨缪尔森、诺德豪斯:《经济学　第十四版》，胡代光等译，首都经济贸易大学出版社 1996 年，第 1360 页。

③ 知识产权的客体包括创造者的表达性作品、发明以及商业标记等，学界对知识产权的客体称呼不一，并没有统一的用语，知识、智力成果、智慧财产、知识产品、知识财产(intellectual property 的直译)都可以用来表述知识产权的客体。本书涉及的激励创造理论没有包含有关商标正当性的问题，在此注明。栗源曾对知识产权客体做过一个详细而且带有总结性的分析，他认为知识产权的客体指特定有用的信息。参见栗源:《知识产权的哲学、经济学和法学分析》，《知识产权》2008 年第 5 期，第 3-29 页。

这里需要说明的是：上述内容只是一个高度理论化的框架，它只是一个合适的分析基础或出发点，而不是最后的结论。就本书而言，具体到著作权上，也就是探讨著作权是如何运作来解决作品的准公共物品问题的，其结论对立法和司法又有怎样的启示。在这里本书先就论述的起点做一下详细的说明。以图书出版业为例，作者要先投入精力和时间创作出作品，然后交给出版者复制发行，这位首次出版者要先付给作者作品的使用费（从经济角度看用来补偿作者投入的精力和时间），再付出编辑、校对、设计版式、宣传推广、发行等费用。销售后作品就会公开，就可以被无数次地使用而不发生损耗，这就是上面所说的非竞争性。如果作品可以被别人无偿翻印的话，翻印者可以利用首次出版者的投入而不用付出代价，这就是上面所说的非排除性。翻印者不用承担作品的使用费以及编辑、校对、设计版式、宣传推广这些费用，它们只需付出少量的发行费用以及每一本图书的印刷费和流通环节的费用就可以了，因此，首次出版者和翻印者之间就存在着成本差异。翻印者承担的成本较低，所以可以将图书的价格降到边际成本。而首次出版者承担的成本较高，如果被迫将价格降到翻印者的价格水平，就无法补偿前期的作品许可费、编辑等费用。考虑到这样的前景，首次出版者的理性选择不是出版作品，而是等到别人出版了自己翻印，如果每个出版者都这样想、这样做的话，作者就不会拿到作品的使用费，仅从经济激励的角度看，作者也就没有动力创作作品了，市场上也就不会存在为了营利而出版的作品。

上面的理论推理的指向是——每一个经济人的理性选择最终促成了一个没有效率的结果——根本就不会有创作成果面世，这个结果对于整个社会来说是相当糟糕的。解决问题需要找到根源，根源就在于非竞争性和非排除性导致了首次出版者与翻印者的成本差异，于是著作权被创设出来消除首次出版者与翻印者的成本差异。著作权的工具作用就在于著作权人在一定期限内可以禁止未经许可的翻印，在这段时间获得著作权人许可的出版者可以不必与翻印者竞争，所以他可以设定较高的价格来补偿著作权许可费（注意：有了著作权就不是作品的使用费而是著作权许可费，具体区别见下一章）以及编辑、校对、设计版式、宣传推广、发行等费用，也就是翻印者不必付出的费用。首次出版者获得了高价格的补偿，自然也就有足够的费用支付作者的许可费，作者也因此有了创作的经济动力。这是以自下而上的方式改变了原来的进程，使得每一个经济人的理性选择最终促成有效率的结果。

最早对以上观点产生怀疑，并且从商业实践出发对此进行批判的文章是阿诺德·普朗特的《图书版权的经济考量》[1]。在这篇文章中，普朗特使用了与他的另外一篇著名的文献——《关于发明专利的经济理论》（*The Economic Theory Concerning Patents for Inventions*）——几乎一样的考察方式，直接分析图书在没有著作权保护前提下的出版实践。普朗特的基本观点是，失去了著作权这个垄断权利的保护，作者和出版商依然有机会获得足够的报酬来激励创作和出版。普朗特举出的实例也非常有力，那就是在19世纪的美国，任何人都可以随便翻印外国人的文字作品，然而美国的出版商却依然向远在英国的作者支付出版酬金。虽然身处一个有著作权的国家，但是有证据表明英国的作者从美国获得的酬金经常超过作者在本国的许可费收入，这让人大跌眼镜。

普朗特为此总结了四个原因：第一，美国出版商愿意为率先推出新书的时间优势买单；第二，美国规模较大的出版商默认相互之间不“盗印”的行规；第三，一旦出现违规翻印的出版商，利益被侵犯的出版商会采用报复性的价格策略，它会不计成本地大量上市更便宜的版本，直到把对手挤出市场；第四，美国出版商采用低价策略，它们出版图书的价格只有英国同种图书的1/2、1/4甚至1/8。与在发明领域的探索一样，普朗特提出了一个非著作权的替代手段——市场领先时间。值得一提的是，针对英国出版商为图书高价格的辩护，普朗特的反驳振振有词。英国的出版商认为只有在畅销书上获得著作权支持的垄断利益，才能弥补他们在非畅销书上的亏空（据统计有4/5的书不能弥补出版的成本）。但是普朗特反驳说4/5的比例说明出版商出版了太多读者并不需要的书，著作权的垄断使得出版商只靠赌运气就可以获得商业的生存，而不是靠出版商对于市场和读者口味的良好判断。尽管普朗特在文中有力地质疑著作权存在的理由，最后他还是提出了温和的解决方案，他认为立刻废除著作权是不可行的，不如先慢慢削弱其权利的垄断性，他倡导更进一步地在英国版权法中引入许可费制度（类似于我国现行著作权法中的法定许可），比如只

---

① Arnold Plant, *The Economic Aspects of Copyright in Books*, 1(2) Economica 167, 195(1934).

要支付一笔法定比例的许可费，任何人在图书第一次出版数年后就可以随意翻印。

普朗特直接考察著作权与商业实践关系的方法似乎并没有引起太多的重视。又过了 20 多年，到了 20 世纪 60 年代，第二篇沿着这个研究路径的重量级文章出现了——赫特和舒可曼的《版权的经济合理性》[①]。在这篇文章中，受过法科训练的赫特和舒可曼认为，如果围绕康德和黑格尔的人格学说来构建保护作者精神权利的法律，现有的美国普通法（特别是保护隐私权和名誉权的侵权法）足够可以容纳它的存在，并不需要另行立法。之所以存在单独的著作权法，必然是因为其经济合理性，也就是其能够促进产生更多的社会福利。然而赫特和舒可曼对这一点产生了质疑，他们通过这篇文章提出了一个实证经济学（Positive Economics）[②]与规范经济学（Normative Economics）[③]结合的研究范式，具体表达为三个问句：（1）著作权制度是否会激励产生在没有著作权的情况下不会被创造出来的新作品？（2）如果资源因为著作权制度的激励产生新作品，那么消费者对这些资源产生的其他产品是否评价更高？换句话说，社会福利情况是否更好？（3）如果著作权制度有利于社会，那么它的好处是否至少部分地被各种行政费用和制度固有的阻力[④]所抵消？

赫特和舒可曼将这个范式应用于作品的出版市场，对于第一个问题，他们的分析指出：即使没有著作权保护，第一个出版商也会利用市场领先时间（being first on the market）、报复性定价（retributive behavior）以及其他商业策略

---

① Robert M. Hurt and Robert M. Schuchman, *The Economic Rationale of Copyright*, *56*(1) American Economic Review 421,432(1966). 赫特原本应该是此文的唯一作者，可是不幸他在 1965 年春天就去世了，当时此文尚未写完，他的好友舒可曼整理并最终完成了这篇论文，所以说这是一篇特殊方式完成的合作论文。

② 实证经济学研究“是”什么，对经济运行进行描述。[美]斯蒂格利茨：《经济学（上、下册）》（第二版），梁小民、黄险峰译，中国人民大学出版社 2000 年，第 20 页。

③ 规范经济学研究“应该是”什么，对各种方式的合意性作出判断。好的规范经济学还试图明确地说明所使用的价值判断和目标是什么。规范经济学要利用实证经济学的研究。我们不能在不清楚一种政策的后果时就对其合意性作出判断。它试图用如下形式来表述：“如果这些是你的目标……那么这就是最好的政策。”[美]斯蒂格利茨：《经济学（上、下册）》（第二版），第 20 页。

④ 虽然原文作者使用的是 frictions 一词，但是它和我们理解的交易成本同义。

来有效地对抗翻印者，弥补其固定成本；对于第二个问题，他们认为即便市场受到著作权的激励而多产生了一些作品，很难说社会福利因此而提高；对于第三个问题，他们只是浅谈了一下著作权制度不会像专利制度那样导致高昂的交易成本，并没有深入探究。总之，赫特和舒可曼的贡献主要是沿着普朗特的研究路径确立了一个实证经济学与规范经济学结合的研究范式，即在研究了著作权制度能够在多大程度上激励新作品的创造之后，再对著作权制度产生的成本和收益进行社会福利上的比较衡量。

著作权的经济分析在20世纪60年代以后大为改观，因为经济学逐渐走进了法学院。受法律经济学运动影响巨大的布雷耶(Breyer)有感而发，于1970年发表了为他赢得哈佛大学终身教职的论文《著作权的难题：一个有关图书、复印和计算机软件版权的研究》[①]。这篇文章在法学界引起了巨大反响，也许是因为布雷耶的文章应用了赫特和舒可曼在《版权的经济合理性》一文中确立的范式对当时的立法热点问题进行分析，并得出了不同寻常的结论。这在法律经济学刚刚兴起的年代确实能让人耳目一新，能引起人们足够的兴趣。

在这篇文章中，布雷耶首先批驳了支持著作权的非经济学的理论(或者说道德正当性)，比如说劳动财产论，布雷耶认为劳动者的工资一般要少于其所生产的全部价值，与这些劳动者的行为相比，作品的创造者没有更好的理由要求把所有创造的价值或社会贡献全部纳为己有。布雷耶除了沿着普朗特的研究路径前行，还对图书出版市场做了更为细致和贴近现实的分析。他选取了图书中占比最大的两种类型——教科书(Textbooks)和商业书(Tradebook，包括小说和其他流行作品)作为分析对象，就这两种图书的首位出版者以及翻印者的成本、利润进行详细计算和比较。布雷耶随后得出了结论：即使没有著作权的保护，出版的作品也不会急剧减少，因为首位出版者有市场领先时间(Lead time)、报复威胁(Threat of retaliation)和读者联盟(Organized groups of buyers)这样的市场优势，能够在很大程度上弥补其前期投入的固定成本。读者联盟是布雷耶提出的一种新的商业模式构想，也就是需要某种图书的读者们直接向出版社支付报酬订购，比如学校组成的联合体订购教科书，喜爱侦探小说的读者俱乐部

① Stephen Breyer, *The Uneasy Case for Copyright: A Study of Copyright in Books, Photocopies, and Computer Programs*, 84 Harvard Law Review 281, 351(1970).

订购某本商业书。除此之外，布雷耶还列举了废除著作权的收益，包括低价格及其导致的广泛传播、低交易成本、减少出版社的垄断，等等。

令人惊讶的是，对布雷耶观点最有力的反击竟是来自巴里•泰尔曼(Barry Tyerman)这位加州大学洛杉矶分校法学院的三年级学生，他的论文《未出版图书获得著作权保护的经济理由：对布雷耶教授的回应》[①] 采用的研究方法与布雷耶几乎完全一样，但是出于不同的证据和推理思路，他的观点却与布雷耶的观点针锋相对。在这篇文章中，泰尔曼首先列举了布雷耶的观点，然后逐条进行反驳。关于市场领先时间，泰尔曼认为布雷耶给出的数据来自普朗特描述的19世纪的美国，而技术的进步已经使得首位出版者的领先时间大大缩短了，未来就有可能不存在，在如此的短时间里翻印者也会及时推出精装本，而不是只会翻印简装本；关于报复威胁，泰尔曼认为出版界是进入门槛较低的行业，在不停地有新的翻印者加入竞争的情形下，首位出版者又能实施多少次报复性低价策略呢？！而在19世纪的美国，出版商出版本国图书是受著作权保护的，它们也许能够从受著作权保护的图书出版中获得利润，从而在英国图书的出版过程中有实力实施报复性低价；关于读者联盟，泰尔曼认为组织成本和搭便车的问题比布雷耶想象的严重得多，读者联盟的订购也很难实施。总之，如果真的废除了著作权，出版者只会出版享有盛名的作者的作品，对于大量还没有赢得名气的作者而言，作品的出版就会变得无比艰难，而且即便是享有盛名的作者，其许可费收入也会减少，长此以往，很难保证创造和出版的作品不会大量减少。

此外，就废除著作权的收益而言，泰尔曼也有不同的意见。如果废除了著作权，对于确实有利可图的畅销书，首位出版者反而会在领先时间提高价格来弥补固定成本，这部分图书的价格会不降反升；而且由于出版者不会出版风险较大的作品，导致市场上就只有享有盛名的作者的作品和作者自费出版的作品，这对社会整体福利而言并非好事；合理使用和技术的进步会减少许可成本，这样废除著作权节省的许可成本也不会太多；在著作权存在的前提下，作者往往寻求与小的出版商合作来提高销售量，作品集中的事情不大可能出现，一旦废除了著作权，那么，只有规模巨大的少数出版商能生存，如此一来更容易导致

① Barry Tyerman, *Economic Rationale for Copyright Protection for Unpublished Books: A Reply to Professor Breyer*, 21 Copyright L. Symp. 1, 34(1971).

垄断。[①] 综上所述，布雷耶认为废除著作权是利大于弊的好事，而泰尔曼认为布雷耶衡量利弊的程度其实是有较大误差的。

由于缺乏经验性的证据，布雷耶只能选取普朗特描述的那个19世纪的美国这一段出版史上的特殊时期，而这段时期具体的社会与技术背景确实与布雷耶、泰尔曼的年代大不相同了。除此之外，布雷耶和泰尔曼都承认推测在自己的分析中占了很大一部分，看上去布雷耶的推测中想象的成分更多一些，但是泰尔曼也不能完全否认市场领先时间、报复威胁和读者联盟这些商业模式会发生作用，至于通过这些商业模式获得的收益是否能够足以弥补出版者的固定成本，即便泰尔曼的反驳很有力，也无法进行证实，废除著作权在当时的美国只能是一个思想实验。

当然，泰尔曼只是选取了布雷耶论文中最容易被批驳的一部分进行批驳，那就是废除著作权的结论及其理由。然而布雷耶在废除著作权的论证完成以后，他依然认为在当时废除著作权是不必要的，这一点估计泰尔曼也不会反驳。布雷耶承认自己的分析依然是初步的，而且缺乏经验性的证据支持，尤其是作者和出版者就著作权已经形成合理的期望，削弱这种期望反而会产生巨大的"道德腐蚀"成本。布雷耶在文章最后对延长保护期、复印者的被许可以及将计算机软件纳入著作权保护的范围这三个问题的分析结论也是无须拔高著作权保护的水平，并没有一以贯之地要求废除甚至是削弱著作权的保护。就像布雷耶在随后对泰尔曼的回应文章中所述，重要的不是是否废除著作权，而是是否和如何修正著作权产生的限制传播问题。[②] 在实践问题上，布雷耶并没有那么激进。

下一个值得介绍的是帕尔默(Palmer)的文章《知识产权：一个非波斯纳主义的法和经济学路径》[③]。帕尔默在这篇文章中首先简单介绍了一下波斯纳主义的观点：法律的目标就是实现社会财富最大化，具体到知识产权而言，法律就

① [美]保罗·戈斯汀：《著作权之道：从古登堡到数字点播机》，金海军译，北京大学出版社2008年，第107页，121页。

② Stephen Breyer, *Copyright: A Rejoinder*, 20 UCLA L. REV 75, 80(1972).

③ Tom Palmer, *Intellectual Property: A Non-Posnerian Law and Economics Approach*, 12 Hamline L. Rev 261, 304 (1988).

是要通过比较制度产生的收益（激励产生原本不能创造出来的作品）与成本（限制接触和增加的管理成本），使之成为一个实现有效资源配置的制度工具。波斯纳主义的前提还是来自本节开始就阐述的智力创造成果类似于公共物品的框架。智力创造成果因为消费上的非竞争性和收费上的非排除性这两个特点，导致私人至少从经济的方面考虑不愿意创造智力成果，市场因此而出现创造匮乏。波斯纳倡导设立知识产权的方法来克服这个问题，只是他认为设立知识产权也要产生成本，所以权利的范围、保护期等具体设置问题要进行经济学（或者说功利主义）的收益—成本比较。[①]

帕尔默没有重走波斯纳的分析路径，他的文章没有涉及知识产权对整个社会产生的福利影响或财富影响[②]，他没有进行制度本身的评价，而是把制度放在具体环境下进行理解和分析，更多地考虑制度与立法史、技术变革以及市场的互动。帕尔默秉持哈耶克的学术观点，在文中毫不掩饰他对自由市场经济的偏爱，认为由底层自发形成的权利（或法律）才具有合法性（Legitimate），而著作权法和专利法[③]都是人为创设的法律，并非演进的产物。他认为，立法者无视市场自有其解决问题的办法，人为地设计著作权法和专利法用来治疗公共物品问题，而这两者恰恰干扰了市场的完美运行，是不必要的。在这篇文章的前三

---

① 波斯纳主义的观点主要来自以下两篇文献。Richard Posner，*The Economics of Justice* 48-115（Harvard 1981）. William Landes and Richard Posner，*An Economic Analysis of Copyright Law*，18 The Journal of Legal Studies325，363（1989）. 帕尔默写作该文的时候兰德斯和波斯纳合作的那篇文献尚未正式发表，所以帕尔默在脚注中注明“forthcoming June 1989”。需要注意的是，帕尔默批判的波斯纳主义的观点是 20 世纪八九十年代波斯纳的观点，时间转到 21 世纪第二个十年，波斯纳对于版权的观点已经发生了很大变化，不再是帕尔默批判的典型的功利主义观点了，他远离了功利主义的工具论，更靠近自由主义的财产权观点，更强调版权人对于作品的绝对控制了。Eli M Salzberger，*The Law and Economics Analysis of Intellectual Property: Paradigmatic Shift From Incentives to Traditional Property*，7 Review of Law & Economics 435，473（2011）.

② 阿罗、普朗特、赫特与舒可曼、布雷耶对于著作权的分析、比较和评价都是福利经济学的标准，而波斯纳则鲜明地贯彻他提倡的财富最大化的标准，虽然他们使用的评价标准不同，但是对于评价什么、如何评价的基本思路大体趋同。

③ 帕尔默在此文中将版权法、专利法与商标法、商业秘密法进行区别对待。他认为前两者是人为创设的法律，而后两者在很大程度上是来自人类互动演化的自发秩序，有普通法的特质。他重点批判了前两者，对于后两者没有过多涉及。

部分，帕尔默也把解决问题的关键归于智力创造成果（在他的文中称之为Ideal Objects）公共物品特性，特别是创造人怎样有效地排除不付费的使用者；在文章的第四部分，帕尔默列举了一系列市场自发的排除不付费使用者的手段，包括技术栅栏（Technological Fences，也就是如今的技术保护措施）、捆绑（Tie-Ins）、互补商品（Complementary Goods）、合同安排（Contractual Arrangement）和营销策略（Marketing Strategy），这些手段大部分是智力创造成果的供给者开发的。帕尔默认为这些手段在很大程度上能够排除不付费的使用者，保证智力创造成果的供给者能够获得其想要的收益，而著作权法和专利法则成为政府不必要的粗暴干预。

仔细观察帕尔默这篇文章的脚注，就会发现从布雷耶到帕尔默的这段时间，除了市场领先时间、报复性定价和读者联盟，经济学的学者又发现了很多企业用来排除搭便车者的替代手段，这些都被帕尔默引用到这篇法学论文里来。而且他乐观地认为，随着技术的进步和市场的变化，企业家会开发出更多的、经济学家和法学家在书斋里想不到的替代手段。由于本章只是引出全书的思路，所以在此不再详述帕尔默引用的这些替代手段，下一章会对目前企业使用的替代手段做一个较为详细的说明和大体的总结。综上所述，帕尔默所述的分析路径和替代手段确实发人深省。不过他没有进行更为详细的论证，比如，他只是举出某个专利或者著作权领域存在着怎样的替代手段，但没有更进一步地发掘证据证明这种替代手段是否保证了足够的收益，另外，他也没有探讨这些替代手段是否能贯穿所有目前著作权和专利权覆盖的领域，只能说他的分析也是初步的、试验性的，最终他的结论也只能是启示性的。

上述文章已经建立了研究著作权与商业实践关系的大体范式。在帕尔默之后，一部分文章继续挖掘替代著作权的商业手段，权利人以此来增加其经济收益。比如，莫伊尔（Meurer）的《著作权法与价格差别》[①] 以及克里斯托弗·尤的《著作权和产品细分》[②]，这两篇文章探讨了两种相近的商业策略——价格差

① Michael Meurer, *Copyright Law and Price Discrimination*, 23 Cardozo L. Rev. 55, 148(2001).

② Christopher Yoo, *Copyright and Product Differentiation*, 79 N. Y. U. L. Rev. 212, 280(2004).

别和产品细分——对著作权的替代影响。另一部分文章则深入具体的商业领域，描述一个整体的创新环境下著作权与非正式规则的相互作用，结论往往是某一特殊商业领域只需要著作权的弱保护或者不需要著作权的保护，这些领域被称为“负面空间”或“否定空间”（Negative Space），比如，法国菜谱、魔术、单人喜剧、时尚设计和文身艺术。① 这些文章在范式上没有突破，只是沿着前人开辟的道路走得更远，提供了更多的场景和细节，本书就不再详述。

但是有四篇文章是本书不得不介绍的，因为这四篇文章与本书主题有着密切的联系，而且本书对这四篇文章借鉴甚多。读者可以把前面所述的经典文献以及这四篇文章的介绍与评论看成一个简单的文献综述。第一篇文献是斯坦•利博维茨（Stan Liebowitz）与理查德•瓦特（Richard Watt）的《如何最好地确保音乐市场中创作者的报酬？著作权与替代手段》②，这篇文献主要是总结性的，文章的第一节是介绍，第二节是一个著作权经济学的简述，第三节关于著作权最佳结构的文献做了一个简单的回溯，第四节则探讨音乐市场中著作权的实际作用，这一节指出大部分学者认为文件分享已经对正版唱片的销售产生了负面影响。对本书帮助甚多的是第五节，因为这一节就著作权的替代手段做出了系统的论述。

斯坦 • 利博维茨与理查德 • 瓦特把替代手段分为三种类型，第一种是为了减轻非法复制的负面效果，包括间接占有、网络外部性、与物理互补品、广告、传播所获得的声誉捆绑，第二种是为了减少非法复制，包括低价及其他价格策略、数字权利管理系统，第三种是为了替代著作权，包括向复制设备征税、向创作者买断、私人的自愿捐助、公共资助。这篇文献较为详细地介绍了当时可用的替代手段，然而在著作权与替代手段的关系方面，作者没有展开深入的分析，只是简单地指出在著作权这个最佳手段不能发挥作用的时候，替代手段可以作

① Robert Merges，*Economics of Intellectual Property Law*，in Francesco Parisi，ed，*The Oxford Handbook of Law and Economics，Volume 2: Private and Commercial Law* 200，219（Oxford 2017）.

② Stan Liebowitz and Richard Watt，*How To Best Ensure Remuneration For Creators In The Market For Music? Copyright And Its Alternatives*，20 Journal of Economic Surveys 513，545（2006）.

为次佳的手段发挥作用，但是很多替代手段的合法性和可行性还需要进一步确认。这篇文献比较鲜明的贡献表现在两方面，第一个是在文件分享对正版音乐唱片的影响方面，文章根据学者们基于经验性证据的分析，指出文件分享确实降低了正版音乐唱片的销售量；第二个是在替代手段方面，这篇文章就替代手段的总结与分类为进一步的研究奠定了基础。

第二篇文章是埃瑞克•普莱斯特（Eric Priest）的《著作权极端微生物：创意产业在中国高盗版率的环境中是繁荣发展还是勉强维持生存？》[①]，文章题目中的极端微生物（Extremophiles）指适合在高温、高酸等极端环境下生存的微生物，普莱斯特将中国高盗版率的市场比喻为极端环境，而将一部分在中国市场取得商业成功的音乐或者电影制作人称为适合在这种极端环境生长的“极端微生物”。在21世纪初的10年，尽管中国的创意市场面临着相当高的盗版率，还是有相当一部分创意产业的参与者取得了商业成功。于是有一些学者就认为中国的模式颠覆了创意产业的兴盛必须要有著作权支撑的理论，从反面刺破了著作权的神话。当然，他们也给出了理由。

普莱斯特将这些学者的理由分为6条：（1）盗版没有给中国的创意产业造成伤害，因为创意产业的出产量一直在增长；（2）盗版因为降低了接触的门槛而惠及了创造者和消费者；（3）盗版促使著作权人适用创新的商业模式；（4）盗版绕开了内容审查；（5）盗版流行等于是免费的打广告和品牌推广，所以有利于外国著作权人；（6）外国著作权人对于中国文化创意市场的统治力比盗版的威胁还要大。然后普莱斯特对这六条理由逐一进行了批驳，最终的结论是，在某些方面创意产业的参与者能够获得金钱的回报（极端微生物的存在）并不意味着这能够导致一个完全健康、繁荣和稳定的创意市场，只有依靠著作权体制，中国的创意产业才能发展成一个良好的生态系统。这篇文章的贡献首先是对于中国音乐和电影市场高盗版率的描述和分析，这给研究中国文化创意市场的学者带来了不少指引。其次是文章批驳了盗版成功的六条理由。特别是在对前三条理由的批驳中，普莱斯特认为不依赖于著作权的商业模式（即本书所说的替代手段）带来的金钱报酬是有限的，限制了创造者收入的多样化，并最终会

---

① Eric Priest, *Copyright Extremophiles: Do Creative Industries Thrive or Just Survive in China's High Piracy Environment*, 27 Harv. J. L. & Tech. 467, 541（2014）.

损害创作的生态系统，这种沿着产业的收入流进行分析的路径给出了一个分析的范例。

接下来是刘家瑞（Jiarui Liu）的两篇文章。第一篇是创作于2010年的《著作权盗版的艰难现实：一个中国音乐产业的案例研究》①。这篇文章的背景也是21世纪最初10年的中国音乐产业，刘家瑞先用丰富的数据描绘了这10年中国音乐产业极少的唱片收入，然后列举了音乐产业的替代收入方式，包括现场演出、赞助、捆绑、广告、商品化、同步许可和跨界艺人，最后根据三种以经济激励为核心的著作权正当性理论，分析上述替代收入方式是否提供了良好的激励。刘家瑞发现中国音乐产业受到盗版的影响非常大，在中国的经济总量一路走高的形势下，整个音乐产业的收入却一直徘徊在低位，由于替代收入方式的过分使用，导致中国音乐产业生态的恶化，刘家瑞这篇文章的隐含结论是只有恢复著作权的威力才能复兴中国音乐产业这个潜力巨大的市场。

刘家瑞的第二篇文章是《理想主义者的著作权：市场激励与内在动机的实证研究》②，这篇文章发表于2015年，是上一篇文章的延续。这篇文章头尾的格局与上一篇文章一样，开头是中国音乐市场的惨状以及创作者替代的收入方式，结尾是根据激励的著作权正当性理论对著作权的方式与替代收入方式进行评价。不同的是中间部分，为了彻底摸清著作权及替代收入方式对于音乐创作者的激励影响，刘家瑞做了一次细致的实证研究（包括对音乐创作者的问卷调查和深度访谈），这样他对于结尾处的论述就有了足够有力的经验性证据。在结合了实证的调查结果进行分析之后，刘家瑞的结论是，经济激励并不能显著地改变音乐创作者的内在动机，大部分音乐创作者就像理想主义者（Blockheads）③一样，无论有无著作权带来的经济激励，都不会改变自己热爱音乐的内在动机，但是著作权带来的经济收入会给这些音乐创作者带来更好的创

---

① Jiarui Liu, *The Tough Reality of Copyright Piracy: A Case Study of the Music Industry in China*, 27 Cardozo Arts & Ent. L. J. 621, 662(2010).

② Jiarui Liu, *Copyright for Blockheads: An Empirical Study of Market Incentive and Intrinsic Motivation*, 38 Colum. J. L. & Arts 467, 548(2015).

③ 这个词也可有笨蛋或者傻瓜的意思，刘家瑞的意思是大多数音乐创作者会甘愿忍受贫穷和嘲笑而坚持自己的艺术创作，不理解他们的人会认为他们是傻瓜或者笨蛋，这里笔者为避免引起歧义，所以翻译成“理想主义者”。

作条件。

刘家瑞的这两篇文章的贡献一是提供了中国音乐产业现状的素材和线索，二是他的实证调查也为经济激励的现实效果提供了有力的证据。上述三篇专门针对中国文化创意产业中著作权的角色和作用的文章，与本书的研究方式相仿，都是首先发现著作权产业发展中的真实情况，而切入点就是创造者的收入从哪里来——著作权和替代手段各自能否带来收入。毕竟，著作权主要是经济权利，功利主义下的著作权着重在于经济激励，这就要求切中产业中的收入流。分析经济激励的效果，首先要看看著作权人和中间商是否获得了收入、怎样获得的收入以及如何分配收入，然后才能分析这些收入的流动是否产生了有效的激励。

综合以上的文献，经典文献关于商业实践的论述集中在市场自有各种商业手段或者排除不付费的复制者和使用者，或者获取经济收益弥补前期的创造成本，因此著作权是不必要的。普莱斯特与刘家瑞的文章则认为这些商业手段（他们在各自文章中分别称之为商业模式和替代收入方式）不能完全替代著作权，著作权依然是不可或缺的。由于商业实践实在是一个过于空泛而不确定的概念（甚至著作权许可、转让、质押等也可以被看成是商业实践），本书就依照先行者的分析主线，将论述集中于一个含义更为明确的概念——替代手段。经典文献的论断往往建立在这样的假设上：如果没有著作权，替代手段则如何如何。然而著作权的存在已是现实，学者们的假设和推论似乎只能是一种思想实验。

如果抛弃这种非此即彼、著作权和替代手段相互对立的角度——回到现实中来，是不是有另外的可能性呢？著作权固然存在，但替代手段是不是完全不需要了呢？本书认为，现实是两种手段同时存在，同时发挥作用。著作权是法律直接保障的权利，著作权的背后有政府和法律的支持，著作权人没有理由不使用它缔结和执行著作权合同，比如著作权许可、转让、质押等实现著作权价值的法律行为。在著作权存在的前提下，如果替代手段能够为著作权人和传播者带来额外的好处，那么著作权人和传播者也没有理由不去使用它们。现实生活中，著作权人和传播者一般混合使用这两种策略，这才是著作权与替代手段关系的真实情况。

由于本书不只是在法律概念的系统下研究著作权，而是具体研究某一种作品的著作权在现实世界的实践活动，所以把选题集中到著作权与替代手段的关系上。在前言中提到的有关著作权与商业实践的问题也可以具体表述为在作品以正版的方式从著作权人到达消费者的过程中，著作权起到了什么样的作用？替代手段又起到了什么样的作用？著作权与替代手段是什么样的关系？应该怎样看待著作权与替代手段的关系？

1.2.2 题目的界定

本书的主题确定为著作权与替代手段的关系。下面先界定其基本含义，同时也就界定了本书的研究范围。

首先要界定的核心概念是著作权。著作权为文化、科学和艺术领域中创作作品的作者提供保护。[①] 具体而言，著作权是一种基于特定客体——作品——而产生的权利，作品是不具有物理形态的智力成果，与其物质载体可以完全区分，基于作品产生的著作权也因此独立于基于物质实体产生的所有权。然而，著作权并不提供对作品的保护，它提供对人的保护——最初是创作作品的作者以及继受权利的人。著作权体现了作者、权利人与其他所有人之间的关系，作者、权利人有权享有与作品相关的各种法定利益，其他所有人必须尊重，不得干涉。[②] 在这一点上，著作权与人身权、物权一样都是对世权。

著作权涉及的利益包括人身利益和财产利益，也因此划分为著作权人身权和著作财产权。本书主要研究著作权与替代手段的关系，如前所述，替代手段是一种商业实践活动，与替代手段产生关联影响的一般是著作财产权，所以如无特别指出，本书所称著作权一般指著作财产权。著作权的保障手段是著作权执法，也就是一旦有人未经著作权人许可侵入了著作权的排除范围（假设没有合理使用等合法的抗辩理由），著作权人有权请求法律强制力的介入，禁止未经许可的侵入行为。著作权执法的含义有广义和狭义两种，广义的执法指著作权法的执行，包括行政机关和司法机关实施法律的活动，狭义的执法仅指行政机关实施法律的活动。本书为了简便，采用广义的用法，即本书所称的著作权执

---

① [德]图比亚斯·莱特：《德国著作权法》，张怀岭、吴逸越译，中国人民大学出版社 2019 年，第 13 页。

② [德]M·雷炳德：《著作权法》，张恩民译，法律出版社 2005 年，第 71 页。

法既包括行政机关的执法活动，也包括司法机关的审判活动，对著作权的行政保护和司法保护都是著作权执法。

其次要界定的核心概念是替代手段。笔者在中国知网上以“替代手段”为检索词在社会科学Ⅰ辑文献库里检索，没有检索到任何与此相关的中文文献，就这个问题搜集到的文献基本上都是英文文献。但是就上述评论的经典文献而言，学者们基本认为市场中存在的各种各样的商业手段可以用来整个地替代著作权，这些商业手段因此被称为替代手段。

然而这只是一种假想，我们眼前的事实是既存在著作权，也存在替代手段，二者同时发挥作用，比如出版社既与作者签订著作权许可合同，同时又实施市场领先时间、价格差别（先后以不同价格推出精装本与平装本）这样的替代手段。虽然本书继续沿用替代手段这一术语，但是本书研究的替代手段不是为了整个地替换著作权。用一个替代手段的系统整个地替换著作权系统是非常复杂和冒险的操作，比如政府为著作权人登记的作品支付一定的报酬，然后供所有人无偿使用，或者费舍尔提出的整体补偿计划，[①] 本书对于这种替换持谨慎的态度。著作权有其不足的方面，也许在未来会消失，但应该是一个渐进的过程，所有人的利益转换自然而然地完成。人类的智慧是有限的，少数人设计的宏大制度变革往往破坏了原有的精巧平衡，如果贸然全面替换运作已久的著作权系统，则很难将所有相关者的利益协调到位，最终很有可能事倍功半。鉴于以上本书所持的态度，本书论述的替代手段不是为了完全替换著作权，而是与著作权同时同地实施的运营方法，二者在某些方面存在着交叉，存在着替代关系，但从整体上而言是共存的。

如上所述，也许将本书涉及的商业实践活动称作市场手段或者商业手段更为合适，这样至少在字面上不再有这些商业实践活动全面替代著作权的含义。但是上一小节论述的诸多经典文献已经将这些商业实践活动称为替代手段，本书为了术语使用的连贯性，将同样的事物依然称作替代手段。需要注意的是，本书显然不是与经典文献在同样的意义上使用替代手段这个术语。因此，本

① 费舍尔在他的著作《说话算数：技术、法律以及娱乐的未来》第六章中提出了一种行政补偿体系，具体是政府对娱乐设备或服务收取税费，然后按照使用率将税费分配给相应的著作权人。参见［美］威廉·费舍尔：《说话算数：技术、法律以及娱乐的未来》，李旭译，上海三联书店 2008 年，第 181-236 页。

书替代手段对应的英文是 Alternative Means（含义是“另外的选择”），而不是 Substitute（含义是“完全的替换”）。

替代手段中替代的含义也需要说明一下。本书所说的替代具体指向私人消费领域的著作权执法，也就是替代手段只是在私人领域有替代著作权执法的功能。首先，在某些情况下替代手段能够直接替代著作权执法，比如美国著作权法上的复制权包括私人下载音乐文件的行为，未经许可下载音乐文件就构成侵权，这是著作权执法的范围。iTunes 和 Spotify 通过低价、提供资源库和捆绑个人体验等替代手段减少了私人消费者的非法下载行为，也就减少了著作权执法的实施需求，替代手段就有替代著作权执法的功能。其次，在某些情况下替代手段能够间接地替代著作权执法，比如，中国著作权法将私人下载音乐文件的行为归为合理使用，这不是著作权执法的范围，但是私人上传音乐文件供公开下载和播放却是侵权行为，侵犯了著作权人的信息网络传播权，这是著作权执法的范围。QQ 音乐和网易云音乐通过实施替代手段吸引消费者光顾正版网站，未经许可上传音乐文件的个人就会因为缺乏受众从而减少上传行为，因此替代手段在间接效果上也发挥了替代著作权执法的功能。

另外，本书默认替代手段的合法性。替代手段是一个中性词，本身并无合法或者非法的天然性质，在商业实践中也存在着诸多非法的替代手段，如视频网站的刷量与刷评论的行为。在北京爱奇艺科技有限公司诉杭州飞益信息科技有限公司等一案中，被告飞益公司、吕某、胡某运用多个域名，通过不断更换访问 IP 地址等方式，短时间内在原告视频网站制造了 9.5 亿余次虚假访问。上海市徐汇区人民法院、上海知识产权法院依据《反不正当竞争法》的一般条款，认定被告的视频刷量行为构成不正当竞争，判令被告连带赔偿原告 50 万元。[①] 毫无疑问，此案所涉视频刷量行为增加了消费者观看正版作品的次数，减少了观众下载和观看盗版作品的次数，从而减少了著作权执法的需求，是一种替代手段。但是这种制造虚假信息的替代手段一旦被发现就会遭到禁止，不能与合法的著作权形成长期、稳定的互动关系，很难开展研究，所以本书不把非法的替代手段纳入研究范围，所涉及的替代手段全部都是合法的。

① 上海市徐汇区人民法院（2017）沪 0104 民初 18960 号判决书，上海知识产权法院（2019）沪 73 民终 4 号判决书。

还有需要说明的是本小节替代手段的界定只是一个初步的工作。由于替代手段涉及范围太广，表现形式繁多，相关的研究也比较分散、不够深入，所以迄今为止没有一个统一的、权威的定义。显然替代手段的界定需要大量的篇幅，这不是一个小节能够充分容纳的。在此先做一个初步的界定，接下来的第二章将详述替代手段的各种表现形式和功能，并根据现象抽象出替代手段的定义，给出有关替代手段的完整界定。

综上，著作权与替代手段的关系是本书的主题，从中可以看出本书研究的并非著作权内部的制度研究，而是从外部来看著作权与替代手段的运行模式以及相互作用方式，或者说将二者置于一个现实的市场系统中展开研究。比如在本书涉及的图书产业、音乐产业、电影产业中，著作权广泛实施，替代手段虽然也是在著作权的大旗下运营，却是这三个产业系统中独立发生效果的一部分，二者都是市场系统的有机组成部分，本书研究的正是这两个组成部分相互作用的过程和方式。本书的最后会以此为基础对这种关系进行评价以及提出相关的建议。

1.3 研究方法

本书采用经济学的研究方法来探讨著作权与替代手段的关系。早在20世纪80年代，兰德斯（Landes）和波斯纳（Posner）在重量级论文《著作权法的经济分析》中就声称著作权法是经济分析的天然领域。[①] 其他的著名知识产权法学者如墨杰斯（Merges）、莱姆利（Lemley）、戈登（Gordon）也都能够纯熟地运用经济学方法去分析著作权的法律问题。这不仅仅因为席卷北美的法经济学运动对于著作权法的影响，而且还因为著作权在美国很长一段时间内纯粹是经济权利（Economic rights），而且受功利主义哲学主导，这两者都非常适于追求最大化的经济分析。由于国内介绍法经济学的著作与译著已有不少，本书不再详述经济学的理论与方法，只是就选题相关的部分做一下特别的说明。

经济学的方法强调个人主义，本书也不例外，其分析的基础是理性人假设，也就是个人会追求自身利益的最大化。传统假设中的理性人只是追求经济

① William Landes and Richard Posner, *An Economic Analysis of Copyright Law*, 18 J Legal Stud 325, 325(1989).

利益，修正后的理性人假设把习惯、文化、道德观念、使命感这些非经济的因素也考虑了进来，因为现实中个人受这些因素所约束，往往会做出与经济利益最大化不一致的选择。在非市场行为的场合下——比如，我是不是该和父母介绍的女朋友结婚？我和妻子是不是要再生一个孩子？——纯粹考虑经济因素的分析是不明智的。然而在市场行为的场合下，也就是本书研究领域所在的场合——著作权引发的商业实践问题，交易比较频繁，参与方使用可通约的货币进行交易，信息透明度较高，对于传统理性人假设的适用性非常强。① 所以此种修正对本书的影响很小，本书只是在个别情况下考虑一些非经济的因素。

经济学的实证方法是本书首先采用的分析工具。实证方法关注的问题是"是什么"，再具体一点，就是"已经发生了什么""为什么发生"和"将要发生什么"这些问题，它的作用主要是解释现象背后的变量关系，让我们更加清楚地看见事物的本质。就本书而言，实证的方法主要体现在切入的角度上，传统的切入角度是分析著作权法的规则如何影响了激励和接触，本书则将视角拓宽，将著作权置于这样一个具体的经济情境中，著作权与替代手段共同发挥着作用，著作权只是个人或企业创造作品、获取收益的手段之一，对激励和接触的影响要考虑到著作权与替代手段的相互关系。另外，本书将减少使用推测性的证据，如获得的激励收益或者导致的接触成本；本书将努力获取更直接的经验性证据，如经济收入、产出数量这样已经经过验证的统计数据。

在使用实证的经济学方法对著作权与替代手段的关系进行分析之后，本书会使用规范的方法对著作权与替代手段的关系进行评估并给出相应的建议和对策。规范的方法分析的问题是"应该怎么样"，所以会找到特定的评价标准。规范的经济学方法认为法律的目标是产出最大化或者成本最小化，法律应该以合适的手段去实现这一目标，它恪守的标准就是效率。规范的经济学方法往往是"事前的分析"（ex ante），会考虑到应该如何设计现在的法律使得未来的经济效果更佳。本书规范方法的标准也主要是效率，侧重于事前分析，不过本书

---

① Thomas Ulen，*Rational choice theory in law and economics*，in B. Bouckaert and G. De Geest，ed，*Encyclopedia of Law and Economics* 790，795（Edward Elgar，2000）. 在这篇文章的第四节，作者从交易频率、使用货币媒介和透明度三个方面解释了为何市场行为比非市场行为更有利于理性选择理论的适用。

也会适当地采用其他标准，如促进民主化、保护弱势群体、维护作者尊严，这是在回应多元化的著作权正当性理论的论述中必不可少的。

1.4 内容与结构安排

第一章为引言，分别阐述选题背景、选题思路和题目的界定、研究方法与结构安排。本书先在选题背景中引出笔者感兴趣的研究领域——著作权与商业实践，然后结合笔者对这一领域经典文献的介绍和阅读感悟回顾了笔者的选题思路，决定以著作权与替代手段的关系作为研究题目，并界定了研究范围。然后大体介绍一下本书适用的研究方法所表现的特色，最后列出本书的结构安排，以便于读者能够在开始部分了解本书的大体内容、论述次序和分析思路。

第二章是排他性视角下的著作权与替代手段。这一章首先探查著作权在商业实践中的具体应用，也就是在把作品转换成让消费者易于接受的不同类型产品的过程中，著作权是如何发挥作用的。一般来说，理论上著作权保证排除未经许可的作品使用，然后权利人才有自由去选择合适的被许可人去利用作品，传统的商业模式是：著作权+许可。这一商业模式的实施要以著作权的排他性为基础。这一章区分了著作权的法律排他性（De jure Exclusivity）与事实排他性（De facto Exclusivity），著作权为排他权（Exclusive rights），但是在实际生活中排他效力很难达到百分之百，事实排他性就指著作权在现实中到底执行到何种水平，是一个描述性的现实状况。这里把事实排他性（包括属时和属事的因素）作为一个变量进行考察，并且探寻在不同的排除水平上著作权与替代手段之间的相互关系会发生怎样的变化。在计算机和互联网兴起之前，这种商业模式下隐藏着一个替代手段——捆绑容易排他的载体，载体的天然排他性使得私人之间难以传播附着于载体的作品，促成了整个产业链的形成。如果作品在传播的时候能够捆绑有形的载体，所以实现高水平的排他性不困难，而在计算机与网络的新技术发展后，作品在传播的时候不必捆绑有形的载体，终端用户在网络上与中间商（比如出版商）的复制能力开始接近，这样在私人领域保持高水平的排他性就不容易了。当私有领域排他性水平降低的时候，替代手段发挥了更重要的作用，它或者能够直接排除不付费的消费者（并非著作权执法下的排除），或者能够增加作品使用的收益，间接排除不付费的消费者，其商业模式则是作品＋运营。现实中替代手段的实施往往是在著作权的掩盖之下，但是替代手段也有其独特的价值。这一章的内容既考察了著作权与替代手段各自的作用，也初步建立了一个研究框架，以便更为详细地研究著作权与替代手段的关系。

第三章是图书出版产业中的著作权与替代手段。这一章使用第二章给出的研究框架考察中国图书出版产业的著作权与替代手段，也就是在文字作品出版市场中著作权与替代手段两者运作的实际情况。

第四章是音乐产业中的著作权与替代手段。这一章考察的对象是中国音乐产业中的著作权与替代手段，这里的著作权是广义的，既包括音乐作品的著作权，也包括涉及音乐产业中的相邻权（表演者权和录音制品制作者权），这一章也是使用第二章给出的研究框架进行实证的研究。

第五章是电影产业中的著作权与替代手段。这一章也是使用上述研究框架考察中国电影产业中的著作权与替代手段，也就是在电影发行与传播过程中著作权与替代手段两者运作的实际情况。著作权法的电影作品包括电影、电视剧和电视综艺节目及其他作品，电视剧、电视综艺节目及其他作品的制作和运营方式与电影稍有不同，一一介绍过于麻烦，为了行文的简练和流畅，这一章的论述主要以电影为主，基本不涉及电视剧和电视综艺节目。

第六章是替代手段对著作权的补充及两者之间的平衡。这一章在前三章实证研究的基础上，先是在实证的角度归纳出替代手段对著作权的补充关系，然后在规范的角度对这种补充关系进行评价，并在制度层面给出操作的建议，以实现著作权与替代手段之间的平衡。

最后是一个简短的结语。在结束了过去与现在著作权与替代手段之间关系的探讨之后，本书也对未来二者关系会如何发展做出了展望。尤其是在新技术的影响下，二者之间的关系也许会出现较大的变动，还有待进一步观察。

第2章 排他性视角下的著作权与替代手段

2.1 著作权的商业模式

2.1.1 著作权的概念

著作权是著作权法赋予民事主体对作品及相关客体所享有的权利，其中最为重要的权利类型是“排他权利”（Exclusive Rights），又称“专有权利”，意为阻止他人未经许可实施特定行为的权利，如复制权、发行权等。① 由此可见，著作权的概念表现在许可行为上，权利人以外的人经过许可就可以实施特定行为——利用作品，未经许可利用作品的行为则被禁止，理解著作权的关键在于理解许可。

对于许可的经典解释来自《牛津法律大辞典》和《布莱克法律大辞典》。《牛津法律大辞典》将许可解释为：“指允许做本来被限制、禁止或属非法的事。因此，许可即是一种进入他人土地，并在该土地上活动的权限，而在无许可时，此种行为属于非法侵入行为，或应被禁止。”②《布莱克法律大辞典》将许可解释为：“一种准许，通常是可撤销的，它准许某些行为，而这些行为在没有经过准许时是不合法的。这种准许（其不能等同于出租与役权）特别指许可人允许被许可人进入许可人的土地做某些行为，比如打猎，这些行为因为准许而被合法

① 参见王迁：《著作权法》，中国人民大学出版社 2015 年，第 1 页。

② [英]沃克：《牛津法律大辞典》，李双元等译，法律出版社 2003 年，第 700 页。

化了，如无准许这种行为就会被认为是非法的。”[①] 综上，著作权就可以理解为从事某些特定的行为——在著作权上即利用作品的特定行为——本来是只有著作权人才能从事的，其他人则被禁止。其他人可以因为著作权人的准许变身为被许可人，其从事这些特定行为也就变非法为合法。

《牛津法律大辞典》和《布莱克法律大辞典》都认为许可的主要表现是对于土地的准入。确实土地有关权利的排他性与著作权的排他性非常类似，[②] 两者都有一个排他的具体权利范围，未经许可，土地权利人以外的人不可以在某块土地上打猎并且带走猎物，著作权人以外的人不可以复制、发行某部作品。这是因为土地与作品具有非常相似的两个特征：第一，土地是很难被消耗的，土地的权利人许可他人进入并利用土地一般不会消耗土地，著作权指向的作品则是不可消耗的。如果是易消耗的物品，比如，对于一个苹果，所有权人也可以许可给其他人占有、使用、收益和处分它（被许可人能够部分还是全部地做这些事情并无区别），但是在许可的行为发生之后，苹果常常就不可能完整无缺地回到所有权人那里了。所以对于易消耗的物品，转让比许可更为合理。第二，土地和著作权指向的作品都可以容纳复数的主体同时利用它，而且往往更有效率。土地的所有权人可以在自己的土地上种树，他同时允许其他人在自己的地盘上打猎不但不会妨碍自己种树，反而增加了其他人的乐趣，在著作权这里，多一个人复制和发行作品则使得作品得到更为广泛的传播。以上两个特征都意味着这两种权利的特性在于阻止未经许可的利用行为，因为经过许可的利用行为能更好地利用权利的客体——土地和作品。

著作权是法授权利，其排他性由政府的强制力保证实施，具体而言，著作权法以著作权侵权行为的方式提供请求权条款，著作权人可以通过此种条款提出民事诉讼请求民事救济，恢复其排他效力，而相关的行政法和刑法也会提供更严厉的行政手段和刑事手段保证其排他性的实现。

---

① Bryan Garner, *Black's Law Dictionary* 2691（Thomson West 8th ed 2007）.

② Wendy Gordon, *An Inquiry into the Merits of Copyright: The Challenges of Consistency, Consent, and Encouragement Theory*, 41 Stan. L. Rev. 1343, 1370(1989).

2.1.2 著作权人为什么许可

根据著作权的概念，著作权是法律保障权利人自由选择被许可人利用作品的权利，那著作权人为什么需要许可呢？这一小节来探讨这个问题。著作权许可就许可的对象不同分为两种形式。第一种形式是著作权人直接向消费者发放许可，比如，作者将自己创作的作品直接上传到互联网，许可读者在网络上获得作品，这种从著作权人到消费者的渠道是最为直接的许可之路。第二种形式的许可是著作权人向中间商[①]发放许可，由中间商将作品转化为产品销售给消费者，这种从著作权人到企业再到消费者的渠道是一种间接的许可之路。第一种许可的经济理由很简单，著作权人是为了营利，作者创作作品、取得著作权的目的就是为了向消费者发放许可并获取商业利益，而既然花钱购买许可，作为被许可人的消费者也会觉得物有所值。第二种许可的经济理由就复杂许多。设想一下，著作权人可不可以不向中间商发放许可？著作权人可不可以将自己的作品转化成产品直接卖给消费者？

对上述问题的答案是可以，但是很多著作权人不这么做。大多数著作权人或多或少都会选择发放许可，让别人参与自己作品到达消费者的渠道建设上来，那么理由是什么呢？首先，相当一部分著作权人就是自然人作者，他们的能力和掌握的资源很有限，不能充分地利用其作品，比如文字作品的作者，他们不可能完全依靠自己完成出版、发行的工作，只能依靠出版社、印刷商和书店。其次，著作权许可的优势来自分工的优势。自然人作者很愿意将利用作品的工作交给他人来进行，因为这样他们就可以专心创作，力图创作出更优秀的作品。即便是作为企业的著作权人，如拥有电影作品著作权的制片人，往往也要把发行和放映工作交给发行人和影院，因为将不同的工作分配给不同的企业或个人然后进行合作更有效率。每个企业或个人只从事他所擅长的事情，生产率就会

① 本书以中间商（Intermediaries）来指代那些将作品转化为产品并投放给消费者的商人，这种角色一般是在著作权人与消费者之间铺设作品到达消费者的渠道，传统的中间商包括出版社、唱片公司、发行公司，他们会征得著作权人的许可，与著作权人关系紧密。本书把网络时代的某些提供平台的服务商也称为中间商，尽管有些网络平台提供商与著作权人没有许可关系，但他们也从事了同样的工作，把作品传达给消费者。

得到极大的提高，这就是分工的逻辑，[①]也是著作权许可的逻辑。需要注意的是，著作权许可所指的分工往往是不同的、独立的个体之间的分工，不是一个组织体内部各部门之间的分工，因为将所有工作所需的资源“垂直整合”在一个企业的成本非常之高，比如，很难想象一个公司可以既创造电影作品又能在全世界各地建设电影院，其信息传递、行动协调和监督都会面临巨大的困难，相比之下，在著作权许可的领域独立的个体利用谈判和合同展开合作更能降低交易成本。[②]

再次，著作权许可能够帮助著作权人先期进入市场，如跟踪社会热点的作品，迟延就意味着失败，著作权许可缩短了著作权人将其作品推向市场所需的时间，著作权人可以将某些工作委托给拥有足够经验和资源的其他人，从而加快了进入市场的速度。[③]除此之外，著作权许可还可以帮助著作权人扩展地理市场和产品市场。前者比如著作权人想在域外市场推销自己的作品，设立国外分支机构、子公司或者合资公司的往往不是明智的选择，但是著作权许可可以充分利用业已存在的企业所具有的人员和现有的渠道、资源、生产程序和营销等方面的条件，以及该企业对域外市场、风俗习惯和消费需求的了解；后者比如录像业，电影作品的著作权人不具备大量制作和发行录像带的资源，这些著作权人就把电影作品的著作权许可给其他企业，由后者制作已经预先录制好电影

---

① 市场分工的奥秘最早由亚当•斯密发现。在亚当•斯密的经济学开山之作《国民财富的性质和原因的研究》的第一篇中，他举过这样一个例子。一个扣针工厂的工人如果身兼制作扣针的全部工作，一天顶多制针 20 枚，如果把制作扣针的工作分成十八道工序，每道工序由专门的工人来做，平均下来每人每天制针 4 800 枚，效率提高了 240 倍，这就是分工的优势。参见［英］亚当•斯密：《国民财富的性质和原因的研究（上卷）》，郭大力、王亚南译，商务印书馆 1972 年，第 6 页。

② 科斯认为，一方面，如果合同谈判的交易成本过高，生产会倾向于将资源整合进一个企业里来进行，因为企业家的发号施令会降低谈判的交易成本，另一方面，如果企业的组织协调成本过高，生产则倾向于由独立的个体通过合同谈判来合作进行。参见［美］罗纳德•哈里•科斯：《企业的性质》，载［美］罗纳德 • 哈里 • 科斯：《企业、市场与法律》，盛洪、陈郁译校，生活•读书•新知三联书店上海分店 1990 年，第 1-23 页。

③ 参见［美］Jay Dratler：《知识产权许可（上）》，王春燕等译，清华大学出版社 2003 年，第 19-20 页。

作品的录像带进行发行。[①]

最后，著作权许可能够有效地分散风险。在文化创意市场，消费者的口味多变而且难以捉摸，产品失败的风险较大，大多数著作权人是不愿意独自承担从创作到推出产品过程中的所有风险的，如果著作权人只承担创作风险，由被许可人集合推出多种产品，用成功产品的利润弥补失败产品的亏损，则会使得风险降低很多，这非常类似于“证券投资组合”[②]，另外，被许可人往往是公司，只承担有限责任，而且公司可以实施很多手段把风险分散在资本市场。总而言之，很多著作权人更愿意与别人合作发放第二种许可，从而使得著作权人最大限度地利用其作品，与此同时，消费者的需求也获得了及时和有效的满足，著作权许可最终达到了双赢。

2.1.3 著作权的法律文本分析

正是由于上述著作权许可的诸多优势，立法者在著作权的构造设计上也给予了充分配合。著作权也同样是财产权，财产权的构造要考虑到界定权利之后的权利的利用，尽量使得权利在以后的交易市场中得到方便的利用，著作权也不例外。为了方便财产权的利用，财产权采用的构造标准之一就是可分割性，也就是说权利人可以将整体的财产权分成小块财产权，如此一来就更加便于财产权在市场上的交易。[③]具体到著作权，著作财产权就被切分成不同的权项，每一个权项又可以在不同的地域、不同的市场和不同的时间被许可给不同的人，这方便了著作权人与被许可人之间建立各式各样的合作关系，极大地增加了合作的自由度，同时也有益于向消费者及时供给多样化的产品。比如，在电影行业，制片人往往将还未开拍的电影作品的发行权预先许可给某个国内或国

---

① 参见[美]Jay Dratler:《知识产权许可(上)》，王春燕等译，清华大学出版社 2003 年，第 16-18 页。

② 证券投资组合的宗旨就是不要把鸡蛋放在一个篮子里。如果只持有一种股票或债券，那么风险较大，一亏则全亏，投资组合的理论告诉投资者坚持多样化投资，这样的话风险和每种股票或债券都只有一点利益关系，由于所有股票和债券都发生亏损的可能性极低，总会有赔有赚，故而多样化投资能有效地降低风险。

③ 参见[德]柯武钢、史漫飞:《制度经济学：社会秩序与公共政策》，韩朝华译，商务印书馆 2000 年，第 228-229 页。

外的企业，这样既获得了开拍电影的资金，又有效地分散了风险，有利于电影作品的产出。[①] 虽然著作权许可是著作权人与他人建立的外部的、合同的法律关系，但是著作权许可因为其优势依然能够影响著作权内部的构造方式，这说明法律的构造与商业利用的逻辑往往是一体的，要探寻著作权的商业模式，不能从表面的许可合同开始，而应该从著作权本身开始。

著作权许可就是著作权人准许他人从事某些特定的行为，著作权人之所以有权准许，就在于他拥有著作权，所以说著作权是许可的基础。然而这只是一般性的推论，具体到著作权到底如何设置才能成为许可的基础，还需要进一步的探究。本书的探究从正式的法律文本开始，也就是由立法机关颁布的《著作权法》，本书选取美国、德国、日本和中国四国的《著作权法》，选取美、德两国是因为这两个国家的立法水平，美国和德国是英美法系和大陆法系的代表性国家，立法水平自不必言，选择日本则是因为与中国接近的地理环境以及日本曾对中国立法造成的历史影响，选取中国是作者期待本书的研究成果或多或少会给中国的著作权法带来新的认识和帮助。至于具体条文的提取、对比和归纳，本书将四国《著作权法》文本中的特定的条文——著作财产权的权利内容——提取出来对比，以便能够归纳出共同的特征，并得到一般化的结论。由于上一段所述的可分割性，著作财产权的权项往往被细分，一一列举和分析太过烦琐，所以本书只列举著作财产权中最具有代表性的权利——复制权，省略其他的权项。

首先是美国《著作权法》，著作财产权及复制权的权利内容规定在 106 条，条文如下："受第 107 条至第 120 条之限制，版权所有人依据本篇享有从事及允许他人从事以下任何一项行为的专有权利：(1) 使用版权作品制作复制品或录音制品……"[②] 其次是德国《著作权法》，著作财产权及复制权的权利内容规定在第 15 条"一般规定"与第 16 条"复制权"，条文如下："第 15 条一般规

① Jonathan Barnett, *Why is Everyone Afraid of IP Licensing?*, 30 Harvard Journal of Law & Technology 123, 140(2017). 在这篇文章中，作者还着重论述了美国 1976 年著作权法废除著作权不可分割原则对于著作权许可的重要性。

② 《十二国著作权法》翻译组：《十二国著作权法》，清华大学出版社 2011 年，第 729 页。本书选取的美国《著作权法》文本由孙新强翻译。

定1. 作者享有以有体的形式利用其作品的排他权利，该权利特别包括：(1) 复制权(第16条)；……第16条复制权 1. 复制权是指制作作品复制件的权利，而不管是不是临时或长久的，以何种方法及数量多少……”① 再次是日本《著作权法》，著作财产权及复制权的权利内容规定在第17条“作者的权利”、第二十一条“复制权”和第二条“定义”，条文如下：“第十七条 作者的权利 第一款 作者享有……，以及第二十一条至二十八条规定的权利(以下称为著作权)。”“第二十一条复制权作者享有复制其作品的专有权利。”“第二条定义第一款(十五)复制。指通过印刷、照相、复印、录音、录像或者其他方法进行有形形式的再制作……”② 最后是中国《著作权法》(2020)第十条，条文如下：“第十条　著作权包括下列人身权和财产权：……(五) 复制权，即以印刷、复印、拓印、录音、录像、翻录、翻拍、数字化等方式将作品制作一份或者多份的权利；……”

纵观这四国《著作权法》关于著作财产权及复制权的法律条文，有一些不同之处，比如，日本和中国都在条文中列举了具体的复制方法，实际上美国《著作权法》在101条“定义”中有“复制件”的解释，对复制给出了进一步的说明，而德国《著作权法》就没有对复制多做解释；另外，美国、德国、日本在条文中明确规定了复制权只涵盖有体复制或者说有形形式复制，也就是要求复制件有物理实体，中国《著作权法》虽然条文上没有体现，但是在复制方式的隐含意义上也确认了复制件的物理性。以上对于复制范围的不同表述并非关键的因素，考虑到各个国家不同的立法历史、法律体系、立法风格、社会习惯和经济发展状况，对复制行为给予不同的界定是正常的。

然而本书关注的是四国《著作权法》文本相同的地方，也就是美国与日本《著作权法》中的“专有权利”以及德国《著作权法》中的“排他权利”，美国《著作权法》106条的“专有权利”的英文文本是“exclusive rights”，翻译成

① 《德国著作权法》，范长军译，知识产权出版社2013年，第15-17页。

② 《十二国著作权法》翻译组：《十二国著作权法》，清华大学出版社2011年，第363-364页，第370页，第373页。本书选取的日本《著作权法》文本由李杨翻译。

排他权利也毫无障碍，[①]至于中国《著作权法》，即便没有明确的“专有权利”或“排他权利”的表述，其内在含义上也是一致的。这四国《著作权法》和有形财产的财产法一样，尤其是在“专有权利”或者“排他权利”的表述上，都是从正面宣示了权利人的权利内容。

权利人对其权利的客体有控制和利用的自由，其他人负有尊重权利人此种自由的义务，不能去干涉、介入或阻碍此种自由，这也就是财产权的排他性。由于客体性质的不同，有形财产权与著作权对于排他性的要求上也不相同。这表现在三个方面：第一，有形财产具有天然的排他性，比如，A 有一个苹果，A 在享用他的苹果时当然能够排除其他人的享用，因为苹果只有一个，在同一种用途上不能同时满足多人的享用，保障 A 对苹果的享用就等于同时排除了其他人的干涉；而假如 A 写了一部小说，A 在复制这部小说的同时就不能排除其他人的复制（假设小说已经发表），因为小说是智力创造成果（表现为信息），可以同时被无数次复制而不发生损耗（也就是上一章所说的类似于公共物品的非竞争性），如果只是保障 A 对这部小说的复制自由毫无意义，必须排除其他人未经许可的复制行为，A 的复制行为才能发生赋予权利的法律效果。

第二，有形财产占据物理空间，有其物理边界，虽然有形财产权是对世权，所有其他人都负有不干涉的义务，但是真正负有义务的仅仅是在物理空间上靠近物理边界的人，比如 A 有一个苹果，对其苹果的所有权负有义务的人就是 A 身边的人，不能想象几百千米以外的人会对 A 享用苹果发生有形的干涉，所以只排除发生在 A 身边的不当干涉就能保障 A 对苹果的所有权；而比如 A 写了一部小说，尊重其著作权的义务人就真的是所有其他人，因为物理空间和物理边界不构成干涉的障碍，几千千米以外的人也可以未经许可大量复制 A 享有著作权的小说（也就是上一章所述的类似于公共物品的非排除性）。

第三，有形财产有较强的可替代性，A 有一个苹果，其他人尊重 A 对这个苹果的所有权，但是他们还可以取得其他苹果的所有权，A 对这个苹果的所有

---

① 106条的原文为“106. Exclusive rights in copyrighted works Subject to sections 107 through 122，the owner of copyright under this title has the exclusive rights to do and to authorize any of the following:（1）to reproduce the copyrighted work in copies or phonorecords；”，17 U. S. C. § 106 .

权不会使得其他人没法吃苹果了。作品的可替代性则相对弱一些，A写了一部小说，其他人尊重A对这部小说的著作权，就不能大量复制这部小说，而且未必能找得到合适的替代品。

总之，上述第一点表明著作权的权利行使要绝对依赖排他性，没有排他性的著作权就会被抽空，上述第二点表明著作权的排他性是禁止所有其他人未经许可的干涉行为，排除范围极其广泛，上述第三点表明著作权的排他性造成的社会后果（也就是其他人的行为被禁止的代价）更为严重。这三点排他性的差异表明了其在著作权中的地位，著作权的排他性比有形财产权的排他性更为重要、更为关键、更为引人注目。

2.1.4 以排他性为基础的"著作权+许可"

著作权许可的根基在于排他性，如果排他性得以保证，著作权许可就可以运行。比如，就上述的复制权而言，如果不能保证著作权的排他性，所有其他人都可以随意复制著作权人的作品而不受到追究，那还有谁愿意请求著作权人的许可呢？作者又如何获得经济收入来弥补创作作品的成本呢？就像土地产权一样，如果一个法律不能禁止他人收割在这块土地上种植的农作物，那么还有谁愿意租下所有权人的土地去种粮食呢？相反，如果能够保证著作权的排他性，从被许可人的角度来说，这是他们良好前景的一个安全保障。他们请求著作权许可，是因为他们知道其他人没有取得著作权人的许可不能进行商业的复制，他们推出的著作权产品能够排除未经许可的竞争，这样他们的投入就能获得预期的回报。如果违法的复制行为非常猖獗的话，从理论上来讲，被许可人不能取得竞争上的优势从而获得预期的回报，那么他们就不会选择投入。①

如第一章所述图书出版的例子，被许可人首先要获得著作权许可，除了向著作权人支付许可费，还要支付将作品转化为可以消费的产品的成本，比如编

① 毫无疑问，本书观点的理论根源是Kitch的"前景理论"，Kitch将专利权与采矿权（准所有权）放在一起类比，认为它们都被赋予了一种排他性的权利，是为了激励发明人积极从事发明与商业化开发来实现美好的"前景"。具体到发明来说，如果没有专利权（排除竞争者的无偿占有）保障发明人享受商业化的成果，发明人不会有激励去实现发明的创造和商业化。本书观点是Kitch观点在著作权领域的一个适用。Edmund Kitch, *The nature and function of the patent system*, 20 Journal of law and economics 265, 271（1977）.

辑、校对、设计封面和版式、宣传推广、印刷、销售等费用，而翻印者只需要投入少量的宣传推广、发行费用以及后期每一本图书的印刷费和流通环节的费用。如果不能依赖著作权将翻印者排除出市场，被许可人在成本上就面临着竞争的劣势，被许可人与翻印者的成本差异越大，被许可人的劣势就越明显，被许可人也就越发依赖著作权的排他性。另外，被许可人投入编辑、校对和宣传推广这些工作所获得的成果无法产权化，也容易被翻印者无偿利用，只能依附于著作权的排他性，所以说著作权是许可的先决条件。

如果将这个商业逻辑简化一下，就可以得到著作权主要的商业模式——著作权+许可。著作权许可看起来是一个法律行为，但在商业模式的构建上是一个两步走的过程。先有著作权，具有排他性的著作权是许可的基础，也可以说著作权是许可的基础（排他性是著作权的固有特征，所以排他性可以被涵盖在著作权的概念下），未经许可从事著作权指向的特定行为会被禁止，这样才会给潜在被许可人描绘出一幅良好的前景。然后才是许可，著作权一经界定，被许可人看到了许可的前景，他们会与著作权人谈判并达成许可合同。从以上的分析来看，著作权的可分割性与排他性的重要程度显然有区别，后者更为重要。可分割性有利于各种各样的许可的设立，增强了许可与市场的契合度，但是没有可分割的著作权的话，许可依然能够发生，只是发生的频率会降低罢了。没有排他性的著作权则是在理论上杜绝了许可的可能性，所以排他性被认为是著作权之所以有法律意义的固有特征，是本质的反映，是必选项，是它在根本上促成了著作权+许可的商业模式的确立。

著作权在商业实践中还有其他的商业模式，比如“著作权+转让”“著作权+质押”。但是在本书的研究主题下，也就是著作权与替代手段的关系上，上述两种商业模式的研究价值显然不如著作权+许可的商业模式。首先，“著作权+许可”是著作权领域中最主要的商业实践，“著作权+转让”“著作权+质押”的规模完全不能和“著作权+许可”相提并论。其次，“著作权+转让”“著作权+质押”以“著作权+许可”为基础，一部作品的著作权必须能够许可——作品最终转化成产品——其市场价值才能够体现，著作权才能被转让、质押，如果著作权在许可市场毫无价值，谁还愿意受让、质押这样的著作权呢？研究讲求如无必要、勿增实体。本书认为著作权+许可能够代表著作权的商业模式，仅将“著作权+许可”纳入研究框架就可以实现研究对象的可处理性、研究结论的一般性和可验证性。基于以上原因，除了“著作权+许可”，本书不再探讨著作权其他的商业模式。

2.2 著作权排他性的考察

2.2.1 著作权的法律排他性与事实排他性

根据上一节的论述，排他性是“著作权+许可”商业模式成立的基础，著作权之所以发生许可，是因为其具有排他性，所以这一节就详细考察一下著作权的排他性。贝勒斯认为财产权的排他性指所有权在与他人财产权的类似排他性相容共存的范围内具有独占排他的权利，排他性亦即所有权能使其主体排斥他人对所有物的利用。[①] 波斯纳在其著作《法律的经济分析》中也指出排他性意味着排除他人使用资源。[②] 具体到著作权，因为著作权并不讲求对于作品的全面控制，而只是针对特定的利用作品的行为，所以上述排他性的界定可以在本书中被解释成著作权能使其主体排除他人对其作品进行某些特定的利用。考虑到在著作权法上并没有物权相关法规上成熟的物权的排他效力和物权请求权的概念，在论述到其意义等于“著作权的排他效力”和“著作权请求权”的概念时，本书就都以排他性的概念将其涵盖。

本书对著作权排他性的考察从它所影响的对象开始。毫无疑问，著作权对权利人以外的人的行为具有约束力，他们应当服从著作权法的规定，未经许可不得从事著作权指向的特定行为，这是著作权排他性的体现，也可以看作“著作权的排他效力”，本书把这界定为法律排他性(De jure Exclusivity)。与之相对应的是事实排他性(De facto Exclusivity)，也就是著作权法的实效，它在现实

---

① [美]贝勒斯:《法律的原则:一个规范的分析》，张文显等译，中国大百科全书出版社1996年，第90页。首先，此处的所有权(Ownership)是英美法上的概念，并不是指所有人拥有一个包括占有、使用、收益、处分的完整物权，它只是意味着对某物拥有一定程度的决策地位；其次，与他人财产权的类似排他性相容共存并不是指在同一个客体上存在两项权利，而是指不同的客体上存在着不同的财产权，相容共存指的是对于客体的使用相互之间不发生负面的影响；最后，英美法上的财产权也包括知识产权。

② 参见[美]波斯纳:《法律的经济分析》，蒋兆康译，中国大百科全书出版社1997年，第42页。

生活中被适用和服从的情况或者状态——在未经许可的前提下，著作权人以外的其他人在多大程度上确实没有从事著作权指向的特定行为。法律排他性是著作权的法律特性，着重于著作权人以外的人不应该从事某种特定行为，是一种价值判断，而事实排他性则描述人们的实际的消极行为，是一种事实判断。即便著作权的法律排他性禁止权利人以外的人从事某种特定行为，但实际上著作权法未必能够使得所有其他人依据法律规定那样去行为，如果事实排他性达不到法律的要求——甚至差距巨大时，那会发生什么？著作权人和被许可人会受到怎样的影响？他们会有怎样的应对措施？这些就是本书感兴趣的关键问题。

2.2.2 法律排他性与事实排他性的差距

在考察法律排他性与事实排他性的差距时，借鉴法律规范的效力范围是有帮助的。法律规范的效力范围要从四个方面衡量——属地、属时、属事、属人，也就是法律规范只对一定的地域、一定的时间、一定的事件和一定的人发生效力。[①] 著作权法当然属于法律规范，对著作权排他性范围的分析正好可以选择借用效力范围的衡量。属人指的是一定的人，具体指法律规范由谁来遵守；属地指一定的空间，具体指法律规范在哪些地域有效力。属人和属地会涉及一国著作权的域外效力问题，不可避免地要牵扯国际公约和国际组织规则，甚至还要牵扯政府谈判和国家外交。如果将属人与属地纳入本书的分析，将极大地增加研究框架的复杂难度，而且会偏离原有的分析路径，但是将其忽略也不影响基本研究框架的建立，所以本书就省略对属人和属地的考察，只考察剩下的两个方面——属时和属事。属时指法律规范在一定的时间是有效力的，著作权是有保护期的，著作权的法律排他性自然也就在保护期发生效力；属事指法律规范约束何种行为，著作权指向的正是某些特定地利用作品的行为，著作权的法律排他性也就是禁止他人未经许可从事这些特定的行为。本书就考察在属时和属事这两个方面著作权法律排他性与事实排他性的差距。

首先是属时，也就是著作财产权的保护期。法律排他性在这个方面的

---

① 参见[奥]凯尔森：《法与国家的一般理论》，沈宗灵译，中国大百科全书出版社 1996 年，第 45-47 页。

变化非常容易把握，因为时间的变动是非常清晰的标准。中国《著作权法》(1990)第二十一条大体上是这样规定的：自然人的著作财产权保护期为作者终生加50整年，法人或其他组织享有的著作财产权为作品首次发表后五十整年，之后中国《著作权法》虽然在保护期适用的主体和权项上有所改变，但是时间长度一直没有改变，著作权排除他人未经许可从事特定行为的时间就是作者终生加50整年或者作品首次发表后50整年，在这之后著作权消灭，他人可以自由使用作品，不再受到著作权的约束。美国《著作权法》则在20世纪末通过了延长著作权保护期的法案，这就是争议颇多的1998年著作权期限延长法(Copyright Term Extension Act，简称CTEA)，CTEA将自然人的著作权保护期延长到作者终生加70年，公司的著作权保护期延长为95年，各增加了20年，而且还是有追溯力的，[①] 很多作品快要到期的著作权又因此而顺延，其权利人还能再有20年的时间排除他人的使用。以上是属时的法律排他性，它是静态的假定，即认为从作品一经创作完成产生著作权到著作权保护期结束，排他的力度和排他的效果都是一样的，变化只在于法律是否延长或缩短它的期限。

事实排他性则是动态的假定，随着时间的推移，事实排他性就会发生变化。一般而言(除了经典作品)，作品甫一创作完成的时候，往往最受瞩目，人们有追逐热点的天性，对刚出现的作品有极大的热情，著作权的排他性在此时会发挥重要的作用，所以排他性在此时的执行力度最强，排他的效果也最好。随着时间的流逝，人们又会追逐下一个热点，作品的热度下降，著作权排他性的作用也会变弱，排他性的执行力度和效果肯定也就不能和作品刚推出的时候相比。

对于这一点中国的著作权执行有一个非常典型的例子，这就是国家版权局定期地公示重点作品版权保护预警名单，并且要求网络服务商对版权保护预警名单内的重点作品给予特别的注意义务，施加特别的保护措施。就拿《2018年度第六批重点作品版权保护预警名单》来说，名单列出了当时重点保护的作品名称、有关权利人和获得信息网络传播权的网络服务商，比如第一项重点作品

---

① Mark Lemley, *Ex Ante versus Ex Post Justifications for Intellectual Property*, 71 University of Chicago Law Review 129, 133(2004). 在这篇文章中，Lemley认为在事后(Ex Post)延长保护期对已经产生的作品不能增加任何有效的激励作用。

是 2018 年第 18 届亚洲运动会相关节目，有关权利人是亚奥理事会、中央电视台，获得信息网络传播权的网络服务商是央视网和咪咕视讯，名单要求相关网络服务商按照《著作权法》和《信息网络传播权保护条例》的规定采取保护措施。既然国家版权局以公布正式的文件的方式进行预警，网络服务商就不得不给予特别的注意义务，否则很有可能就被认为不满足“红旗标准”的注意义务而承担间接侵权的责任。如此一来保护重点作品著作权的监控与执行工作基本到位，事实排他性会趋向于达到法律排他性要求的程度。但是可以顺理成章地想象下面的情形：随着时间的流逝，第 18 届亚洲运动会相关节目已不再是热点节目，想再次观看第 18 届亚洲运动会相关节目的消费者迅速减少，国家版权局又会推出下一批的重点作品版权保护预警名单，这意味着政府监督和执行的资源也是有限的，只会对重点作品做重点的保护，网络服务商也不必一直恪守着对于上一批重点作品的严格注意义务，事实排他性与法律排他性的差距就会越来越大。

其次是属事，事关著作权指向的行为。法律排他性在这个方面的变化较难把握，因为著作权的排除范围不像土地那样有明确的边界，在边缘上比较模糊。随着科技的迅速发展，作品的利用方式层出不穷，新的利用行为是不是应该纳入著作权的排除范围？这个问题在著作权法的立法史上一直不断地产生困扰。例如，中国《著作权法》在 2001 年修订时增加了信息网络传播权，将权利人的专有权范围——能够排除他人特定行为的范围——界定为“以有线或者无线方式向公众提供作品，使公众可以在其个人选定的时间和地点获得作品”，但是这只是涵盖了交互式的传播行为，对于后来网络上的“网播”行为[①]则无能为力。对于如何将“网播”行为纳入著作权的排他范围，中国的法学学者并无太大异议。由于当时立法者不能准确预测新技术的潜力且不能完全理解 WCT 第八条向公众传播权的深意，导致“网播”行为既不能涵盖在信息网络传播权条款的排除范围，也不能涵盖在广播权条款的排除范围，那么可以启用《著作权法》第十条第一款第十七项兜底条款，也就是“应当由著作权人享有的其他

① 网播行为也称定时传播行为，消费者只能在网络上在线收听或观看网站预定在某一时刻播放的节目，而无法在个人选定的时间获得作品，其并非交互式传播，所以不能适用中国《著作权法》(2001)第十条第一款第十二项信息网络传播权条款。

权利”,[①] 由兜底条款将“网播”行为纳入著作权的排除范围之内。

在美国较长的著作权法立法史上,如何对待作品新的利用方式这个问题不断引起激烈的争议。20 世纪初,随着收音机的发明和普及,著作权人寻求将收音机播放音乐作品的行为纳入表演权的排除范围,经过几次激烈的诉讼纷争,法院最终认定收音机播放音乐作品的行为属于公开表演。[②] 同样在 20 世纪初,自动钢琴风靡美国,但是制造自动钢琴纸卷(Piano Roll)是否应该被纳入著作权的排除范围呢?在著名的 White-Smith Music Publishing Co. v. Apollo Co. 案件中,最高法院最终判决一家制造自动钢琴纸卷的生产商 Apollo 公司胜诉,理由是自动钢琴纸卷仅仅是一组无法清晰读懂的散乱排列的细孔,不可能是一个侵权复制件。法院对复制件极其狭义的解读遭受了广泛的批评,国会于 1909 年《著作权法》修订时增加了音乐作品的机械复制权,但是以强制许可的方式给予约束。[③]20 世纪 60 年代,美国的有线电视台通过设置在高处的大型天线来接收电视台的广播信号,然后再通过电缆将信号同步转发给消费者,著作权人和电视台认为这种转播行为应当被纳入公开表演权[④] 的排除范围,最高法院在 Fortnightly Corp. v. United Artists Television, Inc. 案件中最终认定有线电视台的转播行为更类似于“观看”而不是“表演”,使得这种转播行为不会

① 我国司法实践中也确实采用了这种做法,比如在电影作品《霍元甲》的著作权侵权诉讼中,一审二审法院均认定被告未经许可对电影作品《霍元甲》的网播行为不侵犯原告的信息网络传播权,但是侵犯了原告的兜底权利。参见王迁:《著作权法》,中国人民大学出版社 2015 年,第 198 页。

② 播放歌曲的无线电台的抗辩理由一是消费者在家里收听音乐作品不是公开场合,二是无线电台不向收听的消费者收取费用。这两项抗辩理由都失败了,法院认为无线电台的播放行为是面向公众的,而且无线电台插播广告的行为是为了商业利益,最终 ASCAP 成功地向无线电台发放了许可。Jane Ginsburg, *Copyright and control over new technologies of dissemination*, 101 Colum. L. Rev. 1613, 1620(2001).

③ 参见[美]保罗·戈斯汀:《著作权之道:从古登堡到数字点播机》,金海军译,北京大学出版社 2008 年,第 53-55 页。

④ 中国著作权法以广播权来涵盖电视台播放作品的行为,美国著作权法的权项只有复制权、发行权、演绎权、展览权和表演权,没有广播权,美国著作权法是以表演权来涵盖电视台播放作品的行为。参见李明德:《美国知识产权法》,法律出版社 2014 年,第 308-309 页。

被表演权所排除。[1] 到了 20 世纪 70 年代，录像机的发明和普及使得联邦最高法院的法官在 Sony Corporation of America et al. v. Universal City Studios，Inc，. et al. 案中左右为难，是否将家庭录制有版权的电视节目纳入复制权的排除范围成为一个伤脑筋的问题，虽然联邦最高法院以 5∶4 的比例最终判定私人录制的行为（时移行为）构成合理使用，但是之后国会在《家庭录音法》和《数字千年版权法》对唱片的私人数字翻录行为和付费电视节目的录制行为上给予了某种回调，[2] 美国法院与国会在著作权的排除范围与合理使用之间进行如此精细的切分反映出了技术创新带来的复杂性。其实技术创新不仅给法律排他性带来了麻烦，也给事实排他性带来了极大的困难。

2.2.3 技术进步带来的执行困难

完美的目标是法律得到百分之百的执行，但是完美的目标只存在于理论中。法律排他性的困难在于定性，是否应当将新的作品利用方式纳入著作权的排除范围成为中心议题；事实排他性在法律排他性成立之后，它的困难在于定量，也就是如何百分之百地达到法律排他性的要求。在数字技术和网络技术兴起之前，执行的问题不算严重，因为要想把作品转换为消费者接受的产品，必须要把作品负载在成形的载体上，这个工作必须通过中间商，所以只要把监控中间商的工作做好就能维持著作权的事实排他性。最典型的就是图书出版业，在互联网兴起之前，消费者想要获得作品就必须获得一本纸质的图书，印刷、存储、建立发行渠道从而向消费者提供大量纸质的图书要耗费一笔不算小的费用，而且会留下明显的外部活动痕迹，由于监控这些违法行为较为容易，法律执行部门不需要花费很高的成本就能禁止上述违法行为。

但是，在进入互联网的时代之后，情形发生了颠覆性的变化，消费者获得

---

① 美国在 1976 年著作权法修订时改变了联邦最高法院对转播行为的判决，将有线电视转播行为纳入了著作权的排他范围，不过与自动钢琴案类似，国会以法定许可的方式允许有线电视台付费转播。参见［美］罗纳德·贝蒂格：《版权文化：知识产权的政治经济学》，沈国麟、韩绍伟译，清华大学出版社 2009 年，第 115-138 页。

② 《家庭录音法》以版税的形式使得人们为私人翻录数字录音带的行为付费，《数字千年版权法》允许著作权人在付费的电视节目中加入防止私人录制的技术措施。王迁：《“索尼案”二十年祭——回顾、反思与启示》，《科技与法律》2004 年第 4 期，第 58-59 页。

和传输作品不再需要成形的载体，不再需要传统意义上的中间商，作品的复制和传输方法简单易学，复制和传输过程在短时间内完成，作品被完美复制，没有复制和传输过程造成的品质减损，总之耗费的成本极低。① 使情况进一步恶化的是监控终端消费者的成本极高，因为终端消费者的数量太大了，远远超过以前的中间商。进入互联网的时代之后，在作品的网络复制与传输方面，法律排他性与事实排他性之间的差距面临着迅速被拉大的风险。

著作权法使用业已开发出的规则来应对这一局面，这就是著作权侵权的间接侵权责任。间接侵权责任包括帮助侵权责任（Contributory Infringement）和替代侵权责任（Vicarious liability），二者均是为了更好地执行法律排他性，或者说提高事实排他性的完美程度。帮助侵权责任的要件一是知情，二是有引诱、促成、实质上帮助直接侵权行为实现的行为。知情意味着与直接侵权者联系较为紧密，引诱、促成、实质帮助行为意味着与直接侵权的实现存在关键性的因果关系，这两个要件决定了帮助侵权者对直接侵权者提供了不可或缺的外部条件。掐断了这样的外部支持，帮助侵权责任就能大大减少著作权的直接侵权行为；替代侵权责任的要件一是从直接侵权行为中获得经济利益，二是有能力制止直接侵权行为，替代侵权责任没有要求知情，只要平台提供者处于一个比较有利的监控直接侵权者的位置，替代侵权责任就要求平台提供者承担起监控的义务。② 无论是娱乐场所的经营者，③ 还是跳蚤市场的开办者，④ 都被要求承担审查、监控和制止与其签约的对方当事人的著作权直接侵权行为，比如，乐队在娱乐场所未经许可演奏音乐作品或者小贩在跳蚤市场未经许可贩卖盗版唱片。替代责任更为清楚地表达了著作权法追求事实排他性的意图，为此不惜让平台搭建者承担起著作权警察的工作。

间接侵权责任将排除直接侵权行为的任务交由直接侵权者的密切联系人

---

① Julie Cohen and Lydia Loren and Ruth Okediji and Maureen O'Rourke, *Copyright in a Global Information Economy* 33（Aspen Law & Business 2002）.

② Douglas Lichtman and William Landes, *Indirect Liability for Copyright Infringement: An Economic Perspective*, 16 Harvard Journal of Law & Technology 395, 398（2003）.

③ Dreamland Ball Room, Inc. v. Shapiro, Bernstein & Co. , 36 F. 2d 354（7th Cir. 1929）.

④ Fonovisa, Inc. v. Cherry Auction, Inc. , 76 F. 3d 259, 261（9th Cir. 1996）.

承担，在互联网兴起之前，这个任务对于密切联系人来说或许还可以接受，因为监控在舞厅演奏的乐队和租用摊位的小贩的任务都不算太重，这都在密切联系人的能力范围内。然而在互联网世纪到来之后，著作权法依然套用原有的间接侵权责任来应付就慢慢地开始捉襟见肘。最初的例子是在本书前言中已经提到的 Napster 案，这是著作权法努力弥合法律排他性与事实排他性之间差距的一个绝好案例。Napster 在其网站上提供了一款名叫 MusicShare 的软件，用户下载安装后就可以将自己电脑中 MP3 音乐文件的档案（非音乐文件本身）上传至 Napster 的服务器，这样在 Napster 上就形成了一个由用户组成的音乐共享网络。所有用户都可以通过 MusicShare 搜索音乐文件的来源，然后直接从其他用户的电脑中下载。Napster 的服务一经推出就风靡北美，获得巨大成功，音乐作品著作权人的诉讼也就如期而至。A&M 等众多唱片公司和一家音乐出版公司在加州北区法院起诉 Napster，地方法院的法官认为使用 Napster 服务的用户构成直接侵权，Napster 因为提供服务和监管不力构成间接侵权。由此法官下发了临时禁令，Napster 紧急上诉至联邦第九巡回上诉法院，上诉法院基本肯定了地方法院的意见，但修改了禁令。[①] 虽然如此，Napster 最终还是达不到地方法院的过滤要求，以破产告终。[②]

首先分析一下 Napster 案中的法律排他性。与 Sony 案的处理相反，Napster 案认定消费者上传和下载音乐作品的行为属于著作权的排他范围，私人复制和传输音乐作品的行为不构成合理使用。其次是事实排他性。事实的排他性指向的是千千万万的消费者，法院把这个艰巨的排除工作交给了 Napster——因为其提供搜索和下载服务以及其具有监控和制止直接侵权行为的能力而被法院判决承担过滤的任务。Napster 使用了各种办法，包括标题审查、误拼审查和数字指纹比对，但也只能让 99.4%的侵权行为被过滤掉。这并不能让地方法院的帕特尔法官完全满意，Napster 被迫于 2001 年 7 月实施了技

---

① A&M Records, Inc v. Napster, 239 F. 3d 1004 (9thCir. 2001).

② 参见［美］迈克尔·艾因霍恩：《媒体、技术和著作权：经济与法律的融合》，赵启杉译，北京大学出版社 2012 年，第 119 页。

术关闭,第二年宣布破产。[①] 帕特尔法官的标准——让侵权降为零——正是追求法律排他性与事实排他性统一的标准。[②] 如果达不到零侵权的结果,那么宁可关闭 Napster 的服务器,消费者的需求得不到满足,著作权人与技术和商业创新者的合作也告失败,最终落得一个鸡飞蛋打的局面。

Napster 案的结果是著作权人乐意看到的结果,他们想如果在网络环境下许可前景不确定的话,那么退回到旧秩序下也不错,只要他们不发放许可,著作权法就会不惜以网络服务商的牺牲为代价保证法律排他性与事实排他性的统一。[③] 然而他们想错了,技术的进步使得法官想到了另外的一种解决方式,而这种解决方式不再在网络环境下强求法律排他性与事实排他性的统一,动摇了"著作权+许可"的商业模式。这种变化就以 Grokster 案为契机。

Napster 因为集中式(第一代 P2P 技术)的设计模式而惨遭重创,[④] 但是 Napster 的侵权认定却给分布式(第二代 P2P 技术)的设计提供了清晰的指引,Grokster 在网站上提供下载的 FastTrack 软件就是一个典型的例子。使用 FastTrack 软件的用户可以直接在网络上搜索和下载使用同一软件的其他用户

---

① 参见[美]迈克尔·艾因霍恩:《媒体、技术和著作权:经济与法律的融合》,赵启杉译,北京大学出版社 2012 年,第 118-119 页。

② 如果追求零侵权的目标是不必要的,那么以普通法的过失责任来代替间接责任似乎是一个不错的选择。只要 Napster 进行了成本合理的预防(也就是以合理的成本防止侵权的发生),它就能免责。在本案中,Napster 竭尽所能,过滤了 99.4%的侵权文件,如果适用过失责任的话,几乎可以肯定满足了过失责任的预防要求。Landes, William, and D. Lichtman. *Indirect Liability for Copyright Infringement: Napster and Beyond*, 17 Journal of Economic Perspectives 113, 121(2003).

③ 在 Napster 案判决中,为了制止侵权,法院判决被告帮助侵权成立的主观要件突破了"知晓直接侵权行为"的非常具体的要求(由 Whyte 法官在 Religious Tech. Ctr. v. Netcom On-Line Communication Serv. 案中确立),而是代之以泛化的、一般性的、概括的认知,这增加了网络服务提供商承担责任的不确定性。Craig Grossman, *From Sony to Grokster, the Failure of the Copyright Doctrines of Contributory Infringement and Vicarious Liability to Resolve the War between Content and Destructive Technologies*, 53 Buff. l. rev. 141, 222(2005).

④ 在 Napster 集中式的 P2P 服务中,用户的查询和下载请求都必须通过 Napster 的服务器,也就是说,Napster 能够监督和控制用户的行为。Napster 因为与用户的密切联系而被认定构成帮助侵权和替代侵权。

计算机中的文件，整个文件共享网络中都是终端用户，没有作为媒介的中央服务器。面对第二代 P2P 技术的报复性规避设计，米高梅等著作权人毫不犹豫地在加州中区法院提起诉讼，一审法院判决 Grokster 既不构成帮助侵权也不构成替代侵权。原告上诉，上诉法院——联邦第九巡回上诉法院维持了该判决。原告向联邦最高法院申请提审，联邦最高法院最终判定 Grokster 以引诱的方式构成帮助侵权，撤销了上诉法院的判决，发回重审。[①]

原告企图以下列事实来打动联邦最高法院的法官：被告的软件下载量超过一亿份；每月有数十亿计的文件通过被告提供的软件进行传输；在其中一款软件 FastTrack 上有近 90%的文件是未经许可传输的著作权作品；被告的广告收入也随着文件传输量的增加而增加。[②] 难道仅仅因为 10%的合法文件传输，就使得著作权人只能眼睁睁地看着技术提供者无偿利用其作品从而赚得盆满钵满吗？！原告认为 Sony 案中的实质性非侵权用途原则已经不适合当前的局面，联邦最高法院应该放弃这个技术提供者的避风港，并对其课以更严厉的侵权标准。[③] 从最终的判决看，联邦最高法院的法官们显然让原告失望了。

联邦最高法院的法官没有推翻实质性非侵权用途原则，只是限制了第九巡回上诉法院对它的宽泛解释，而且判决中开发的新的侵权标准——引诱侵权——绕过了原告的诉求，显然是对技术提供者网开一面。如果技术提供者没有引诱他人侵权的语言或行为，只要其技术具有实质性的合法用途，即使在现实中被大量用于侵权，即使获得了巨额利润，也依然能免责。[④] 联邦最高法院的法官在 Grokster 案中显然并不想让善意的网络服务商要么终止自己的服务，要么能够完全过滤掉（或者至少大部分过滤掉）消费者的直接侵权行为，最终

---

① MGM Studios, Inc. v. Grokster, Ltd. , 545 U. S. 913 (2005).

② MGM Studios, Inc. v. Grokster, Ltd. , 545 U. S. 913 (2005).

③ 原告在诉讼中提供了七八种认定被告侵权与否的替代标准，包括看是否技术的初次使用就是为了侵权，是否故意为了侵权用途而设计，是否其商业模式就是以侵权驱动的，是否基于成本—收益分析而考虑避免导致侵权的设计，等等，但是最终都没有被联邦最高法院采纳。Pamela Samuelson, *Three Reactions to MGM v. Grokster*, 1 Mich. telecomm. & Tech. l. rev. 177, 186(2006).

④ 王迁：《P2P 软件提供者的帮助侵权责任——美国最高法院 Grokster 案判决评析》，《电子知识产权》2005 年第 9 期，第 52-56 页。

著作权人没有如愿以偿地通过 Grokster 案一劳永逸地解除新技术带来的威胁。单纯地提供 P2P 软件会受到实质性非侵权用途原则的庇护，这意味着消费者可以继续合法获取文件传输的工具。至于是否让网络服务商筛选、排除不合法的文件传输从而达到事实排他性的完美，联邦最高法院的法官在这个问题上退却了，他们把这个问题交还给了本该直接对抗的两方当事人——著作权人和消费者。

于是著作权人只能把希望寄托在另一项选择上——对消费者提起的个人诉讼。自 2003 年始，美国唱片业协会（RIAA）宣布向未经许可传输音乐文件的消费者提起诉讼，到 2008 年为止，唱片公司起诉了数千名消费者。[①] 然而未经许可的音乐传输是如此之多，以至于被送上法庭的概率大概是一万分之一，和解结案的赔偿金额约有 3 000 美元，算下来每位潜在的消费者大概只有赔偿 0. 3 美元的风险。[②] 最终，普遍的未经许可的文件传输没有被有效遏制，向消费者提起的个人诉讼反而成了唱片业公共关系的灾难，美国唱片业协会于 2008 年宣布放弃向个人消费者提起诉讼的战略。[③] 很显然，面对千千万万的消费者，著作权人是不可能打赢这场战争的。在网络环境下，事实排他性已经不可避免地与法律排他性拉开了差距，著作权人与中间商试图通过著作权的间接侵权责任与著作权个人诉讼弥补这个差距，然而最终不能完全奏效。著作权人和中间商感受到了巨大的压力，如果人们执着地通过私人分享来获取作品的话，他们就无法获取足够的经济收入，产业将面临萎缩甚至崩溃。然而著作权人和中间商赖以生存的“著作权+许可”模式没有崩溃，原因就在于著作权人和中间商一直就掌握着另一种工具——替代手段。

2.3 替代手段的兴起

2. 3. 1 网络时代之前与之后

在网络时代到来之前，让著作权的事实排他性接近法律排他性并不难，因

---

① Jessica Litman, *Antibiotic Resistance*, 30 Cardozo Arts & Ent. L. J. 53, 54 (2012).

② Seth Belzley, *Grokster and Efficiency in Music*, 10 Virginia Journal of Law & Technology 199, 208 (Fall 2005).

③ John Newman, *Copyright Freeconomics*, 66 Vand. L. Rev. 1409, 1432(2013).

为作品必须依附于某种载体，作品的复制与传播同时意味着载体的复制与传播，这就给未经许可的复制与传播带来了难以克服的困难。一方面，就大规模复制和传播而言，未经许可的复制者与传播者，也就是谋利的商人，必须有一笔不算小的投资做这些事情，而且会产生较多的外部痕迹，所以执法者很容易监测和制止这些行为。如果课以适当的违法成本（如赔偿、罚款和监禁），这种谋利的行为就会被控制成为小概率事件。另一方面，就私人非谋利性质的复制和传播行为而言，随着复制次数的增多，复制品的品质也随之下降（比如复印的书的质量远远不如原版书，翻录的模拟录音磁带的音质也会变差），传播的方式和范围也极其有限，载体的天然障碍就会限制私人未经许可的复制与传播行为。

在网络时代到来之后，飞速发展的数字技术与网络技术对复制与传播产生了巨大的改变。数字复制不再需要单独的物理载体，作品可以脱离载体在网络上无限制地复制与传播，数字复制品的品质与原件相比不会降低，复制与传播的成本几乎为零，复制与传播起码在表面上是匿名进行的，因此在网络上一切都不同了。一方面，谋利的商人不再是直接的复制与传播者，他们往往只是提供了某些复制与传播的条件，他们变得更加广泛，虽然监测和制止他们的行为还不算太难，但是如何界定他们的行为变得异常困难了。他们提供的技术具有天然的两面性，既能应用于著作权侵权行为，也能促进合法的信息流通，他们模糊地知道他们提供的技术会被应用于著作权侵权行为，但是他们完全不能控制使用技术的私人用户（有时候是故意的退却），侵权应用与合法应用不可分割的纠缠使得法官左右为难。另一方面，技术的发展给私人的复制与传播带来了极大的方便，私人取得了几乎接近于传统中间商的能力，由于他们的数量太大，每一个私人的侵权规模又比较小，对他们的监控和制止的成本加总起来变得极高，著作权在私人行为上的执法就成为一件得不偿失的事情。

2.3.2　早期的替代手段

网络时代的著作权执法遭遇了困难，著作权的法律排他性与事实排他性变得难以弥合，还有越拉越大的趋势。想象一下极端的情形，尽管法律上有著作权，事实上却完全得不到执行，执行率为零，每个人可以随意使用他人的作品，没有任何不利的后果，那么会发生什么？历史曾给出过答案，在人类漫长的历史上，著作权的时代只能往前溯及二三百年，在印刷机发明之后、著作权被确立之前，依然有作品被出版，著作权并不是不可或缺的。

一个著名的例子在本书的第一章就出现过，那就是阿诺德·普朗特在《图书版权的经济考量》一文中提到的19世纪的美国商人出版英国作品的实例，当时美国著作权法不保护外国人的作品，然而美国的出版商却依然与远在英国的作者签订出版合同并支付酬金。[①] 另一个例子来自1794年的德国，Friedrich Schiller与J. F. Cotta出版社就*Horen*期刊的出版发行达成了一项协议，协议约定给每篇被选中的文章支付3个金路易(louis d'or)到8个金路易不等的酬金，如果月发行量超过2 000册，出版社将会把超出部分的每本期刊的1/3收益支付给编辑，而J. F. Cotta出版社所在的地区——德国南部符腾州(Württemberg)——并没有成文的著作权法。[②] 协议中有对收益进行复杂分配的条款，这表明虽然没有著作权的保护，作者和出版者依然能从作品的出版发行中获取收益，这是因为有替代著作权的手段存在并发挥了作用。在没有著作权提供排他性的年代，替代手段提供了事实上的排他性，保证了作者和出版者的投入有所回报。

普朗特对第一个例子的分析提出了一个非著作权的替代手段——市场领先时间。与作者签下第一份合同的出版商能够在市场率先推出成品图书，而翻印者还需要一段时间来完成排版、印刷和发行等工作，所以翻印者的成品图书上市会落后于首次出版者。这个首次出版者与翻印者之间成品图书上市的时间间隔被称为首次出版者的市场领先时间。首次出版者会充分利用这个天然的优势，他们先大量印刷好成品图书，然后在市场领先时间内大规模推出，充分满足先睹为快者，因为时间为首次出版者提供了事实上的排他性，首次出版者可以在满足最高偏好读者的基础上，索要一个较高的价格。在市场领先时间过去后，首次出版者还可以采取报复策略，一旦翻印者的图书上市，首次出版者随之降价，使得翻印者无利可图。一旦首次出版者实施过这样的策略，翻印者

① Arnold Plant, *The Economic Aspects of Copyright in Books*, 1(2) Economica 167, 195 (1934).

② 这份协议签订于1794年5月28日，德文原始资料收藏在位于马尔巴赫的席勒国家博物馆，英文文本由Luis Sundkvist翻译。http://www.copyrighthistory.org/cam/tools/request/showRepresentation?id=representation_d_1794a，2018年11月6日访问。

就相信出版者采用这样的策略是可信的，所以他们就不会进入首次出版者的市场。可信的报复战略将可能的翻印者逐出市场，也是达到了事实上的排他性。

网络时代到来之前，即便是没有著作权，首次出版者也只需要与翻印者展开博弈，因为普通读者是不能大规模地翻印作品的。首次出版者考虑的是排除少数翻印者的复制和传播行为，这样做保证了作品事实上的排他性，而且成本不会太高。网络时代到来之后，千千万万的普通读者也能自己复制作品，而且复制效果等同于原件，首次出版者如何与千千万万匿名的消费者（也就是整个市场）展开博弈？即便有著作权，这时想要依靠著作权的强制执行达到事实排他性的难度显然太高了，首次出版者不得不利用其他的替代手段来弥补著作权的不足。

2.3.3　替代手段的类型

尽管本书要在接下来的三章重点分析图书出版产业、音乐产业、电影产业的著作权与替代手段，笔者还是觉得在这一节先简要介绍一下替代手段的各种类型非常合适，因为这样会使得本章显得更为完整。更重要的是，在对替代手段有了感性的认识之后，读者会更加容易地理解本章得出的研究框架。在介绍之前，本书需要先说明一下其中涉及的各个主体之间的角色关系。第一个角色是著作权人。大部分著作权人就是作者，负责创作作品，他们不是商人，不会将自己的作品直接商业化，而是将作品许可给职业的商人去做种种的利用。这些商人就是第二个角色——被许可人。被许可人将作品转化成产品，再卖给消费者，消费者就是第三个角色。以上是最一般化的角色关系。被许可人沟通了著作权人和消费者，为著作权人的作品到达消费者提供了渠道，它的位置正好在著作权人和消费者之间，所以本书将其称为中间商。需要注意的是，如果复制权涵盖了消费者的私人复制行为，著作权人或者中间商会与消费者达成许可合同而不是买卖合同，这时消费者也会被认为是被许可人，但他们不是中间商，是消费者而不是生产者。由于被许可人有可能是消费者也有可能是生产者，所以本书在特殊的语境下，也即在生产者的角度，会使用中间商或者合法的中间商这样的称呼，如果是消费者的角度，则直接称之为消费者。在这一节，著作权人许可中间商利用其作品再提供给消费者，大多数情形下都是有能力的中间商——不是著作权人——实施替代手段，不过他们的主要利益是一致的，排除不付费的使用者，增加经济收益。本书把替代手段根据其行为特征分成两个大类，分述如下。

一、增强排他性的手段

面临着在网络时代著作权不能实现法律排他性与事实排他性统一的困难，此类替代手段的功能是帮助著作权人和中间商增强事实上的排他性，减少未经许可的复制、传播等特定行为。它具体包括以下几种。

（一）技术措施

技术措施是增强事实排他性的有效技术手段，它设置的技术障碍使得消费者不得不遵从著作权人和中间商的单方设定。学界对技术措施的界定一般以美国《数字千年著作权法》（Digital Millennium Copyright Act，简称 DMCA）的规定为蓝本。该法 1201 条列举了两种技术措施：第一种是接触控制措施，第二种是权利保护措施。接触控制措施指的是“在技术措施正常运行时，要想接触作品，必须经著作权人许可应用某种信息、程序或处理过程后方能完成”[①]，《数字千年版权法》禁止对于此类技术措施的规避和对规避手段的非法交易，[②] 典型的此类技术措施如音乐和视频分享网站的密钥管理及许可证制度（表现为注册和付费程序），消费者履行完注册程序之后通过账户登录系统、付费之后获得作品就意味着著作权人的许可，否则就不能接触作品，著作权人通过一个技术门槛来隔绝不付费的使用者。

网络世界中的接触控制措施有效地排除了未经许可（往往是不付费）对于作品的访问。虽然著作权法并没有明文规定“接触权”，但是在数字传播领域，技术上和商业模式上的“接触权”已经被默许了，在这个意义上，接触控制措施增强了“接触权”的排他性。这个问题遭受了很多学者的诟病，从理论上看技术措施赋予了著作权人和中间商网络世界的“接触权”，使得消费者不能再像现实世界那样接触作品——比如在书店或者图书馆翻阅图书，而此种权利并非

① 17 USC 1201 (a)(3)(B).

② 17 USC 1201 (a)(1)and 17 USC 1201 (a)(2).

由著作权法赋予。但是实际上现实世界的消费者接触作品并没有那么方便，网络世界里接触权的负面影响也没有理论上那么严重。在 20 世纪八九十年代的书店里往往是闭架书库，读者不能随意浏览图书。现在的书店里很多书被包上塑料纸以防止被读者弄旧，读者也不能随意阅读。至于图书馆，很多大学的图书馆不对外开放，读者即便有接触自由，进不去图书馆有什么用？在曾经的唱片商店里消费者试听 CD 往往也要排队等候，试听设备还经常坏掉，以上都说明在现实世界里消费者的接触自由也受到了一定的限制。与此相比，网络世界里为了让消费者获得消费体验，往往会开放大量的资源供免费使用，比如音乐播放平台上除了极少数歌曲，其他都是可以免费通过流媒体收听的，视频网站上如果能够忍受广告，大部分资源是可以免费观看的，即便是收费的电影、电视剧也能供浏览者免费试看上一段时间。总之，从数量上说，网络世界里获得的接触自由反而比现实世界里更多。

权利保护措施指的是“在技术措施正常运行时，能阻止、制约或者以其他方式限制本法赋予著作权人权利的实施”[①]，《数字千年版权法》禁止对于权利保护措施的规避手段的非法交易，[②] 但是并不禁止规避此类技术措施，这是因为实施“回避、绕开、除去、瘫痪或者以其他方式破坏技术措施”[③] 的人往往会直接侵犯著作权（比如复制），这种行为已被著作权侵权行为所涵盖，无需保护技术措施的禁止性规定。典型的权利保护措施如著作权人对文件的加密，使得未经许可的消费者不能实施复制等特定行为，大部分消费者是没有能力编写程序去解密这些文件的，他们只能通过获取解密软件来实施复制等特定行为，《数字千年版权法》禁止规避手段的非法交易，也就等于收走了消费者未经许可从事复制等特定行为的必备工具，从而增强了复制权的排他性。

技术措施像极了有形财产的物理障碍，如苹果的买卖，你不给我钱，我就不给你苹果，这在一般情况下比派出所对于苹果所有权的保护还要有效；其次，技术措施对于排他性的增强是事前防止，而不是著作权侵权诉讼这样的事后救

---

① 17 USC 1201 (b)(2)(B).

② 17 USC 1201 (b)(1).

③ 17 USC 1201 (b)(2)(A).

济，它的效力自动适用于所有人；最后，如果著作权法对于技术措施的保护得力，版权人就不必因为他人破解和传播规避技术措施的工具而不断地进行升级和变换，从而使得技术措施可以以较低成本运行。总之，无论是接触控制措施还是权利保护措施，其实施效果都是非常显著的。[①]

虽然技术措施非常有效，但是仍然需要著作权法对其保护的理由。对于美国著作权法而言，即便接触控制措施的著作权正当性不是显而易见的，权利保护措施的理由却很充分，因为未经许可的私人复制，如私人下载 MP3 音乐文件，也是侵权行为，权利保护技术措施限制了消费者的私人复制行为，实现了以低成本替代著作权执法的功能，所以应当禁止规避工具的交易。然而在中国，私人复制一般被认为是合理使用，既然著作权法不认为私人复制是侵权行为，更没有规定接触权，那么也就不需要著作权执法了，限制消费者接触、复制作品的技术措施的正当性又在哪里呢？

本书认为，这两种技术措施的正当性在于：它保证了网络服务商业模式的运行，从而间接保证了其他著作权——如信息网络传播权——的排他性。比如，读者付费网上阅读或者下载网络文学作品，或者消费者付费在线收听或下载网络音乐，虽然著作权法没有规定针对私人的阅读权、收听权、接触权和复制权，但是网络服务商提供某种阅读、收听、下载服务（不仅仅指作品，而是指消费者可以方便从网络上获得作品的过程，指包括提供作品的整体的服务），消费者购买这种服务，这在合同相关法规上是没有问题的。接触控制措施和权利保护措施使得这个合同能够发生，保证了这种商业模式的运行。其运行的结果是，消费者越多从著作权人和合法的中间商这里获得网络服务，消费者就越少从盗版提供者那里获得作品，盗版提供者因为受众的缩减也会减少其提供盗版的行为，如侵犯信息网络传播权的行为，实施技术措施的最终效果是减少了侵权行为，这和著作权执法的遏制作用一样，都是增强了著作权的排他性。至于消费者为何不去盗版提供者那里获得免费的作品而是购买著作权人和合法中间商

① 尽管技术措施这一部分为了和《数字千年著作权法》的条文保持一致而没有加上合法的中间商，但实际上合法的中间商——被许可人，无论是专有被许可人还是非专有被许可人——采用的技术措施也同样受到著作权法的保护。王迁：《“技术措施”概念四辩》，《华东政法大学学报》，2015 年第 2 期，第 30-40 页。

的服务，原因在于著作权人和中间商实施了以下将要论述的替代手段，使得很多消费者愿意花费购买正版服务。

（二）捆绑其他易于排他的事物

如果某类作品的著作权很难保证事实上的排他性，那么著作权人可以将其作品与其他易于排他的事物捆绑，这样事实排他性就更容易接近法律排他性。最传统的方法是与有物理形态的载体捆绑，比如，文字作品被印刷在图书上、音乐作品被刻录在 CD 上、计算机软件作品被预装在电脑上一起销售，由于复印的图书质量一般不如原版图书，翻录的 CD 音质也不如原版 CD，网络下载的计算机软件未必安全而且不容易升级，很多消费者还是喜欢原版产品，著作权人和合法的中间商可以通过控制有形的原版图书、原版 CD 和电脑来增强排他性。[①] 其他用于捆绑的易于排他事物还包括作者在图书和演唱者在 CD 上的亲笔签名，赠送的演唱者歌友会的会员资格，这些是无法复制的，粉丝为了这些事物宁愿花更高的价钱买有形的原版产品。捆绑的事物甚至包括自身，比如，演唱者开演唱会这种活动，演唱者就是把表演、自身、演唱会门票三者结合在一起。观看演唱者现场表演与在家里听 CD 大不一样，很多愿意观看现场表演的消费者必须购买演唱会门票，验票入场，演唱者则现场表演，在这个活动中演唱者自身和演唱会门票都是非常容易排他的，演唱者的表演与这两者捆绑在一起顺利地排除了其他未经许可提供相同服务的可能性。

（三）提供资源库

提供资源库也是一种捆绑的形式，由于这种方法被使用得如此广泛，以至于有必要单独将其单列一项。著作权人和中间商往往会将不同种类和风格的作品资源汇聚在一个平台上供消费者挑选，也就是将作品和资源库捆绑在一起，一旦消费者在资源库中挑选到自己中意的作品，将作品名称记录下来再从其他的渠道重新寻找同样的资源是一件麻烦的事（即便其他资源是免费的，重新寻找和获取也需要耗费成本），而且很多消费者有先睹为快的心理，所以著作权人与中间商只要将消费者吸引到资源库，就能留住相当一部分消费者。著作

---

① Richard Watt, *The Past and the Future of the Economics of Copyright*, 1 Review of Economic Research on Copyright 151, 163（2004）.

权人和中间商通过提供资源库的方式，增强了著作权的排他性。

（四）捆绑社交网络

捆绑社交网络也是一种捆绑的形式，由于这种方法在网络时代被发扬光大，也有必要单列一项加以介绍。捆绑网络首先是利用网络外部性。如果消费者从产品中获得的满意程度随该产品的其他消费者数量的增加而增加，那么就存在着网络外部性，也就是一个消费者加入后不仅获得了自己的预期收益，而且给消费该产品的其他人增加了收益，这种收益因消费网络的存在外在于消费者本身，所以称之为网络外部性。[①] 典型的网络外部性是电话网络和传真机网络，一个用户的加入使得其他用户可以联系到更多的用户，整个消费网络都有收益的增加。捆绑社交网络的替代手段从两方面着手。一方面，过去人们远距离信息交流面临着种种不便，不同地理位置的人们相互之间只能通过电话和传真交流，交流成本高，交流大多只能一对一地进行，尤其是只能同步进行，互联网已经打破了这些地域分割、交流成本、点对点交流和同步交流的限制，能够协助人们快速而方便地形成社交网络，这些人中当然包括对于某部小说、某个歌星、某部电影的消费群体。另一方面，随着消费者数量的增加，消费者交流的增多，著作权人和合法的中间商就可以影响这个消费网络购买原版的产品而不是盗版产品。[②]

歌迷粉丝团是一个典型的例子。一个歌迷的加入让其他歌迷有了更多心有灵犀的感觉，共同的爱好、志趣相投的伙伴之间的情绪交流提升了他们的消费体验，这样某个歌迷的加入会影响其他歌迷的消费意愿，这就是网络外部性的效应。著作权人和合法的中间商可以与歌迷粉丝展开多种互动，引导歌迷购买正版音乐产品或者演唱会门票。与低价策略一样，它不是以强制的手段阻止消费者从事未经许可的复制等特定行为，而是利用网络外部性的特点来诱导消

---

① 参见［美］罗伯特·P·墨杰斯，彼特·S·迈乃尔，马克·A·莱姆利，托马斯·M·乔德：《新技术时代的知识产权法》，齐筠、张清、彭霞、尹雪梅译，中国政法大学出版社2003年，第718页。

② Lisa Takeyama, The welfare implications of unauthorized reproduction of intellectual property in the presence of demand network externalities, 17 Journal of Industrial Economics 155, 162(1994).

费者放弃未经许可的行为，从而增强私人消费领域的排他性。在网络世界里，著作权人和中间商可以在提供歌曲的同时提供听歌者的评论，这等于提供一个相同偏好者的社交网络——在这里所有听歌者可以互动交流。这个社交网络当然是排他的，与这个社会网络捆绑的作品自然也能获得排他性。

二、增加经济收益的手段

在网络时代到来之后，一方面，互联网使得著作权人和中间商难以保持原有的排他性，另一方面，互联网可以使得著作权人和中间商更大胆地去试验各种商业手段，其中一些手段是通过广泛地迎合消费者需求、扩大受众的数量而增加经济收益。为了扩大受众的数量，这些商业模式甚至允许消费者免费获得正版产品，当然著作权人和中间商会在其他方面获得更大的收益。本书把这种方式称为增加经济收益的手段，这和第一种增强排他性的手段异曲同工。不同的是具体的手段，增强排他性的手段主要是将作品与具有排他性的其他事物捆绑，增加经济收益的手段则是放松作品的获取，通过扩大作品的影响力在其他方面获得更大的收益。相同的是两者的目的，最终都是保证著作权的排他性，排他性指的是排除提供盗版产品的行为，如果消费者倾向于更多地获得正版产品，那么提供盗版产品的行为也就会减少，所以这两种手段在目的上是一致的。增加经济收益的手段主要包括以下四种。

（一）低价

对于普通消费者而言，选择著作权人和合法中间商的产品还是盗版产品是一道算术题。普通消费者选择盗版产品往往是因为盗版产品便宜，但是面临着被法律追究的风险以及搜寻盗版产品的时间成本，如果著作权人和合法中间商提供的产品足够便宜的话，再加上合法产品安全、易于获取等优势，著作权人和合法中间商完全可以把消费者从盗版产品那里吸引回来。这里有一个核心的问题，著作权人的创作需要投入，中间商建立合法渠道也需要投入，那么后期的低价格是不是能够弥补这些先期的投入？从经济学上讲，信息产品具有高先期成本（也可以认为是固定成本，[①] 即投入后绝大部分无法再回收的成本）和低边际成本的特点，先期成本必须预先支付，而且支付后很难回收。所以在产品生产出来之后，著作权人和合法中间商的理性选择是看边际成本，只要价格不超过边际成本就能赚钱，少赚总比设定高价格一分不赚强，如果低价售出的产品数量足够大的话，也能弥补先期投入的固定成本。

网络技术极大地降低了生产和销售信息产品的边际成本，给著作权人和合法中间商的低价策略提供了相当广阔的空间，而且著作权人和合法中间商在实施低价策略的同时，往往还会通过其他手段（如捆绑广告）来增加收入。低价策略吸引消费者抛弃未经许可的盗版产品，转向经过许可的合法产品，它不是利用强制的手段排除不付费的使用者，而是利用了市场的利益诱导的机制，阻止消费者未经许可的复制、传播等特定行为。做一个极端的想象，如果所有消费者都因为低价而购买合法产品，那么排他性就会趋向于完美的实现，因为复制与传播盗版无利可图，非法的复制与传播就会极大程度地减少。[②]

（二）捆绑广告

不像前面所述捆绑其他易于排他的事物从而增强排他性，这一种捆绑所结合的事物是观看者越多越好的广告。捆绑广告的手段早就有先例，收音机普及之后，无线电台播放歌曲就是免费的，但是会插播广告，从广告商那里收取费用。之后的免费电视台也是这种手段，它们播放电视节目娱乐大众，同时插播广告来收取广告费用。当然，电台和电视台播放节目需要向著作权人支付许可费，这个费用就要从广告收入里面支出。在作品的各种网络利用方式中，捆绑广告的手段极为流行，比较有代表性的就是视频播放网站，和免费电视台一

---

① 固定成本（Fixed Cost）指一个企业在某段时间中即使产量为零也会发生的成本。参见[美]萨缪尔森、诺德豪斯：《经济学　第十四版》，胡代光等译，首都经济贸易大学出版社 1996 年，第 1360 页。在信息经济学中，信息的生产都是高固定成本（相对于边际成本而言），即在信息生产出来之前，需要较为大量的投入，而信息生产出来之后，复制信息的边际成本极低。信息产品的固定成本还有一个特点就是它绝大部分是沉没成本（Sunk Cost），即便生产停止，已经做出的投入也很难挪作他用，比如为电影所做的投资，如果项目失败了，演员的片酬支出、设备的租赁费和策划投入都很难再挽回。

② Hal Varian, *Copying and copyright*, 19 The Journal of Economic Perspectives, 121, 134 (2005).

样，视频播放网站会有免费的电影或电视剧供消费者选择，不过消费者不得不观看正片播放前少则几十秒多则几分钟的广告时间。一般免费的作品才会捆绑广告，合法的中间商（比如视频播放网站）期望作品被观看的次数越多越好，这样它们就能从广告商那里获取更多收入。有一种特殊的捆绑是植入广告，比如，“007”系列电影中经常有阿斯顿•马丁汽车的影像来增加产品的影响力，阿斯顿•马丁汽车的生产商当然会给制片商不菲的赞助费。

（三）价格区分（Price Differentiation）

价格区分脱胎于价格歧视（Price Discrimination），价格歧视指就同样的商品向不同的消费者索要不同的价格，它依赖于三个条件：A. 消费者偏好的准确测定；B. 有能力阻止贱买贵卖的套利行为（Arbitrage）；C. 拥有市场权力。[①] 如果卖者有足够的市场权力（意味着消费者只能从卖者这里购买某种商品），而且卖者还有能力满足 A 和 B 两个条件，那么它就能通过针对不同的消费者收取不同的价格来攫取大部分消费者剩余，这样的价格歧视一般会违反反垄断法。对于缺乏市场权力的价格歧视，反垄断法一般是放行的，比如，纸质书往往先推出精装本（高价格）来满足迫切的读者，一段时间后再推出平装本（低价格）来满足不那么迫切的读者；再如，电影院往往在工作日向学生提供优惠票价（低价格），休息日则是全价（高价格）。放行这些行为的理由：首先，这些情形下的厂商和商品缺乏足够的市场权力，某部小说和某部电影的可替代性较强，消费者有较大的选择其他产品的自由；其次，比起统一定价，这种手段能满足更多的消费者（比如学生很难承担休息日的票价）。

进入网络时代之后，互联网使得著作权人和合法的中间商更加方便地针对不同的消费者收取不同的价格，不过他们采用的不是相同的商品，而是有实质差异的产品，此所谓版本划分。著作权人和合法的中间商会提供一个产品系列，让用户自己选择最适合自己的版本。在软件行业里这种现象比较普遍，软件厂商会就不同的功能、不同的内容划分多种版本（大大超过了精装本和平装本这

---

① Michael Meurer, *Price discrimination, personal use and piracy: copyright protection of digital works*, *45 Buff. L. Rev.* 845, 870(1997).

样划分的两种），用户可以自主选择适合自己的那一种。[①] 针对不同版本的产品收取不同的价格，学者往往称之为价格区分，而不是略带贬义的价格歧视。由于版本之间有较大的差异，所以收取不同的价格往往是合理的。由于著作权人和合法的中间商缺乏足够的市场权力，他们为了吸引消费者，往往将最低版本或较低的版本设置为免费，或者针对个人消费者的版本为免费，较高版本或者针对企业或其他组织则收取不同的价格。

（四）奖励

这种增加收入的手段主要适用于学术作品和科学作品。绝大部分学术与科学作品受众较少，常常艰涩难懂，如果还要强调著作权的排他性的话，作者思想的传播就更为困难了。这种情况下作者往往允许别人免费获取自己的作品，促使自己的作品更为快速地传播，一旦作品的价值为人们所认可，作者可以获得直接或间接的经济奖励。直接的经济奖励如政府或其他组织的各种奖项，或者学生获得各种奖学金；间接的经济奖励如高校职称的晋升带来的工资增长。现实中这种手段一般和精神奖励结合使用，作者在收入增加的同时，也会获得精神上的满足。另一种奖励则充分利用了现代网络技术和支付技术，作者直接在某个网络平台上张贴自己的作品，任何个人都可以无偿浏览、下载和传播，其中较为慷慨的消费者可以通过“打赏”的功能直接在浏览的页面将现金划转给作者，浏览的消费者越多，得到的奖励才有可能越多。使用这种手段的作者不会在意有多少免费的读者，只有读者越多，作者才能获得更多收入。当然，使用这两种奖励手段的作者都更加看重著作人身权，一般会强调未经许可不得修改以及引用时必须正确署名，除此之外，作者一般也会禁止未经许可的商业利用。

最后需要说明的是，以上两类手段不是排他的关系，它们并行不悖，甚至有些手段配合使用起来会发挥更大的效能。比如网络外部性，要使它发挥效能需要先形成一个较大规模的网络，这样网络成员才能相互沟通，不断地形成正反馈。著作权人和中间商会在一开始推出作品之时采用低价的策略，或者拿出一部分作品供免费享用，从而吸引消费者体验产品形成用户网络。进入这个网

---

① Hal Varian and Carl Shapiro, *Versioning: The Smart Way To Sell Information*, 76 Harvard Business Review 107, 110(1998).

络的消费者越多，它对每个人的价值就越大，等到这个网络具备了一定的规模，著作权人和中间商就能利用网络外部性引导消费者通过各种渠道付费。再比如价格区分，著作权人和中间商会划分不同的版本卖给不同需求的消费者，它的成立条件是要能防止套利，也就是能够阻止购买了低价格版本的消费者将其转化为高价格版本，然后卖给有较高需求的消费者。著作权人和中间商阻止这种现象发生的手段一般就是在不同的版本上添加技术措施，使得消费者不能修改版本的等级。

2.3.4　替代手段的定义及其商业模式

从以上替代手段的介绍可以看出，首先，替代手段的目的最终还是增强排他性。著作权人和中间商实施替代手段，使得很多消费者放弃盗版，亲近正版，这在客观上起到了排除提供盗版行为的效果。这是因为提供盗版者如果没有了受众，也就没有了经济收入，很多受经济激励的提供盗版者就会减少提供行为，即便不是出于经济激励，缺乏受众也会使得提供者丧失兴趣。排他性排除的就是未经许可提供盗版的行为，所以说替代手段也能增强排他性。

这里需要强调的是：替代手段在法律的直接效果上不一定都能够替代著作权执法，或者说帮助弥补法律排他性与事实排他性的差距。在某些情况下，比如美国的著作权法就认定私人消费者未经许可下载音乐文件属于侵权行为，这意味着美国著作权法把私人下载音乐文件纳入复制权的权利范围，那么制止网络上大规模的非法下载行为就成了著作权执法的目标。如果非法下载行为很普遍，那就是法律排他性与事实排他性出现了明显的差距，需要各种手段弥补，其中就包括本书所说的替代手段。iTunes 和 Spotify 通过低价、技术措施等替代手段减少了私人消费者的非法下载行为，同时减少了著作权执法的需求，替代手段就有了替代著作权执法的功能。

但是也有可能著作权的权利范围没有在私人消费领域扩展到美国著作权法那样的范围，比如中国著作权法就认定个人为学习、研究或欣赏目的下载音乐文件是合理使用，这意味着中国著作权法没有把私人下载音乐文件纳入复制权的权利范围，那么也就不需要著作权执法了，在这方面也不会出现法律排他性与事实排他性的差距，因为根本没有法律排他性。中国的著作权人和中间商实施替代手段，在直接效果上看不是为了弥合复制权（消费者下载）之法律排他性与事实排他性的差距。但是如果从替代手段的间接效果上来考察，中美两国的著作权法取得的效果是一样的。中国的著作权法虽然认定个人下载音乐文件是合理使用，但是个人上传音乐文件供公开下载和播放却是侵权行为，侵犯了著作权人的信息网络传播权。著作权人和中间商通过实施替代手段吸引消费者光顾正版，那么未经许可上传音乐文件的个人因为缺乏受众也会减少上传行为，替代手段在间接效果上也达到了替代著作权执法的功能，也能够弥合著作权法律排他性与事实排他性的差距。在本书看来，在私人消费领域设定著作权的意义不是很大，因为著作权执法面临着极大的困难，即便是私人公开上传音乐文件是侵权行为，但是在中国还没有听说针对个人公开上传音乐文件行为的侵权诉讼，即便行政执法涉及个人，所占的比例也是极小。著作权执法主要做的工作是制止未经许可的中间商直接使用作品，或者对于为私人传播行为提供条件的网络服务提供商，调高其过滤义务和监控责任，减少其明知侵权行为大规模存在还是提供便利条件的行为。在私人消费领域，起决定性作用的是替代手段，正是替代手段保证了私人消费领域的事实排他性。

另一个需要注意的问题是替代手段的范围。如上所述，第二种替代手段是为了著作权人和中间商的经济收益，但是，是不是所有能够增加著作权人和中间商经济收益的手段都是本书所指的替代手段呢？比如，经过职业培训的出版社、音乐网站、视频网站的客服人员，能够提供更为礼貌、贴心、周到的服务，吸引更多的消费者和更多的消费量，从而使得出版社、音乐网站、视频网站的收益增加，这算不算本书所指的替代手段呢？因为作为商人的著作权人、中间商的目标就是利益最大化，它们几乎所有的商业行为都是为了增加经济收益，这样仅仅从目的来界定的话，替代手段的范围就太广了，不利于建立一个主题明确、内容简洁的研究框架。所以本书还必须从行为上来界定替代手段，那就是替代手段必须嵌入作品的利用方式中，直接施加于作品之上，或与作品有紧密联系的商业手段，这样才能和著作权直接相关，因为它们都是指向作品的。客服人员的职业行为和作品的利用方式不相关，并不是直接施加于某个作品或者与作品紧密联系，它只是泛泛地覆盖了出版社、音乐网站、视频网站的所有作品，因而不是替代手段。技术措施则是典型的替代手段，因为它被直接添加给了每一个具体的作品。

行文至此，本书认为对于替代手段已经有了充分的铺垫，可以给它下一个定义了。替代手段是指，为了弥合著作权法律排他性与事实排他性的差距，著作权人与中间商直接施加于作品之上的商业手段，它大概分为两种类型：增加排他性的替代手段与增加经济收益的替代手段。

替代手段在商业运作中呈现的模式可以从极端的相似情形下寻找，也就是根本没有著作权的情形，典型的例子就是上一章所述 19 世纪的美国对待外国人作品的情形。首先，作者在 19 世纪的美国不享有著作权，所以出版社不可能从作者那里获得禁止他人翻印和发行的权利；其次，出版社为了率先获得作品，依然与作者就作品的使用与报酬签订了合同；再次，出版社在作品使用过程中实施了市场领先时间和报复策略这样的替代手段，为作者也为自己赢得了收入。因为没有著作权，出版社获得的只能是作品，出版社为了率先获得作品，与作者签订使用合同，其实施替代手段的使用方式或者以明示的方式在合同中约定，或者以默示的方式为双方所认可。这个商业过程可以简化为“作品+运营”的商业模式，实施替代手段也可以看作是作品的运营方式，被以明示或默示的方式约定在合同中。

上述替代手段的商业模式发生在 19 世纪的美国，那个时代已经过去了，目前的现实是绝大多数国家已经有了著作权法，然而这个商业模式依然能够成立。首先是著作权许可，著作权执法起到了决定性的作用，即便是著作权执法的力度不够强，依然会有中间商与作者签订许可合同，因为部分中间商想维护自己的声誉，不想戴着一顶违法的帽子。另外他们会考虑到长期经营的安全性，即便著作权执法力度不够，还是会有诉讼的风险，一旦让他们摊上，就会让他们此前的投入打水漂。其次，中间商获得著作权许可之后，替代手段则发挥了关键的作用。因为千千万万不知名的普通消费者不经许可就能获得作品，所以中间商只能在作品的运营过程中实施替代手段，由于中间商实际上不可能通过著作权执法来保证排他性，失去了著作权法的保护，中间商就只剩下了作品，实施替代手段只能看作是作品的运营方式，也就是“作品+运营”的商业模式。至于著作权人直接实施替代手段的情况，这时著作权人自己开发产品出售给消费者，著作权人能利用的不仅是著作权，还有对自己作品实施的替代手段。著作权人会与消费者形成一个名义上的许可合同，但是实质上包括消费者接受替代手段的条款。典型的例子是软件生产商提供软件时的拆封许可（Shrink-wrap

License)，名义上是许可，但是只要消费者拆除软件包装，或者在电子许可中点击下一步，其含义也包括消费者接受了软件生产商单方设定的替代手段(比如限制复制的技术措施)。综上，无论是著作权人交由中间商实施替代手段，还是著作权人自己实施，都可以归纳为“作品＋运营”的商业模式。

2.4 研究框架的建立

这一章的前三节论述了著作权与替代手段的概念、内涵、特征以及商业模式，尤其是在著作权法发展的具体情景下，第二节与第三节考察了排他性在这二者之间的重要连接关系。迄今为止，本书已经初步建立了一个关于著作权与替代手段的研究框架。研究框架的建立是为了更好地回答问题，本书的主要问题是探讨著作权与替代手段的关系，这一章的任务就是让这个问题具体化，让问题不再是凭空的猜想，而是扎根于现实的基础，在本章建立的研究框架下显得清晰而真实。当然这个研究框架还需要对主要问题做进一步的挖掘和分析，并对主要问题做出令人信服的回答。这就是下一步的工作。

本研究并非著作权内部的制度研究，而是把著作权和替代手段看作是两个独立的规范实体，从外部来挖掘著作权与替代手段的关系，再以此为基础进行评价和建议。既然是动态的研究，就一定离不开规范实施所涉及的主体。如上一节所述，第一个主体是著作权人。第二个主体是作为商人的被许可人，它们将作品转化成产品，再卖给消费者，本书称之为中间商。消费者就是第三个主体。在本研究中，著作权人许可中间商利用其作品再提供给消费者，大多数情形下都是有能力的中间商——不是著作权人——实施替代手段，不过他们的主要利益是一致的，排除不付费的使用者，增加经济收益。本研究的思路就是从三种主体的互动中，挖掘著作权的商业实践，挖掘替代手段的种类和功能，以及探讨著作权与替代手段的关系。

根据本章第二节与第三节所述，随着网络时代法律排他性与事实排他性差距的拉大，保障著作权许可的排他性得不到充分的满足，替代手段的作用就越发突出，那么著作权与替代手段在现阶段是一种什么样的关系呢？本书将使用这一章建立的理论框架，对我国的三个主要著作权产业——图书出版产业、音乐产业、电影产业——做进一步的实证研究，由于归属同一个研究框架，所以在这三个产业中，本书将使用大体相同的研究路径，具体如下。

首先是著作权的考察，包括三个产业中各种著作权许可的方式，这些方式所涉及的具体的著作权，重点在于描述这些以著作权为中心的商业运行是如何展开并持续发展的。

其次是排他性的考察。这一部分在三个产业中著作权许可的诸种方式中，挑选出较为重要的种类，对此进行排他性的考察。在简单地介绍法律排他性之后，主要在属事的维度考察法律排他性的执行程度，即事实排他性，如果有数据支持的话，也可以大体度量法律排他性与事实排他性的差距。在这里有必要介绍一下度量事实排他性的方法及主要参考来源。首先是度量排他性的方法，本书选取的指标是盗版，由于在这方面出具数据的往往是实务部门，而实务部门采用的常规描述对象和指标就是盗版，[①] 一般而言，盗版率越高，法律排他性与事实排他性的差距就越大，盗版率越低，法律排他性与事实排他性的差距就越小，两者呈正相关的关系。

数据的来源非常重要。第一种参考来源是 CNKI 的年鉴数据库和政府官方网站给出的数据与事实，这是官方通过正式统计活动获取的结果，具有极高的权威性，本书对此给予优先选取的地位。第二种是美国国际知识产权联盟(International Intellectual Property Alliance，简称 IIPA)为美国贸易代表办公室提供的特别 301 报告。[②] 对于本书有参考价值的因素之一是 IIPA 就国别每年提

① 广义的盗版概念不仅包括对原版完全相同的复制件，也包括衍生作品中对原版作品创造性的使用，也就是又加入了新的元素或者改换了表达形式，典型的衍生作品中的盗版就是琼瑶诉于正案中于正的作品《宫锁连城》(当然这两者都是未经许可而且是非法的使用)。就笔者观察，实务部门采用的盗版主要是前者原版复制，不包括衍生作品，也许是因为衍生作品涉及实质性相似和合理使用的侵权判断，不容易确定且难以统计。理论上著作权的排他范围也应该包括衍生作品，不过由于这一部分的确缺乏数据和实证的描述，而且这一部分基本不影响本书的分析和结论，故本书在排他性的考察中将其省略，在此特别注明。

② 美国国际知识产权联盟(IIPA)是由美国五个著作权协会共同组成的非政府组织，这五个协会组织是美国出版协会(AAP)，娱乐软件协会(ESA)，独立电影与电视联盟(IFTA)，美国电影协会(MPA)与美国唱片业协会(RIAA)，它们代表了美国版权产业的三千二百多家公司。IIPA 的宗旨是促进著作权的国际保护，它的工作内容之一是每年为美国贸易代表办公室提供特别 301 报告，报告就其他国家的著作权保护进行评估、发表看法并提供建议。参见美国国际知识产权联盟官网，https://iipa.org/about/，2018 年 2 月 12 日访问。

供分项报告，其中也包括中国，其全称是“IIPA 关于中国著作权保护和执行的某某年特别 301 报告”（*CHINA INTERNATIONAL INTELLECTUAL PROPERTY ALLIANCE××YEAR SPECIAL 301 REPORT ON COPYRIGHT PROTECTION AND ENFORCEMENT*），本书以下三章对于三个著作权产业中排他性的考察以中国市场为主，所以契合度非常高。第二个因素是这份报告就图书和期刊、音乐作品和录音制品、电影作品分别进行盗版情况以及著作权执行情况的报告，其中有关图书、音乐作品和录音制品、电影作品的部分正好用来帮助考察三个产业中的排他性问题。第三个因素是这份报告主要讲述的是盗版的治理，有部分产业概况中还给出了盗版率的数据，这对于准确描述法律排他性与事实排他性的差距有莫大的帮助。

第三种是中国官方或者民间研究机构出具的调查报告或研究报告，这种产业报告由经验丰富的业内人士写成，非常贴近现实，很多无法从年鉴获得的数据都会出现在这些调查报告中。这些研究机构包括政府的研究机构，比如中国新闻出版研究院，每年发布的《中国数字出版产业年度报告》很有帮助；这些研究机构还包括民间的研究机构，比如腾讯研究院和艾瑞集团出具的行业研究报告。

最后是替代手段的作用。这一部分主要考察在现实的商业运作中，替代手段以怎样的方式去弥合法律排他性与事实排他性的差距，并起到了什么样的作用。

以上是本书采用的研究框架。通过对以上三个著作权产业的实证分析，本书期待能够细致地挖掘和描述其中著作权与替代手段的真实运行状况，显现出有关著作权与替代手段关系的真实图景，为归纳出最终结论做好准备。

第3章 图书出版产业中的著作权与替代手段

3.1 图书出版产业中的著作权

3.1.1 图书出版产业中的文字作品及涉及的主体

在对三个著作权产业进行实证研究的过程中，本书选取图书出版产业作为第一个研究领域。图书出版产业是最古老的一个产业，最早的著作权法也是在该产业中被催生的。图书出版产业是一个行业术语，它代表着图书这种最终产品以及为了制造和推广这种最终产品而形成的种种商业关系，这一切最初的源头是文字作品。文字作品是著作权法的术语，我国《著作权法实施条例》将其定义为“小说、诗词、散文、论文等以文字形式表现的作品”①，美国《著作权法》将其定义为“指以文字、数字和口头或数字符号及标记形式表现出来的不同于视听作品的作品，不论固定作品的物质载体的性质，诸如图书、期刊、手稿、录音、胶片、磁带、磁盘、卡片等”②。对比之下，我国的定义更像是指文学作品，但我国的法学学者一般给予扩张性的解释，认为其范围包括数字和其他符号，③这样就跟美国的定义基本一致了。美国著作权法仔细区分了文字作品的各种载体，图书与其他载体相并列，但本书从产业角度出发，图书出版产业中的“图

---

① 《著作权法实施条例》(2013)第4条第(一)项。

② 17 U. S. C. § 101. 。译文出自《美国著作权法》，杜颖、张启晨译，知识产权出版社2012年，第5页。

③ 参见王迁：《著作权法》，中国人民大学出版社2015年，第79页。

书”泛指可以提供给消费者用来阅读文字作品的最终产品，不仅仅是美国著作权法里的图书（纸质书），而且还包括以录音、磁带、磁盘、卡片以及网络媒介为载体的其他产品形式（典型的比如电子书）。

在图书出版产业中形成商业关系的各个主体中，首先是作者。图书出版产业中的作者指创作文字作品的自然人，[①] 这里的创作指直接产生文字作品的智力劳动。[②] 我国著作权法还将不直接参与创作活动的法人或其他组织拟制为作者，由法人或者其他组织主持，代表法人或者其他组织意志创作，并由法人或者其他组织承担责任的作品，法人或者其他组织视为作者。[③] 产生法人作者的典型情形就是计算机软件的创作。[④] 由于法人作者主要创作功能性作品和事实性作品，而在图书出版市场更多的是文学艺术性作品，所以本书将重点放到直接创作文学艺术性作品的自然人作者上，他们是推动图书出版市场的最主要的力量。

其次是传统出版商，在这里指纸质书的图书出版社。图书出版社在作者与读者之间承担着重要的中介作用，它的工作包括：从作者那里获得书稿、编辑书稿、设计图书封面和版式、进行成本核算、印刷装订、宣传和推广图书、通过发行渠道销售图书、监督图书的退货和处理与消费者有关的事宜。[⑤] 可见，从作者的书稿到成为一本散发着墨香的图书然后再到读者手中，其间有不少的工作要做。图书出版社就是因为这些工作而设立，成为作者和消费者之间的沟通渠道。

再次是数字出版商。根据新闻出版总署的《关于加快我国数字出版产业发展的若干意见》，数字出版是指利用数字技术进行内容编辑加工，并通过网络传播数字内容产品的一种新型出版方式，其主要特征为内容生产数字化、管理

---

① 《著作权法》（2020）第 11 条第 2 款。

② 《著作权法实施条例》（2013）第 3 条。

③ 《著作权法》（2020）第 11 条第 3 款。

④ 胡康生主编：《中华人民共和国著作权法释义》，法律出版社 2002 年，第 70 页。计算机软件作品在满足更少条件的情况下也可以构成职务作品。《著作权法》（2020）第 18 条。

⑤ 参见［美］艾伯特·格雷科：《图书出版业（第二版）》，周丽锦、褚悦闻译，清华大学出版社 2011 年，第 7 页。

过程数字化、产品形态数字化和传播渠道网络化。目前数字出版产品形态主要包括电子图书、数字报纸、数字期刊、网络原创文学、网络教育出版物、网络地图、数字音乐、网络动漫、网络游戏、数据库出版物、手机出版物（彩信、彩铃、手机报纸、手机期刊、手机小说、手机游戏）等。数字出版产品的传播途径主要包括有线互联网、无线通信网和卫星网络等。①

和本章有关的数字出版产品包括电子书和网络原创文学，众所周知，我国纸质图书的出版执行许可证制度，图书出版需要一个 ISBN 版号，所以相应的数字化格式——电子书——也有一个独一无二的版号，而一开始就是以数字化格式制作和传播的文字作品往往被称作网络原创文学，出版不需要版号，但是变成纸质图书出版的时候依然需要一个版号。出于叙述的方便，本书在需要统称的时候不再因为其版号的问题区分电子书和网络原创文学，而是以载体格式的特征将这两类都定义为电子书。电子书就是指供读者在电子书阅读器、电脑和手机中阅读的、数字化格式的文字作品。电子书也可以由传统出版商发行，比如我们在买纸质书的同时，出版社有时会附送一张光盘（上面刻录着同样内容的电子书）。但大多数电子书还是通过数字出版商在网络上传播，因为这种发行渠道不用印刷、仓储、配送和退货，相比纸质书的发行渠道节省了很多成本。我国《网络出版服务管理规定》（2016）将通过信息网络向公众提供网络出版物的单位分为传统出版商和其他单位，这些单位满足了《网络出版服务管理规定》（2016）要求的主体条件，就可以通过审批获得网络出版服务许可证。②由于增加了条文中的“其他单位”，电子书的数字出版商就突破了《出版管理条例》的限制。③直接将网络原创文学发布在网络上的运营平台就属于数字出版商，比如起点中文网、晋江文学网和红袖添香。

① 这里数字出版的定义来自《新闻出版总署关于加快我国数字出版产业发展的若干意见》（新出政发〔2010〕7 号）。

② 参见《网络出版服务管理规定》（2016）第 8 条和第 9 条。

③ 参见我国《出版管理条例》（2016）第 9 条和第 10 条。根据这两条规定，出版活动应由政府批准设立的出版单位进行，出版单位包括报社、期刊社、图书出版社、音像出版社和电子出版物出版社，出版单位的设立受国务院出版行政主管部门的总量、结构、布局的控制。如果恪守《出版管理条例》的规定，电子书的网络运营平台由于不能轻易地获得出版单位的身份，所以其作品的网络发布会受到极大的限制。

最后是读者。读者的认可最能体现以上三种主体——作者、传统出版商和数字出版商——的工作价值，读者的阅读行为（无论付费的还是免费的）带动着整个图书出版产业的运行。现在的图书出版产业越来越强调作者与读者的互动，相对于传统出版商——他们只能向作者转发读者来信，数字出版商能够更及时地连接作者与消费者，便于双方的沟通与交流。

3.1.2 实践中的图书出版

一旦作者创作出了文字作品，下一步他会怎么办呢？他的一个选择是直接提供给读者。现实生活中有大量这样的现象：作者将自己的作品直接上传到网络上供人们阅读、浏览、欣赏，在博客、微博和其他的网页上我们会看到很多原创的文章，其中不乏满足著作权法“独创性”和“能以一定形式表现”要求的文字作品。[①] 然而这些作品的作者和读者之间的关系是作者把自己的所思所想传播到读者那儿并获得反馈，他们之间没有直接的商业关系。从作者直接到读者也可能发生商业关系，比如斯蒂芬•金的自出版故事，这位畅销书作家曾做过一个实验，他把自己的一部未完成小说的部分章节放在网上供人下载，下载者可以支付一定的赏金（但不是支付了赏金才能下载），他声称如果支付赏金的下载者不超过总下载者的75%，他就不会完成这部小说，结果他收到了40万美元并完成了这部小说。[②]

然而大部分作者做不到斯蒂芬•金这样，因为他们缺乏斯蒂芬·金的写作才华和影响力，而且斯蒂芬·金也不总是这样。大部分作者需要一个中间商推广他们的作品并为他们收取版税，这样他们可以待在家里专心搞创作。在出版纸质图书的情况下尤其如此，作者可没有时间和精力去做编辑、校对、印刷、发行、推广、送货、退货、审计收入这样的事，他需要委托一个图书出版社来共同

① 参见我国《著作权法》（2020）第3条。

② Raymond Shih Ray Ku, *The Creative Destruction of Copyright: Napster And the New Economics of Digital Technology*, 69 U. Chi. L. Rev. 263, 310（2002）.

完成这些事情[①]。作者和图书出版社会签订一份出版合同，用来约定出版活动中作者与出版社的权利义务，出版合同的主要条款包括：权利许可，作者保证书（保证作品的原创性并且没有许可给其他出版社），手稿的准备，许可期限和延期出版，校对和编辑，出版费用的承担，版税的分配，预付金，国外销售及其利益分配，折扣，如何支付版税，退货储备金，样书，修订版和再版。[②]

在这之中最重要的莫过于著作权的许可。出版合同中肯定会有纸质书的出版许可（涉及复制权和发行权）[③]，出版社一般会要求专有出版权，也就是作者许可出版社在合同约定期间享有独一无二地以纸质书形式出版该作品的权利（排除包括作者在内的所有其他人）。出版合同还有可能包括关于附属权利（Subsidiary Rights）的条款，也就是以其他方式（包括除了纸质书以外的其他介质和媒体）利用文字作品的权利，这包括将作品翻译成其他语言出版（涉及翻译权、复制权和发行权），[④]在报纸、期刊上连载（涉及复制权、发行权），[⑤]将作品汇编进其他作品发行（涉及汇编权、复制权和发行权）[⑥]，将作品以平装版、特别版、缩略版等版本形式发行（涉及改编权、复制权和发行权）[⑦]，将作品改编摄制成电影电视剧（涉及改编权、摄制权），[⑧]将作品改编成戏剧作品进行表演（涉及改编权、表演权），[⑨]将作品以朗诵的方式表演及发行有声书（涉及表演权、复制

---

① 很多作者会委托一个经纪人去接洽出版社，鉴于经纪人长期在业内工作积累的经验和人脉，作者更容易找到青睐他们作品的出版社，而出版社也希望经纪人帮助他们过滤掉一部分质量较差的作品。经纪人所得的佣金一般是作者所得的 10%。参见[美]理查德•凯夫斯：《创意产业经济学——艺术的商品性》，康蓉、张兆慧、冯晨、王栋译，商务印书馆 2017 年，第 61-66 页。

② 参见[美]莫里斯 • 罗森塔尔：《按需出版：国际图书印刷与营销新途径》，陶晓鹏译，清华大学出版社 2009 年，第 13-18 页。

③ 参见我国《著作权法》(2020)第 10 条第 5 项、第 6 项。

④ 参见我国《著作权法》(2020)第 10 条第 5 项、第 6 项、第 15 项。

⑤ 参见我国《著作权法》(2020)第 10 条第 5 项第 6 项。

⑥ 参见我国《著作权法》(2020)第 10 条第 5 项、第 6 项、第 16 项。

⑦ 参见我国《著作权法》(2020)第 10 条第 5 项、第 6 项、第 16 项。

⑧ 参见我国《著作权法》(2020)第 10 条第 13 项、第 14 项。

⑨ 参见我国《著作权法》(2020)第 10 条第 9 项、第 14 项。

权、发行权、信息网络传播权），[①] 将作品数字化然后以 CD、DVD 等电子介质发行或在网络上传播（涉及复制权、发行权和信息网络传播权）。[②] 作者将附属权利许可给出版社，并不是期望出版社亲自去做上述所有的工作，作者只是期望出版社为其联系其他机构寻求以其他方式开发其作品的机会，在这个意义上，出版社也是经纪人的角色，如果出版社将附属权利许可给他人获得报酬，作者将与出版社以一定比例分享报酬。作者当然也可以不将附属权利许可给出版社，而选择自己授权。[③] 以上就是一个作者与一个传统出版商合作出版其作品的签约。

在网络时代来临之前，传统出版商占据主要地位，他们遵循着编辑—印刷—发行—供应的产业链将作者的作品提供给读者。网络时代来临之后，数字出版商也开始崭露头角，他们主要是将作者的作品数字化以后在数字内容传播平台发行，供读者下载或订阅后在电子书阅读器、电脑、手机、平板这些终端上阅读。[④] 数字出版的电子书主要有两种来源，一种是已经出版了纸质图书然后转化为数字格式，另一种是没有出版纸质图书直接进行数字化制作出版（往往被称作网络原创文学），前者有版号，后者没有版号。前者是作者许可数字出版商出版电子书，也有可能是传统出版商转许可数字出版商出版电子书（假设作者已经在纸质图书的出版合同中把复制权、发行权和信息网络传播权都许可给传统出版商）；后者则全部是作者与数字出版商签订许可合同。由于后者不需要版号，而且出版成本较低，很多在传统出版商那里找不到机会的作者都会在数字出版商这里试试运气。两种情况下作者或者传统出版商都需要与数字出版商签一份出版合同，不过这份合同的权利许可条款约定的主要是数字出版，也就是以电子书的形式出版作品。对于后者——网络原创文学——的作者，数字出版商肯定也会要求专有出版权，除了涉及复制权、发行权、汇编权和改编

① 参见我国《著作权法》（2020）第 10 条第 5 项、第 6 项、第 9 项、第 12 项。

② 参见我国《著作权法》（2020）第 10 条第 5 项、第 6 项、第 12 项。

③ 参见［德］彼得拉·克里斯蒂娜·哈特：《版权贸易实务指南》，宋含露等译，世纪出版集团、上海人民出版社 2009 年，第 22–24 页。

④ 盛虎、唐慧泉：《图书出版产业链演化下贝塔斯曼集团的投资研究》，《出版科学》2014 年第 4 期（第 22 卷），第 92–97 页。

权，对于数字出版商来说最重要的是信息网络传播权，因为在网络上发布和传播是数字出版商最主要的利用方式。① 作者和数字出版商也可能就附属权利达成约定，不过在这里纸质书的出版反而成为附属权利，除此之外则大体相同。传统出版商与数字出版商在权利许可上比较相似，他们之间只是中间商角色的不同，传统出版商主要通过纸质书——物理流通的形式，让作者的作品到达读者，而数字出版商则是通过电子书——网络传播的形式。

3.1.3　图书出版产业中著作权+许可的商业模式

根据前一节的论述，实践中的图书出版产业遵循着第二章提出的“著作权+许可”的商业模式。作者完成了作品，那他就成为这部作品的著作权人，著作权法赋予他排除他人对这部作品实施复制、发行、信息网络传播等等特定行为的权利，经过作者（著作权人）许可才能实施上述行为。作者（著作权人）选择合意的被许可人，前者将著作权许可给后者，后者向前者支付某种对价，由于著作权的排他性（未经许可的其他人不得以被许可人的方式使用作品），被许可人就获得了某种垄断使用作品的竞争优势，两方的合作就奠定在排他性的基础上。往反方向想一下，从理论上说，如果作者没有著作权，所有其他人都可以随意使用作品而不必征求作者的同意，那么谁还会多此一举去征求作者的许可呢？反向的假设从理论上也能证明具有排他性的著作权是许可的前提。

有了著作权之后，作者（著作权人）会如何安排自己的著作权呢？如上一小节所述，在图书出版市场大概有三种方式，具体如下。

A

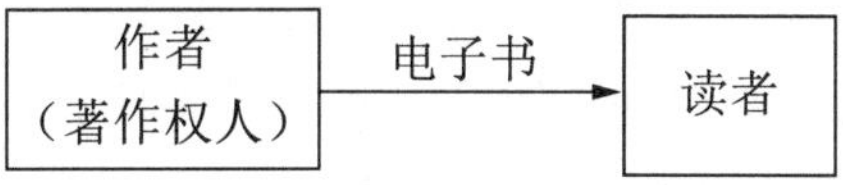

B

① 参见我国《著作权法》（2020）第 10 条第 5 项、第 6 项、第 12 项、第 14 项、第 16 项。

C

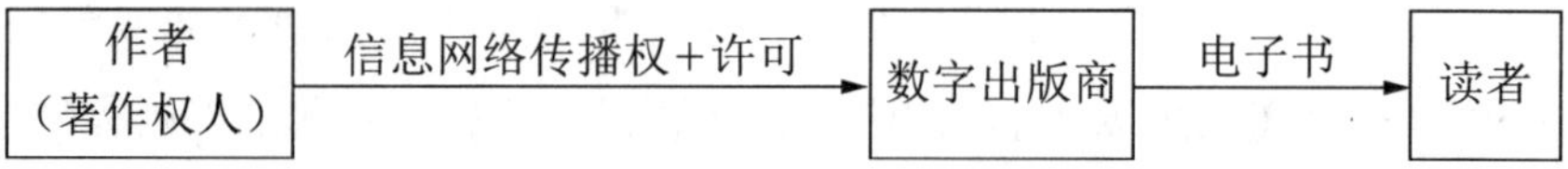

A 方式就是斯蒂芬•金的方式，他把自己的作品直接上传到网络上供读者下载。虽然斯蒂芬•金拥有著作权，但是他放弃了下载的排他性，以赏金的形式获取报酬，并辅之以不会续写的宣言，这是奖赏与报复性威胁的替代手段，容后再叙。

大部分作者（著作权人）还是选择了 B 或 C 的方式，先把某种著作权许可给传统出版商和数字出版商这样的中间商。在图书出版产业这样的商业领域，作者也想让读者阅读到自己的作品，实现作品的价值，具有排他性的著作权就给出了实现这个过程的手段。作品到达读者的过程不得不花费成本，除了作者的创作成本，还要包括传统出版商的编辑、印刷、发行成本以及数字出版商的编辑、数字化和建立和运营网站的成本，如果没有著作权，如果不能排除他人未经许可的商业使用，作者和中间商的成本从理论上都收不回来，所以在 B 和 C 的方式中，具有排他性的著作权是许可的基础。在此之上，作者和中间商的合作可以分成 B 和 C 两种许可方式，这样正是著作权可分割性的好处，著作权的设置可以容许作者和中间商在市场中运行不同的作品利用方式，但归根结底还是“著作权＋许可”的商业模式。

3.2　图书出版产业中著作权排他性的考察

如上一节所述，理论上“著作权＋许可”的商业模式运行的基础是著作权的排他性，如果没有著作权或者著作权不能保证排除未经许可的特定行为（包括对于作品的复制、发行、信息网络传播等行为），那么就没有人请求著作权的许可了。本章上一节已经总结出了中国图书出版行业中“著作权＋许可”模式的主要类型：传统出版商和网络出版商的商业模式，分别对应于纸质书和电子书的出版。下面这一节就分别考察一下两种出版模式中著作权的排他性问题。

3.2.1　传统出版商面临的著作权排他性

传统出版商以出版纸质书为主。一般而言，纸质书盗版比网络盗版的难度大，著作权保证其排他性的难度相对较小。盗版商需要机器设备去扫描、印刷，需要库房去存储，需要建设发行和物流渠道，这也算一笔费用，更重要的是这一切很容易留下外部痕迹，监控和制止这些违法行为较为容易，敢于从事这项违法活动的人较少。但是实际上我国纸质书的盗版情况不容乐观。IIPA 在其提供的特别 301 报告中将我国图书盗版的情况分为三种主要类型：未经许可的商业规模的复印，学术书籍与畅销书的非法翻印和网络盗版。[①] 前两种涉及纸质书的盗版情况。美国出版业的当地代表为 IIPA 的特别 301 报告提供了基础性资料，这些代表会敏锐地观察到学校周围的盗版情况，并基于他们对盗版产品的可获得性、消费者的数量和正版销售的数量来进行判断。[②] 根据这些代表提供的资料，IIPA 在报告中一直认为中国图书盗版的情况是严重的，不过报告没有给出具体的盗版率。这也许是因为图书出版行业的盗版率确实难以统计，中国文字著作权协会总干事张洪波曾表示：“凡是可以卖钱的书基本上都被盗版过，这个数据根本无法统计……” [③]

不过少数业内人士还是基于自身的经验和业内的常识进行了盗版率的推算。人民出版社的李春生先测算出畅销书第一次印刷的发行量大概占总发行量的 20%，然后盗版书出现和正版书开始竞争，两者同时都会有销售量，综合

① 参见 IIPA，2006 SPECIAL 301 REPORT：PEOPLE'S REPUBLIC OF CHINA（PRC）（2006），来源于美国国际知识产权联盟官网，https://iipa.org/reports/special-301-reports/，2018 年 7 月 12 日访问。

② IIPA 在 2004 年和 2208 年的特别 301 报告中附有用于测算盗版损失和盗版率的方法，在这两份附录中分别说明了商业应用软件、娱乐软件、电影电视剧、音乐作品与录制品、图书与期刊的测算方法，这也是报告来源基础资料的介绍。参见 IIPA，2004 SPECIAL 301 REPORT：PEOPLE'S REPUBLIC OF CHINA（PRC）（2004），IIPA，2008 SPECIAL 301 REPORT：PEOPLE'S REPUBLIC OF CHIINA（PRC）（2008），来源于美国国际知识产权联盟官网，https://iipa.org/reports/special-301-reports/，2018 年 7 月 12 日访问。

③ 吴波：《盗版黑洞吞噬图书业》，载《广州日报》2014 年 2 月 9 日，第 3 版。

考虑，盗版图书大概占有市场份额的50%。[①] 这个数字有另一篇文献佐证，西安交通大学出版社的副社长张伟提到，交大出版社曾经对自己出版的任汝芬考研系列教材市场的销售情况进行统计，发现市场上盗版和正版的比例已经达到了1比1。[②] 以上只是畅销书的盗版率，至于总的盗版率，李春生通过对多个图书发行人的调查，得到的合理结果是盗版图书总印数占同期全国图书总印数的比例绝对不低于5%。[③] 然而图书出版市场的一个非常著名的特性就是需求的不确定性，出版社很难准确地预估读者对于某本图书的评价，几乎无法预知图书在未来是否能够成功。[④] 据估计，60%的大众图书都会亏损，36%持平，4%会有比较好的销售情况，其中只有少数几本有可能成为畅销书并创造高额利润。[⑤] 出版社用畅销书的利润来弥补其他书的亏损是众所周知的事实，所以尽管不低于5%的盗版率看起来总量并不高，但是盗版书盗的肯定是畅销书，所以造成的实际后果要比5%所显示的严重得多。

另外，因为正版书出版的数据是容易获得的，所以可以利用它来反推盗版的情况。粗线条的逻辑是，如果盗版太严重的话，正版书无利可图，出版量就越来越少，如果盗版不严重，正版书有利可图，出版量就会增加。但是这种反推有一定的风险，出版量和盗版的情况并不是严格的因果关系，出版量还有其他的影响因素，比如，正版图书的出版量还要受出版审查、书号的行政控制这样的因

---

① 李春生选取了2005年出版时没有发现盗版的总发行量分别为5万册、10万册、20万册、20万册以上的图书各三种，用第一次印数除以总发行量，得出的结果小于20%；他又选取了某本畅销书，在全国不同地区选取了10个销售点，用这些销售点的首次进货量之和除以一年的总销售量，得到的结果也不超过20%。所以他推算出畅销书第一次印刷的发行量大概占总发行量的20%。至于之后盗版书出现后与正版书的销售比例，则是根据盗版书滞后的时间、两者同时销售的事实和盗版书的价格估算的。李春生：《图书盗版问题的经济分析及解决对策》，《出版发行研究》2007年第9期，第30–33页。

② 轩辕杨子：《盗版之风越刮越凶》，载《中国文化报》2010年4月15日，第10版。

③ 李春生：《图书盗版问题的经济分析及解决对策》，《出版发行研究》2007年第9期，第30–33页。

④ 参见理查德・凯夫斯：《创意产业经济学—艺术的商品性》，康蓉、张兆慧、冯晨、王栋译，商务印书馆2017年，第vi–vii页。

⑤ 参见[美]约翰·维维安：《大众传播媒介》（第七版），顾宜凡等译，北京大学出版社2010年，第38页。

素制约，所以这种反推有一定参考价值，但应慎重对待，综合考量。正版图书的发行量如表 3-1 所示。

表 3-1　2005—2017 年中国图书发行量

年份	种数	增长率%	新出版	增长率%	总印数(亿册、亿张)	增长率%
2005	222 473	6. 8	128 578	5. 7	64. 7	0. 9
2006	233 971	5. 2	160 757	25. 0	64. 1	−0. 9
2007	248 283	6. 1	136 226	−15. 3	62. 9	−1. 8
2008	274 123	10. 4	148978	9. 4	70. 6	12. 2
2009	301 719	10. 1	168 296	13. 0	70. 4	−0. 3
2010	328 387	8. 8	189 295	12. 5	71. 7	1. 9
2011	369 523	12. 5	207 506	9. 6	77. 1	7. 5
2012	414 005	12. 0	241 986	16. 6	79. 2	2. 9
2013	444 427	7. 3	255 981	5. 8	83. 1	4. 9
2014	448 431	0. 9	255 890	0	81. 8	−1. 5
2015	475 768	6. 1	260 426	1. 8	86. 6	5. 8
2016	499 884	5. 1	262 415	0. 8	90. 4	4. 3
2017	512 487	2. 5	255 106	2. 7	92. 4	2. 2

数据来源：中国社会统计年鉴(2017)，中国统计年鉴(2018) ①

从以上数据可以看出，除了少数年份，我国每年正版书的种数、新出版种数和总印数都是呈增长的趋势。作者根据表 3-1 给出的数据，计算出从 2005 年到 2017 年每年正版书的种数、新出版种数和总印数的平均增长率分别是 6. 6%、5. 3%和 2. 7%，总的趋势还是呈平稳的增长。尽管最关键的总印数的平均增长率只有 2. 7%，并不算太高。但是和另两份数据相比，这个增长率还

① 数据引自《中国社会统计年鉴》2017，9-8 图书、期刊和报纸出版情况；《中国统计年鉴》2018，23-2 图书、期刊和报纸出版情况，资料来源于中国知网年鉴数据库。百分比指的是比上一年增长的比率，假设上一年是 100%。两份年鉴数据都没有 2017 年比 2016 年的增长率，这个数值是笔者本人计算的，其他数据都是来自年鉴。数据来源于 CNKI 年鉴数据库。

是说明了一些问题。假设全国国民需求的纸质图书与两个因素有关，第一个因素是人均纸质书阅读量，第二个因素是人口总量。首先是代表第一个因素的数据，这份数据就是全国国民阅读调查中的数据——人均纸质图书阅读量，数据见表 3-2。

表 3-2　2005—2017 年中国人均纸质图书阅读量

年份	2005	2007	2008	2009	2010	2011	2012	2013	2014	2015	2016	2017
纸质图书阅读量（本）	4. 50	4. 58	4. 72	4. 24	4. 35	4. 35	4. 39	4. 77	4. 56	4. 58	4. 58	4. 65

数据来源：中国新闻出版研究院 ①

根据表 3-2，我国 18～70 周岁国民的人均纸质图书的阅读量在 2009 年有一次比较明显的下降，之后缓慢回升，到了 2014 年又有所下降。总的趋势起伏不定，虽然最终有增长，但是幅度太小。2005 年到 2017 年 13 年间，国民平均纸质书阅读量从 4. 50 本仅仅上升到 4. 65 本，平均每年的增长率仅有 0. 2%。再来看第二个因素的数据，我国 2005 年的总人口是 13. 075 6 亿，②2017 年的总人口是 13. 900 8 亿，③ 平均每年的人口增长率是 0. 4%。以上可以看出这两个增长率 0. 4%与 0. 25%与纸质书总印数的增长率 2. 7%具有量级的差距。

本书可以换一种方式就这个问题再计算一下，忽略掉这两份数据之间的性质差异（人均纸质书阅读量统计的是 18～ 70 周岁的国民，而中国总人口包括

① 中国新闻出版研究院每年会组织实施一次全国国民阅读调查项目，其中有一项数据是我国 18～70 周岁国民的人均纸质图书的阅读量。本书中的数据的直接来源不是中国新闻出版研究院，而是转引自两篇文献。拜庆平：《全媒体时代的阅读新趋势、新变化——基于全国国民阅读调查十余年历史数据的总结》，《传媒》2016 年第 11 期，第 13-15 页。费琳、陆瑾、杨国立：《2013—2017 年国民阅读调查报告解读及启示》，《图书馆理论与实践》2018 年第 5 期，第 38-41 页。

② 2005 年中国总人口的数据来源于夏伟宇、朱家明：《全面“二胎”新政策下我国人口增长率及经济发展关联性研究》，《赤峰学院学报》（自然科学版）2017 年第 8 期（上）第 15 卷，第 3-6 页。

③ 2017年中国总人口的数据来源于国家统计局官网《中华人民共和国2017年国民经济和社会发展统计公报》。http://www. stats. gov. cn/tjsj/zxfb/201802/t20180228_1585631. html，2018 年 12 月 28 日访问。

所有年龄段的人），我国国民纸质书阅读的增长量=2017 年总人口×2017 年人均纸质书阅读量－2005 年总人口×2005 年人均纸质书阅读量，代入数据后得到的结果约等于 5.8 亿册，我国纸质书总印数的增长量=2017 年总印数－2005 年总印数，代入数据后得到的结果是 27.7 亿册。纸质书印刷量的增长远远超过国民纸质书阅读的需求量，考虑到国民阅读的还有很多是买过的旧书，而纸质书印数增长的全都是新书，那么差距就应该更大了。其中的一个干扰因素是印出来的纸质书不一定全部卖出去了，有可能退货重新化为纸浆，不过出版社会理性地调整自己的出版行为，将退货率控制在一定范围内。一般来说，如果今年有大量的书卖不出去，下一年会减少出版量，既然现实是绝大多数年份的出版量有稳定的增长，说明绝大多数年份卖得还不错，出版的年平均增长率至少在一定程度上超过阅读需求的年平均增长率，这也许说明出版社卖出了更多的正版书，而盗版书的销量则是呈下降趋势。

另一个更为直接的数据是中国每年的图书销售量。根据北京开卷信息技术有限公司发布的《2017 年中国图书零售市场报告》，近些年来中国图书零售市场一直延续不错的增长势头，其中 2017 年中国图书零售市场总规模为 803.2 亿，比 2016 年的 701.2 亿增长了 14.55%，其中销量贡献了 52.55%，价格贡献了 47.45%，也就是市场规模的扩大一半多一点的贡献来自销量。[①] 由于中国图书零售量的变化趋势与表 3-1 的发行量相同（只是幅度大一些），在此不再赘述。这里面的另一个干扰因素是读者买了书不一定看，有可能束之高阁，不过这个因素对于正版书和盗版书的影响基本一样，所以本书将其忽略。如果把上述数据的表现再简化一下，就会得到以下结论：由于我国国民人均阅读量和总人口变化非常小，可以假设图书阅读的需求不变，那么正版书的销量增加就意味着盗版书的销量减少。为什么会这样呢？其中一个合理的解释是随着人们可支配收入的增加，人们对价格不再像以前那么敏感，而是更追求质量，所

① 作者在 CNKI 的年鉴数据库里没有查询到每年图书销售量的数据，所以只能参考商业机构的数据统计。北京开卷信息技术有限公司就是一家专业提供图书行业咨询、研究与调查服务的商业机构，它的一项工作就是发布每年的《中国图书零售市场报告》。本书提到的数据和图书零售趋势来自开卷公司 2017 年的报告，https://www.sohu.com/a/215757079_292883，2018 年 12 月 29 日访问。

以会买更多的正版书。综上所述，在纸质书的出版市场，著作权的执法虽然不能保证高水平的排他性，但是基本保持了相当程度的排他性，而且排他性的程度越来越高。

3.2.2 数字出版商面临的著作权排他性

数字出版商的产品以电子书为主。理论上讲，在电子书存在的网络环境，著作权保证其排他性的困难比纸质书要大得多，这是因为电子书在网络上的传播不再需要有形的载体，复制和传输的成本大大降低，而且第一份复制件和以后的每一份复制件都能保持一模一样，这样的话每个人都可以变身为出版商，而法律对于每个潜在的个体进行有强制力的监控是力不从心的。事实是怎样的呢？

对现实生活中盗版电子书的考察是困难的，因为很难获得数据。试想一下，盗版电子书的提供者怎么会把下载量和阅读量统计下来呢！即便是有也要藏匿起来，免得成为日后判处刑罚或者民事赔偿的证据。因为在正式的统计年鉴上及学术期刊上都没有直接的相关资料，所以本书对盗版的描述和分析也只能依靠网络资料。这里以两份较为专业的网络资料为主谈谈这个问题。第一份是《盛大文学曝光黑色产业链：盗版小站月入300万》，[①] 这份资料显示，2011年盛大文学协助公安部破获了多起网络盗版侵权案件，被采取刑事强制措施的被告人经营的盗版网站包括“小说520”和“万松中文网”，有的网站每天的IP超过10万，点击量(PV)超过百万次，网站中盗版盛大文学的作品数量就达5 000种，他们以侵权为核心的商业模式是免费提供作品，以流量吸引广告，然后和广告联盟分成。这份资料还透露，据不完全统计，中国拥有盗版文学网站53万余家，年获利总计50亿元人民币。虽然资料中没有给出这个统计的出处，但是至少是业内人士根据工作经验的估算。

---

① 雷建平：《盛大文学曝光黑色产业链：盗版小站月入300万》，http://tech.qq.com/a/20110407/000169.htm，2018年12月29日访问。这份资料来源于腾讯官网，应该较为可信。

另一份网络资料是《全国最大电子书盗版案告破 8 000 部作品侵权》[①]，这份资料记录了 2013 年海淀警方破获的一起全国范围内电子书盗版涉案金额最大、抓捕人数最多的案件。犯罪嫌疑人郑某经营一家名为“快眼看书”的网站，专门提供电子书资源搜索的搜索引擎服务，旗下有 200 余家盗版网站加盟，其中 30 余家一级加盟网站每月要付给郑某加盟费 1 万元，二级加盟商每月也要付几千元，加盟商在自己网站上向读者免费提供盗版作品，涉案品种达 8 000 部之多，加盟商邓某（同时也是犯罪嫌疑人）说，网站上每弹出 1 000 个广告页面，就能获得 6 元左右的广告费。[②] 除此之外，在这份网络资料中，盛大文学的业内人士告诉记者，当时全国的盗版电子书市场的营利规模是正版网站的 8 到 10 倍，全国范围内比较活跃的盗版电子书网站达到 1.4 万余家。以上两份网络资料中的数据都是来自经营网络文学产业的业内人士，他们是盗版的受害者，也许有夸张的成分，但是当时盗版电子书的情况比较猖獗应该是不争的事实。

到了 2016 年 7 月，国家版权局开展的“剑网 2016”专项行动启动。[③]“剑网 2016”将整治未经授权非法传播网络文学作品的行动列为重点任务的首位，强调严厉打击通过网站、贴吧、微博、微信等方式未经授权非法传播网络文学作品的侵权盗版行为，规范通过浏览器、搜索引擎等方式传播文学作品的行为。另外，其重点任务的第三项是网络广告联盟的整治行动，要求推动版权执法监管机构与网络广告联盟建立切断侵权盗版黑色经济链条的工作机制，严厉打击故意为侵权盗版提供支持的网络广告联盟。[④] 一个月之后，国家版权局在 8 月

---

① 《全国最大电子书盗版案告破 8000 部作品侵权》，http://money.163.com/13/0727/15/94Q3TVSM00253B0H.html，2018 年 12 月 29 日访问。这份资料来源于网易官网，应该较为可信。

② 这份网络资料所述的盗版事实有报纸新闻的佐证。参见黄洁《北京警方破获特大网络侵犯著作权案——200 余家加盟网站侵权作品超 8 000 部》，载《法制日报》2013 年 7 月 29 日，第 8 版。

③ “剑网”行动是国家版权局自 2005 年开始联合国家互联网信息办公室、工业和信息化部、公安部开展的整治网络侵权盗版的执法监管行动，迄今已经连续开展了 14 年，每一年的行动都会对当时网络侵权的热点问题实施重点监管，专项整治。

④ 张晓娜：《打击网络侵权盗版“剑网 2016”专项行动启动》，载《民主与法制时报》2016 年 7 月 14 日，第 1 版。

16日通报了“剑网2016”专项行动第一批网络侵权盗版案件的查办情况，在8起通报案件中有4起侵犯网络著作权案件，它们是江苏苏州“风雨文学网”、重庆“269小说网”、四川双流“轻之国度”“轻之文库”网站、广西南宁“皮皮小说网”涉嫌侵犯网络文学作品著作权的案件。[①]2016年12月22日国家版权局等部门召开“剑网2016”专项行动总结会，会议认为，通过5个月的专项治理，网络文学领域的大规模侵权盗版现象基本得到遏制，版权秩序进一步规范，网络版权环境进一步净化。[②]到了2017年，“剑网2017”专项行动关闭了侵权盗版网站2 554个，[③]相比“剑网2016”的关闭侵权盗版网站290家，[④]可谓极大地提高了覆盖面。尽管关闭的网站不全是侵犯网络文学著作权的，但是其执行力度的提升肯定覆盖了这个领域，至少可以肯定盗版电子书得到了一定程度的遏制。

最后本书依然用反推的方式考察一下数字出版市场中的排他性问题。由于数字出版商每年销售电子书的收入是公开的，本书可以根据收入的变化来反推盗版的情况。基本的逻辑和纸质书出版一样，如果盗版的情况很严重，那么理论上数字出版商的收入就会下降，反过来就是，如果数字出版商的收入节节上升，说明盗版的情况就不会特别严重。根据中国新闻出版研究院每年发布的《中国数字出版产业年度报告》，[⑤]中国数字出版产业中的电子书收入见表3-3。

① 《国家版权局通报“剑网2016”专项行动第一批网络侵权盗版案件查办情况》，《中国出版》，2016年21期，第2-5页。

② “剑网2016”专项行动总结会在京召开，http://mini.eastday.com/mobile/161226171559277.html#，2018年12月30日访问。

③ 张贺：《“剑网2017”专项行动关闭侵权盗版网站2554个》，载《人民日报》2018年1月17日，第12版。

④ 《“剑网2016”行动关闭网站290家》，《中国地市报人》2017年第1-2期，第56页。

⑤ 中国新闻出版研究院（前身是中国出版科学研究所）每年成立一个课题组，专门负责整理出版一份数字出版产业的年度报告，内容涉及互联网广告、数字期刊报纸、电子书、网络游戏动漫、在线音乐等诸多方面，并且就数字出版产业进行全方位梳理和总结。

表 3-3　2006—2017 年中国电子书产业收入

年份	2006	2007	2008	2009	2010	2011	2012	2013	2014	2015	2016	2017
电子书产业收入（亿元）	1.5	2	3	4	5	9.5	31	38	45	49	52	54

数据来源:2006 年—2017 年《中国数字出版产业年度报告》[①]

表 3-3 的数据显示,我国电子书产业的收入一直在增长,从 2006 年到 2017 年,收入增加了 35 倍,年平均增长率为 34%,这说明数字出版商一直对于产业的未来抱有信心,盗版电子书很猖獗,但是正版电子书也能保证一定的市场份额并节节攀升,没有被盗版商压迫的难以喘息。从表 3-3 还可以看出,数字出版商的收入在 2006 年是非常少的,只有 1.5 亿元,之后缓慢增长,自 2012 年起大幅增长。在上文盛大文学抱怨盗版严重的 2012—2013 年,电子书产业的收入却实现了大幅增长,笔者估计这大概和电子阅读器的升级(比如 2013 年亚马逊 Kindle 进入国内市场)有一定关系,阅读体验的提升帮助扩大了正版电子书的市场规模。不过 2014 年后只是维持着稳定增长的态势,2017 年仅比 2016 年增长了区区 2 亿元,笔者认为这是因为大量读者被吸引到网络原创文学的阅读平台。

表 3-3 统计的电子书主要是传统出版商出版纸质书之后又将其转化为电子格式后出版的,拥有一个版号。而另一种电子书——网络文学——由于不受版号的束缚,新书层出不穷,得到了更多的追捧。很遗憾,笔者所能找到的有关网络文学的商业数据只有 2015 年至 2017 年的,2015 年网络文学的市场规模达到 70 亿元,[②]2016 年网络文学的市场规模是 90.3 亿元,2017 年网络文学的

① 表三中的数据来源于 2006 年到 2017 年的《中国数字出版产业年度报告》,其中 2006 年到 2011 年的数据转引自《2011～2012 中国数字出版产业年度报告摘要》,《今日印刷》,2012 年 11 期,第 53-54 页。2012 年到 2017 年的数据转引自中国数字出版产业年度报告课题组:《〈2017-2018 中国数字出版产业年度报告〉解读》,《出版参考》2018 年第 8 期,第 5-8 页。

② 中国数字出版产业年度报告课题组:《“十二五”收官之年的中国数字出版——2015—2016 中国数字出版产业年度报告主报告(摘要)》,《出版发行研究》,2016 年第 8 期,第 5-10 页。这个数据来自《2015-2016 中国数字出版产业年度报告》转引的一份网络文献——速途研究院的《2015 年网络文学市场年度综合报告》。

市场规模是130.2亿元。[①] 2015年到2017年两年间，网络文学的市场规模扩大了接近一倍。另据统计，2017年网络文学的用户规模达到3.78亿，占网民总数的48.9%，[②]国内45家主要网络文学网站原创作品总量达到1 646.7万种，其中签约作品达到132.7万种，进行各种创作的写作者超过1 300万人，签约作者达68万人。[③]

正版网络文学市场的火爆暗示着盗版市场的黯淡，盗版市场一定还存在，不过正版市场看起来已经占据了上风。那么在一度盗版市场猖獗，著作权的法律排他性与事实排他性差距明显的情况下，正版数字出版商是如何坚持并迎来曙光的呢？答案在下一章部分揭晓。

3.3 图书出版产业中的替代手段

理论上获取盗版的价格或成本比正版要低，那为什么盗版没能战胜正版呢？一个因素是著作权执法，如果著作权做到法律排他性与事实排他性的统一，也就是执行达到百分之百的完美，那么读者无法获取盗版书，自然就去买正版，正版不战而胜。尽管目前中国著作权的执行力度一直在加大，但只是依靠著作权执法来完全消灭盗版似乎并不现实，因为执法也需要资源，政府不可能把有限的资源无限制地配置在著作权执法上，用来消灭每一个盗版。尤其是P2P性质的盗版制造者，著作权执法根本无法触及网络终端的个人上传者。这样就给了另一个因素发挥作用的空间，这就是替代手段，著作权人和中间商实施替代手段帮助著作权的执法，缩小法律排他性与事实排他性的差距。这一节就探讨图书出版产业中的替代手段，本书把图书出版产业的替代手段分为三种类型，传统出版中的替代手段，数字出版中的替代手段，传统出版与数字出版中共用的替代手段。本书在论述这些替代手段的时候会举例说明，比如网络文学

① 《2017-2018中国数字出版产业年度报告》，《印刷杂志》2018年第9期，第33-37页。其中2016年的数据是由2017年的数据推出来的，报告中说2017年网络文学市场规模达到130.2亿元，比2016年增长44.2%。

② 《2017-2018中国数字出版产业年度报告》，《印刷杂志》2018年第9期，第33-37页。

③ 《2017-2018中国数字出版产业年度报告》，《印刷杂志》2018年第9期，第33-37页。报告称数据来源于原国家新闻出版广电总局数字出版司的不完全统计。

阅读平台使用了捆绑广告的替代手段，这些举例有些来自笔者的亲身体验和访谈，如果是众所周知的事实，本书对这些例子就不再给出引注。

3.3.1　传统出版中的替代手段

一、载体的天然排他性

传统出版的产品是纸质书，其承载文字作品的载体——纸张和墨水——就是一种替代手段。这是增强排他性的一种手段，文字作品捆绑易于排他的其他事物——纸张和墨水。纸张和墨水是一种物，具有物理性的实体，不仅有以物权法实施的、法律上的排他效力——物权排他性，也具有天然的排他性——物的排他性（下文会具体说明）。纸张和墨水的后一种排他性会在某种程度上替代著作权执法。如本章第一节所述，纸质书出版基本上遵循两个阶段，第一个阶段是作者许可传统出版商出版其作品，第二个阶段是传统出版商将出版的图书卖给读者。在第一个阶段中，排他性表现在禁止未经许可的商业盗版行为，盗版商未经许可翻印图书需要资金、设备和时间，会留下容易识别的外部痕迹，著作权执法相对容易，著作权保证的排他性会推动着传统出版商寻求作者的许可，这是著作权执法的作用。

在第二个阶段，中间商（包括传统出版商、批发商和零售商）把图书卖给读者，其排他性表现在读者无法或者很难从其他未经传统出版商许可的来源获得作品。假设第一个阶段的著作权执法表现完美，读者无法从盗版商那里买到盗版书，读者要么去复印图书，这就需要花费复印的成本（包括读者的时间和向复印店支付的复印费），而且复印件的质量比正版书要差不少；读者还能去朋友或图书馆那里借书，但是图书馆要是把书借给一个人阅读，其他人就不能阅读了，每人必须拿着纸质书阅读，其传播的范围很有限，所以著作权法不必规定纸质图书的阅读权，中间商也不必和购买者签订阅读许可合同，规定购买者只能自己阅读或者借给不超过 5 人阅读，因为载体的天然限制使得著作权人不必要求此种排他性。对比一下计算机软件的许可合同就能更加清楚这一点，用户购买和使用计算机软件一定会开启一个拆封合同，里面有具体的许可条款，限制了用户对于购买软件的复制和传播，这是因为用户可以轻易地复制和传播，使用效果也不会变差。但是图书就不会有许可合同，因为其复制和传播会受到载体的天然限制。这就是纸张和墨水的天然排他性，文字作品必须附着在载体上，这个过程的耗费会使得大量读者只能去合法的中间商那里买书，物的天然排他性极大地帮助排除了未经许可的作品获得。

既然纸质书可以被看作是著作权的一种替代手段，那么这种替代手段运作得怎么样呢？首先，在这个网络的时代，纸质书依然保持着强劲的需求。根据2013—2017年的《全国国民阅读调查报告》，我国国民阅读纸质书的行为调查结果见表3-4：

表3-4　2013—2017年国民阅读纸质书行为调查

	2013	2014	2015	2016	2017
图书阅读率（%）	54.90	57.80	58	58.40	58.80
图书阅读时长（分钟）	15.38	13.43	18.76	19.69	20.20
图书阅读量（本）	4.39	4.77	4.56	4.58	4.65

数据来源：2013—2017年中国新闻出版研究院发布的《全国国民阅读调查报告》[①]

根据表3-4，我国国民纸质书的阅读率显示依然有超过半数的人阅读纸质图书，其阅读时长和阅读量虽然有小幅波动，但是总体上呈微弱的上升趋势。不独中国，2016年9月份皮尤研究中心的一项关于美国人阅读行为的调查结果显示，28%的受访者表示他们兼读电子书和纸质书，38%的受访者只阅读纸质书，仅6%的受访者表示只读电子书。[②]这大概有两方面的原因，一是纸质书提供了电子书无法替代的阅读体验，比如书页翻动给读者特有的触觉、视觉和听觉体验，[③]二是纸质书适合深度阅读，[④]这也从文化教育类图书占纸质书比重

① 数据来自2013-2017年中国新闻出版研究院发布的《全国国民阅读调查报告》，转引自费琳、陆瑾、杨国立：《2013-2017年国民阅读调查报告解读及启示》，《图书馆理论与实践》2018年第5期，38-41页。

② 《多数美国人仍阅读纸质书　仅6%受访者只读电子书》，《新闻记者》2016年第10期，第60页。

③ 赖晓华：《全媒体时代纸质图书出版探讨》，《编辑之友》2014年第7期，第19-21页。

④ 杨迎春：《全媒体时代纸质图书出版的机遇与突破》，《现代出版》2015年第5期，第59-60页。

最大的事实中得以证明。[①] 总之，读者对于纸质书的强劲需求保证了捆绑物理载体这个替代手段得以持续发挥作用，目前的问题主要是来自盗版书（此处指盗版商的商业翻印，不是读者的私人复制）。根据上一节的分析，正版纸质书的出版量和销量稳步增长，但是也不可否认盗版书依然大量存在，这需要加强著作权执法的力度。

二、提供书库

提供书库是增强排他性的一种替代手段。出版社、批发商、书店和超市等联合起来在最终的销售平台陈列大量丰富多彩的图书，在网络时代到来之前，读者不知道出版了哪些新书，他们只能到书店的书库中去寻找中意的图书。如果读者看到了中意的图书再回到私人领域去获取，他们依然要承担寻找、沟通、等待和购买或者复制的成本，很多读者在对比之后就会选择直接在书店里购买。

三、按需出版

根据长尾理论，网络上可以陈列无数的书目，能够销售的小众图书汇总起来也可以取得和畅销书抗衡的销量。按需出版就是贯彻长尾理论的出版实践，由于印刷成本、发行成本的降低，按需出版成为可能，即便读者的需求只有几本，出版社也可以专门为这几位读者出版这本书。[②] 盗版商一般只翻印畅销书，缺乏小众图书的资源，所以出版社不用担心盗版商的竞争。按需出版是传统出版商一种增加经济收益的替代手段。

3.3.2　数字出版中的替代手段

数字出版就是用数字化（二进制）的技术从事的出版活动，其产品是电子

---

① 王曦：《我国图书出版现状的经济分析——基于使用《中国标准书号》的图书出版统计数据的实证研究》，《科技与出版》2013 年第 8 期，第 118-120 页。据作者对 2011 年的一项对各类图示出版量的调查，文化教育类图书种数占总数的 1/3 以上（36.09%），总印数占比 3/4 以上（75.52%），总印张数占比接近 2/3（61.44%），定价总金额占比接近一半（49.40%）。

② 练小川：《幂律、长尾理论和图书出版》，《陕西师范大学学报》（哲学社会科学版）2007 年第 3 期（第 36 卷），第 110-116 页。

书。数字出版中的替代手段更加多样化，在一一列举各种替代手段的类型同时，本书将简单地分析这些替代手段是如何帮助和替代著作权实现其排他性的。

一、提供资源库

提供资源库是增强排他性的替代手段。书库资源丰富度这一影响因素对于读者非常重要。当前的数字出版商，无论是以网络原创文学为主的发布平台，如阿里旗下的书旗小说，还是以有版号的电子书为主的京东阅读与当当云阅读，还有以两者并重的亚马逊和掌阅，都拥有丰富的内容资源。[①] 由于有大量的资源可供选择，读者可以方便地从这些网站和APP上搜索到自己中意的作品。很多读者就会停留在已经搜索到的页面，而不愿再离开去费力地寻找其他的资源，即使现在的资源是收费的。正版的数字出版商能够提供超大规模的资源库，内容丰富多彩，能够直接满足读者的阅读渴望，这是盗版者很难提供的，大规模资源库因此具有了排他性。正版的数字出版商在提供作品的时候同时提供资源库，这就捆绑了资源库这个容易排他的事物，吸引读者消费正版产品，从而从一定程度上排除了读者消费盗版产品的行为。

二、低价

低价也是增强排他性的替代手段。相对于欧美而言，中国的数字出版商一个不同的策略是以低价吸引读者。在欧美图书市场电子书价格迎来上涨，其价格接近了纸质图书。[②] 而据一项中国的研究表明，当当电子书平台、亚马逊、京东电子书商城上最受欢迎的电子书平均定价分别为5.71元、7.18元和9.19元，电子书与纸质书价格的平均比值分别为22.85%、26.55%和29.20%。[③] 相对于欧美而言，我国的电子书可真是便宜。另外，据笔者与经常阅读网络文学的朋友之间的访谈，中国某些网络文学发布平台有的时候最低的会员资格仅需

① 尚媛媛、郭晶：《我国大众类电子书订阅现状研究》，《出版广角》2018年2月下（总第310期），第44-49页。

② 张立红：《逆袭中的纸质书，雾霾中的电子书——管窥2015年图书市场》，《出版广角》2015年12月合刊，第8-12页。

③ 孙洁：《当当电子书平台研究》，南京大学博士论文（2016）。转引自廉宝霞：《国内电子书出版产业发展刍议》，《出版发行研究》2017年第10期，第44-46页。

10 元/月，一个月花 10 元钱就能纵览站内几乎所有的作品。如此的低价，再加上丰富的资源库，肯定会吸引相当一部分读者不再光顾盗版网站和去网络寻找盗版资源。数字出版商的低价策略，也从一定程度上排除了读者消费盗版产品的行为。

三、技术措施

数字出版商为了防止电子书不受未经许可的访问和复制会采用技术手段，这就是技术措施，也是增强排他性的手段。技术措施分为接触控制措施和权利保护措施，在数字出版产业中，前者指拒绝未经许可的访问作品的技术，后者指拒绝未经许可复制作品的技术。对于数字出版商而言，接触控制措施的重要性要大于权利保护措施，因为接触控制措施保证了整个数字出版产业的付费订阅模式。

首先是接触控制措施。数字出版商实施接触控制措施的设施包括内容服务器和许可证服务器两部分，内容服务器负责数字内容的存储和安全处理，许可证服务器负责快速生成并分发许可证。数字出版商的服务器与读者的客户端之间的交互过程是：按照读者的请求，内容服务器把经过加密处理的电子书传递给读者，然后读者向交易中心支付费用，许可证服务器就向读者签发数字许可证，之后读者就能在客户端下载密钥，解密电子书并显示可读的内容。[①]

另外一种技术措施是权利保护措施，这种技术措施保护的是有明文规定的著作权——复制权和信息网络传播权，数字出版商在将解密的作品显示在读者的客户端时，其文件的管理系统会设定禁止复制，这样读者就只能在屏幕上阅读，不能在客户端上右键复制粘贴了。接触控制措施禁止未经许可的访问，权利保护措施禁止读者将作品复制到自己的客户端，也就杜绝了下一步的传播。数字出版商实施这两种技术措施，使得付费阅读的商业模式得以持续。愿意付费的消费者会从正版网站源源不断地获得阅读服务，就不会去盗版者那里获得作品了，盗版者因为消费者的缩减而不得不减少侵权行为，从这个意义上讲，技

① 宋旅黄：《电子书数字版权保护的技术模型初探——以三新书业的探索为例》，《图书馆杂志》2016 年第 3 期（第 35 卷），第 33–47 页。

术措施增强了复制权和信息网络传播权的排他性。①

四、免费增值

免费增值(Freemium)是一种增加经济收益的替代手段。网络原创文学的数字出版商——网络文学发布平台,比如起点中文网——往往采取免费增值的策略,网络文学平台先发布的某部作品的一部分让读者免费阅读,如果这部作品通过口碑传播获得了大量读者的认可,网络文学平台会与作者协议就作品的其他部分收取费用,由于收取的价格较低——阅读一章只需要 2 分到 7 分钱,很多忠实的读者不在乎这点费用,还有大量不那么忠实的读者不愿意再等盗版的资源,他们会付费订阅,这就是数字出版中的免费增值服务。②

免费增值其实是市场领先时间和价格区分相结合的手段。与作者签约的网络文学平台能够率先发布最新的作品,虽然盗版网站随后也跟着发布,但总归是晚了一些时间,希望先睹为快的读者就不愿意等待,如果价格低廉,这部分读者就会更多。除了上述的市场领先时间,网络文学平台还通过先免费后增值的过程实现了价格区分。作品免费的一部分算一个版本,全部作品(包括收费的部分)算另一个版本,这两个版本一个免费一个收费。网络文学平台先通过免费的版本吸引到所有读者,然后其中愿意为收费版本付费的读者自然是对作品有更高的评价,网络文学平台通过这个过程甄别出对于作品不同偏好的读者并给予不同的对待,这是一种价格区分的手段。由于这种替代手段在开始阶段免费,没有排除不付费的读者,所以本书把这一种归入增加经济收益的替代手段。

① 数字出版商的权利保护措施不能完全杜绝未经许可使用作品的行为,使用者有三种方式可以绕开这种禁止复制的技术,第一种是截屏后一幅幅拼接,第二种是通过机器抓取,第三种是雇佣打字员人工打字。第一种是上网使用浏览器或手机的常识,后两种方式参见钱好:《大型网络文学网站作品被盗率近 100%网文“秒盗”》,资料来自人民网,http://it.people.com.cn/n1/2016/0527/c1009-28383981.html?utm_source=tuicool&utm_medium=referral,2019 年 1 月 3 日访问。

② Lucy Montgomery and Eric Priest, Copyright and China's Digital Cultural Industries, in Michael Keane ed, Handbook of Cultural and Creative Industries in China 339(Edward Elgar 2016).

五、捆绑广告

捆绑广告也是增加经济收益的一种替代手段。在这个方面比较引人注目的是百度的转型,百度最早推出的数字阅读平台“百度文库”发布了很多网友上传的盗版作品,这种以盗版作品为基础的经营模式遭受了很多非议(包括很多著名作家激烈的批评),后来百度改换了经营模式,在征得版权人同意之后,将根据作品的点击量和下载量与版权人进行广告费的分成。[①] 目前很多网络文学平台也使用这种手段,广告要么出现在阅读页面的最下端,要么在阅读的时候弹出。虽然捆绑广告的阅读体验十分糟糕,但是作品的提供往往是免费的,所以有些不愿意付费的读者就不得不忍受广告的介入。这种替代手段将作品开放给所有读者,虽然读者不会付费,但是读者的注意力是有价值的,广告商会为此付费,这也是一种交叉补贴的策略。

六、捆绑个人体验

捆绑个人体验则是一种增强排他性的替代手段。数字出版商充分利用了现代网络和数字技术的优势,向读者提供与其个人体验相结合的个性化产品。比如在网络文学发布平台上,平台经营者会允许读者根据自己的偏好设置不同的阅读页面,强化阅读体验;再比如平台经营者会根据文字作品不同的风格分成不同的频道,设置频道热搜榜(包括日榜和月榜),或者设置点击量排行榜,或者按照作者姓名设置专区,方便读者迅速找到符合自己口味的作品;更为直接的是平台经营者会根据某个读者的搜索历史和阅读历史按照一定的算法推算出这位读者应当喜欢的作品,然后定期推送给他。因此读者在网络文学平台上获得的就不是像纸质书那样对所有人都一样的产品,而是与自己的偏好、个性紧密结合的产品,由于每个读者的偏好各不相同,所以提供的产品也是独一无二的,排他性自然就体现出来了。[②] 读者不再光顾其他平台,因为只有“这个”

---

① Xiang Ren, Between Sustaining and Disruptive Innovation: China's Digital Publishing Industry in the Age of Mobile Internet, in Michael Keane ed, Handbook of Cultural and Creative Industries in China 377 (Edward Elgar 2016).

② Hal Varian, *Copying and Copyright*. 19 The Journal of Economic Perspectives 121, 135 (2005).

平台才能提供自己想要的产品，平台也就顺理成章地排除了他人的竞争。

七、出版纸质书

出版纸质书是数字出版另一种增强排他性的手段。如上一小节所述，纸质书由于捆绑了纸张和墨水，所以易于排他。对于已经取得读者认可的电子书，纸质书的销量也不会差，作者或数字出版商会将其交由传统出版商推出纸质书，借助电子书已经形成的口碑和纸质书的排他性来增加经济收益。

八、捆绑阅读的社交网络

捆绑社交网络是增强排他性的一种替代手段。喜欢某部作品或者某个作家的读者会形成一个社交网络，每个加入网络的读者不仅自己获得了情感的满足，也使得网络中的其他人获得了额外的满足，因此形成了外部性。社交网络也是容易排他的事物，和上述的纸张和墨水、资源库与个人体验一样，数字出版商可以将这个社交网络和作品捆绑在一起提供，借此增强排他性。比如说起点中文网会在作品的每一句话下面设置评论功能，心有所得的读者可以在评论区发表阅读感受，并同时分享给其他阅读作品的读者，所有读者会在交流的过程中获得更好的阅读体验，因为这是基本的人性——喜欢在一个有同样特质的群体中分享情绪和感受，被人理解也会带来快乐。虽然评论区形成的社交网络只是松散的，但是依然能产生吸引力，相对于单纯地下载盗版作品自己默默地阅读，很多读者会选择有交流体验的正版作品。偏爱某部作品或者某个作家的粉丝会形成更为紧密的社交网络，他们会在线上加入一个微信群或者 QQ 群，线下则会有活动支持这部作品或这个作家，传统出版商和数字出版商都可以利用这一点增强排他性。如果这个阅读的社交网络对于读者来说是独一无二的，那么与这个社交网络捆绑的作品也就是独一无二的——读者无法在盗版作品那里获得这样的体验。出版商通过提供具有排他性的社交网络，增强了提供作品的排他性。

3.3.3 传统出版与数字出版中共用的替代手段

一、捆绑影视剧、游戏

捆绑影视剧、游戏是一种增强排他性的替代手段。无论是纸质书还是电子书，只要获得了读者的认可成为畅销书，作者或出版商会实施一种“全媒体”的模式，就是将其转换为其他媒体的产品，从而开发出作品的最大价值，最典型的转换就是改编为影视剧和游戏。这种转换也是一种捆绑。假设出版纸质书、电子书因为盗版没有赚钱，但是至少获得了读者的口碑，营造了一个追捧作品的粉丝群体（社交网络），作者和出版商就可以许可电影公司、游戏开发商将其改编为影视剧、游戏，由于文字作品已经获得了成功，所以改编的前景看好——粉丝的支持是显而易见的，所以很容易找到愿意投资的电影公司和游戏开发商。影视剧、游戏是更容易排他的事物，[①] 文字作品就和电影作品、游戏软件作品捆绑在一起，增强了本身的排他性。据原国家新闻出版广电总局数字出版司不完全统计，截至 2017 年 12 月，国内 45 家主要网络文学网站许可改编电影 1 195 部，改编电视剧 1 232 部，改编游戏 605 部。[②] 可观的数字也说明了这种捆绑方式的成功。

二、众筹

众筹是一种增加经济收益的替代手段。布雷耶论文《著作权的难题：一个有关图书、复印和计算机软件版权的研究》中的读者联盟发起的就是众筹，联盟成员筹集资金专门资助某本书的创作和出版，当然这本书是联盟迫切需要的。目前图书出版产业的众筹往往是这样运作的，由作者或出版者在众筹平台发布一个众筹项目，设定一个资金门槛，邀请喜欢这本书的读者购买，当购买者支付的价格超过设定的资金门槛时，该图书就向公众免费开放，成为开放获取的资源。[③] 参与众筹的图书一般是公益类或学术类的，作者或者出版者并不注

---

① 电影作品容易排他是因为中国电影的一大部分收入来自院线的播放，电影院的硬件设施就可以成为实施排他性的工具，使得著作权的排他性很容易实现，具体分析见第五章。游戏软件作品容易排他是因为现在的大型游戏大部分都是在线游戏，玩家想参与在线游戏只能登陆一个在线的游戏平台，只有正版游戏运营商才被允许提供在线游戏平台，盗版的运营商经营在线游戏平台很容易被排除，而作为个人的游戏玩家不可能提供大型游戏的在线平台，具体分析见第六章。

② 中国数字出版产业年度报告课题组：《〈2017-2018 中国数字出版产业年度报告〉解读》，《出版参考》2018 年第 8 期，第 5-8 页。

③ 苏海明：《电子书出版产业链变革的探讨》，《新世纪图书馆》2015 年第 12 期，第 26-29 页。隗静秋、隗玮：《国外开放获取图书出版商业模式研究》，《科技与出版》，2016 年第 1 期，第 62-66 页。

重排他性，付款购买的人更像是在捐款，他们会在众筹过程中获得成就感和参与感，而在这个过程中作者的经济收益也得到了保证。

3.3.4 图书出版产业中作品+运营的商业模式

根据以上论述，传统出版和数字出版中实施的替代手段基本遵循着第二章提出的“作品+运营”的商业模式。在传统出版中，作者与传统出版商的出版合同中默示图书以纸质方式出版，具体来说就是“作品+编辑、印刷、发行、出售”，后面的编辑、印刷、发行、出售就是作品的运营方式，简单地说就是“作品+运营”。这种将作品与纸张和墨水捆绑的方式虽然古老又不被注意，却是一种帮助著作权执法的替代手段，它利用了物的天然排他性，无需著作权的执法，就能使得大部分读者放弃私人复制，到正版商那里买书。

由于技术的进步，数字出版中的替代手段显得花样繁多，作者可以和数字出版商在出版合同中约定作品如何实施替代手段，比如设定价格的高低，是否捆绑广告，但是一来作者并不懂得如何实施获得最佳效果，二来绝大部分作者相对数字出版商是弱势的一方，缺乏谈判力，所以作者在实施替代手段的问题上只有微弱的话语权，主要是数字出版商来主导。如上所述，数字出版商的替代手段是围绕作品实施的各种运营方式，无论是捆绑资源库、技术措施、捆绑社交网络这样增强排他性的手段，还是捆绑广告、免费增值这样增加经济收益的手段，都是将作品以一种特定的手段转化为具体的产品提供给读者，而这种运营作品的方式不需要著作权的执法，就能弥合著作权法律排他性与事实排他性的差距，这一点与纸质书的作用相同。总之，数字出版与传统出版的替代手段遵循着同样的商业模式——“作品+运营”。

第 4 章 音乐产业中的著作权与替代手段

4.1 音乐产业中的著作权

4.1.1 音乐产业中的著作权客体及涉及的主体

在对三个著作权产业进行实证研究的过程中，本书选取音乐产业作为第二个研究领域。在具体的分析之前，先介绍一下音乐产业的大体图景，当然这是围绕着著作权展开的描述。首先是音乐产业的产品，我们平常听到的音乐产品涉及三种著作权的客体，对应着相关创造者的三重贡献。这三种客体是音乐作者的音乐作品、表演者的表演活动和录音制作者的录音制品。下面就简单介绍一下这三种客体。第一种是音乐作品。音乐作品指“歌曲、交响乐等能够演唱或者演奏的带词或者不带词的作品”[①]，音乐作品体现了作者对于歌词、旋律、和弦、节奏这些构成要素的选择和组织，具有独创性的意义。音乐作品产生于其他两种客体之前，是其他两种客体的基础，因为其更加重要。一些国家的著作权法（包括我国）将音乐作品归为著作权的客体，将另外两种归为邻接权的客体，并给予区别对待（著作权的保护水平更高）。[②]

音乐产业中的大众消费者对阅读乐谱没有兴趣，为了让音乐为他们所欣赏，必须把音乐作品通过表演者的表演活动和录音呈献给他们。第二种客体就是表演者的表演活动，这里的表演活动指“活表演”，是指作为自然人的表演

---

① 《著作权法实施条例》(2013)第 4 条第 3 项。

② 此处指狭义的著作权和邻接权，广义的著作权包括邻接权，具体见语境，本书不再特别指出。

者——比如演唱艺人或者演奏乐队——通过声音将作品再现给听众，不同的表演者有不同的表演技巧和风格，自然也具备独创性。在表演者表演音乐作品的同时，录音制作者会通过一定的方式把表演固定下来，形成录音制品。录音制品并不是指载体（比如录音录音带、CD），而是指声音本身，具体指录制在物质载体之上的声音。[①]录音制作会对声音做出选择和组合，包括表演的声音、乐器伴奏、配唱、和声等，也体现了制作者的独创性。录音制品使得听众不必赶去音乐作品表演的现场去欣赏音乐，而是可以在自己选择的时间、自己选择的地点欣赏音乐，突破了时间和地点的限制，是音乐产业发展史的重要进步。音乐产业中涉及的著作权客体比图书出版产业更为复杂，图书出版产业中的著作权客体主要是文字作品，[②]而音乐产业包含着三种客体，这是因为文字创作者写出来的作品普通消费者都能看懂，但是音乐创作者的作品大部分普通消费者看不懂。但是音乐产业的参与主体既能创作我们看不懂的音乐，也能把它们转换成我们可以欣赏的美妙音乐，从而丰富了我们的娱乐生活。

相比图书出版产业，音乐产业的参与主体更加多样化。这里的主体并非著作权的主体，而是围绕着著作权进行交易并最终将音乐打造成产品到达听众的一系列商业关系的主体，包括著作权的被许可人。首先是词、曲作者，也就是音乐作品的作者，词、曲的创作是音乐产业的起点，只要词、曲具有独创性并能以有形形式复制，那么作者就成为这个音乐作品的著作权人。其次是音乐作品的表演者，表演者用自己独特的声音和技巧将音乐作品呈现出来，使其能为听觉所感知，就自己的表演享有表演者权。[③]表演者在表演的时候往往会寻求将自己的表演以一种机械的方式录制下来，便于以后的复制和传播，此时就是录音制品制作者大显身手的时刻。录音制品制作者指录音作品的首次制作人，具体负责制作的录音师能够敏锐地感知声音、熟练地操作录音机械，力求将最佳表

---

① 参见王迁：《著作权法》，中国人民大学出版社 2015 年，第 284 页。

② 我国《著作权法》中涉及图书出版的权利还有专有出版权和版式设计权。前者来源于出版社与作者形成的专有出版合同，并不是一种典型的著作权，后者的客体是版式设计，但是权利范围极窄，与本书论述的主题关系不大，所以本书没有论述。

③ 中国的著作权法上的表演者也包括演出单位，不局限于自然人。参见《著作权法实施条例》（2002）第 5 条第 6 项。一般而言，演出单位更像是组织者而不是表演者，由其直接享有全部表演者权（包括人身权）的规定有待商榷。

演效果固定下来。现实生活中录音制作的工作一般由唱片公司担任，但是唱片公司的工作不仅仅是录音，还包括通过推广活动来宣传音乐作品的作者和表演者，以及在各种渠道营销，使录音制品尽可能广泛地到达消费者。[①]

在产品到达消费者的过程中，涉及一个在音乐产业中非常重要的主体——集体管理组织，它是"为权利人的利益依法设立，根据权利人授权、对权利人的著作权或者与著作权有关的权利进行集体管理的社会团体"[②]。集体管理组织的出现是因为交易成本，音乐作品和录音制品的使用往往是大范围地、经常性地使用，如果让权利人与使用者一一谈判、签订许可合同，交易成本会非常高昂，而集体管理组织将大量权利人的作品集中在一起进行管理，极大地降低了交易成本。在我国这样的集体管理组织包括中国音乐著作权协会（简称音著协）和中国音像著作权集体管理协会（简称音集协）。它们的主要工作是向使用者发放一揽子许可、收取许可费并在权利人之间分配、以自己的名义提起诉讼和仲裁来保护著作权。

在进入网络时代之后，人们获得音乐的主要渠道不再是售卖唱片、CD、录音带的商店，而是互联网，因此数字音乐经营者开始扮演重要角色。数字音乐指将音乐数字化以后在互联网上传播的产品，虽然 CD 也是用数字格式存储，但是它不能以数字格式在互联网上传输，所以没有归入数字音乐的范畴，可见数字音乐背后隐藏的、不可或缺的互联网烙印。[③] 根据产业平台的不同，数字音乐分为在线音乐和无线音乐，在线音乐的平台是有线互联网，音乐消费者通过有线互联网把数字化的音乐传输到客户端电脑的硬盘或者便携式数字音乐播放器，然后使用播放器软件播放音乐，这称为在线音乐，[④] 无线音乐的平台是移动通讯网（主要指 3G、4G、5G 网络），最终体现在音乐消费者的手机终端，其类型包括手机铃声、彩铃、手机 IVR 音乐点播、整曲下载和无线音乐收听等音

---

① 参见黄虚峰：《美国版权法与音乐产业》，法律出版社 2012 年，第 121 页。

② 《著作权集体管理条例》（2013）第 3 条。

③ 参见佟雪娜：《音乐产业运营与管理》，中国传媒大学出版社 2016 年，第 154 页。

④ 佟雪娜：《数字音乐传播价值链分析》，《重庆大学学报》（社会科学版）2013 年第 3 期，第 165-172 页。

乐服务。[①]随着 Wi-Fi 网络的普及，电信运营商和网络服务商之间业务合作不断加深及互相渗透，在线音乐和无线音乐的区分已不是那么明显，本书将在提供在线音乐和无线音乐的经营者，统称为数字音乐经营者，它们包括搜索引擎服务提供商、门户网站经营者、专业音乐公司、P2P 网站和电信运营商。[②]

另一种重要的参与主体是演出组织者，演唱会是表演者推广自己的有效手段，同时还会带来不错的收入。一般表演者会与演出组织者签订演出合同，演出组织者按照合同约定把表演者带到指定地点表演，并负责当地的一切事宜，也包括征得表演曲目创作者的许可。[③]最后是音乐消费者，本书原本想与上一章图书出版产业中的消费主体——读者——保持一致的风格，将最终的音乐消费者称之为听众，但在电视台播放和现场演出的场合，消费者更多是“看着”欣赏音乐作品，称之为观众也不过分，这样听众的指代就不确切了，所以本书使用音乐消费者这个含义较广的词汇。音乐消费者代表着需求方，用消费行为评价着上述一系列主体的工作，音乐作品创作者、表演者、录音制品制作者、集体管理组织、数字音乐经营者和演出组织者的密切合作的目的——就是为了让音乐消费者满意。

4.1.2 实践中的音乐产业

依靠网络技术的优势，音乐作品的作者、表演者和录音制品制作者可以把自己的创作和表演直接奉献给音乐消费者。这种情况较多地发生在乐队身上，因为乐队往往既是作者也是表演者，如果他们还租用录音室自行录音的话，也同时是录音制作者，所以他们容易迅速做出免费上传歌曲的决定。比如 2000 年，碎南瓜乐队（Smashing Pumpkins）就将自己一张专辑中 25 首歌曲以 MP3 的格式上传到网络上供免费下载，这 25 首歌在网络上迅速传播，有人还建立了专门的网站来充当这 25 首歌曲的“宿主”，更多的人是从 Napster 下载这 25

① 参见佟雪娜：《音乐产业运营与管理》，中国传媒大学出版社 2016 年，第 189 页。

② 佟雪娜、孙玮佳：《当今信息技术背景下数字音乐产业价值链的重构》，《音乐传播》2016 年第 1 期，第 63-68 页。

③ Sherri Burr, *Entertainment Law in a Nutshell*, 92 (West 3d ed 2013).

首歌曲,传播速度之快使得人们开始认识互联网营销的威力。[①] 之后更多的音乐作品的作者和表演者是将自己的作品和表演在推特(Twitter)和油管视频(YouTube)上发布,供人们直接欣赏。很多歌手或者乐队(比如 Bearstronaut)直接在推特上发布了自己的新单曲,甚至有的歌手或者乐队就在网络平台上经营和推销自己的产品,比如,Alex Day 在油管视频上创立了自己的频道,6 年来获得了 50 万次的订购和一亿次的观看。[②]

这种从作者和表演者直接到达音乐消费者的情形并不是主流,绝大部分作者、表演者需要中间商帮助他们推广和获取收入,音乐出版公司和唱片公司就是这样的角色。传统的方式是:音乐作品一旦被创作出来,作者一般会将作品的著作权通过信托的方式转让给一家音乐出版公司(比如因为 Campbell v. Acuff-Rose Music, Inc 一案为中国法学界熟知的 Acuff-Rose 公司,就是美国一家著名的音乐出版公司),让它去做推广和许可的事情。音乐出版公司会利用经验和人脉将作品推荐给唱片公司,[③] 唱片公司会找合适的演唱艺人来表演这个作品并录制成唱片发行,我们就会在唱片商店里看到这张唱片。唱片公司不仅是将音乐作品转化成录音制品,而且也承担了推广和销售的工作,唱片公司会将唱片销售收入的一定比例支付给音乐出版公司,音乐出版公司再按照信托合同支付一部分给作者。由于许可和支付版税的具体工作非常烦琐,音乐出版公司常常委托一个中介机构来帮助完成这项工作(比如在美国非常著名的 Harry Fox 公司,就是诸多音乐出版公司的代理人)。

在美国,上述专业分工行之已久,但是在中国,则有不同的格局。中国的音乐产业是在 20 世纪 90 年代才开始兴起。以"著作权+许可"为核心的商业运作模式还没有形成,当时就没有形成专业的音乐出版公司和著作权代理公司,在市场规模扩大及分工开始深化的时候,又碰上了网络时代的降临,此时仅仅

---

① Raymond Shih Ray Ku, *The Creative Destruction of Copyright: Napster and the New Economics of Digital Technology*. 69 University of Chicago Law Review 263, 316(2002).

② Michael Carrier, *No, RIAA, It's Not the End of the World for Musicians*, 83 UMKC L. Rev. 287, 291(2014).

③ Jeffrey Helewitz and Leah Edwards, *Entertainment Law* 286(Thomson/Delmar Learning 2004).

靠录音和卖唱片就只能赔钱，唱片公司被迫向产业上下游渗透，承担了更多的角色。它们与音乐创作者、表演者签约，尤其是表演者，它们会签订360度合同，垄断经营表演者所有的娱乐活动（包括录制唱片、巡演、商业代言、品牌赞助、粉丝俱乐部、网络传播和电视台节目演出），[①] 中国目前的唱片公司不仅是承担了传统唱片公司录制、推广、销售的工作，还承担了音乐出版商、著作权代理商和表演者经纪人的工作，只有这样他们才能弥补录制、推广唱片的成本。作为一种著作权执法的替代手段，这一章第三节对此还会有更为详细的分析。近些年来，国内的词曲版权管理的规范和专业程度有了大幅的提升，出现了太合音乐集团（整合了太和麦田、海蝶音乐、大石音乐版权等众多版权公司）、源泉知识产权代理公司这样的音乐版权代理公司，其业务越来越多，运作也越来越纯熟。[②]

唱片公司最基础的工作就是录制和发行唱片，这是音乐产业的基础性工作。音乐作品的作者如果想把自己的作品推向市场，最基础的方式是将其转换成声音产品进行推广，作者会先和唱片公司签约，将自己音乐作品著作权中的复制权、发行权和表演权许可给唱片公司。[③] 中国音著协就音乐作品的此种利用方式给出了一个许可使用费标准，标准涵盖了制作及发行录音带及CD、VCD、DVD、IC、CD-ROM等数字化制品的行为。[④] 唱片公司会找到合适的演唱艺人表演音乐作品，表演者就自己的表演活动有许可他人录音、复制发行录音制品的权利，[⑤] 唱片公司也会签约让表演者将这些权利许可给自己。唱片公司完成录音后会享有录音制品制作者权，包括许可他人复制、发行录音制品的

① Jiarui Liu, *Copyright for Blockheads: An Empirical Study of Market Incentive and Intrinsic Motivation*, 38 Colum. J. L. & Arts 467, 494 (2015).

② 刘承韪主编：《娱乐法导论》，中国政法大学出版社2021年，第341-342页。

③ 《著作权法》（2020）第10条第1款第5项、第6项、第9项。在美国还有一种涉及复制权和发行权的重要商业利用方式是复制和发行乐谱，专业音乐家或者业余的音乐爱好者会看着纸质乐谱进行演奏，这一种利用不需要唱片公司的介入，一般只由音乐出版公司出版发行乐谱。不过这一项商业利用在中国不太流行，所以本书从略。

④ 资料来自音著协官网，http://www.mcsc.com.cn/mUA-40.html，2019年1月18日访问。

⑤ 《著作权法》（2020）第39条第4项、第5项。

权利。[①] 唱片公司随后做的是推广和销售包含这份录音制品的音乐产品(比如唱片、CD 和录音带),因为我国的音像发行是采用许可制,[②] 唱片公司必须将其复制权和发行权许可给一家音像出版社,由其负责具体的发行和销售工作。虽然目前在中国的音乐产业以有形复制件的方式发行已经不是主流,但是唱片公司的录音工作依然是整个音乐产业的基础,音乐产品的其他几种大规模利用方式——电台电视台播放、公共场所表演背景音乐、数字音乐传播——都是在使用录音制品。另外,即便是演唱会,也是通过录音制品的传播才能聚拢起音乐消费者到现场观看演出的兴趣。

音乐产品的一项重要利用方式是电台、电视台的广播,它们播放的是唱片公司制作的录音制品,里面也包含着音乐作品和表演者的表演。但是中国的《著作权法》没有将广播权赋予表演者和录音制作者,[③] 只有音乐作品的著作权人享有此种广播权。[④] 电台、电视台播放已经出版的录音作品对于音乐作品的著作权人来说属于法定许可,[⑤] 根据新修订的《著作权法》(2020),电台、电视台播放录音制品也需要向录音制作者(唱片公司)付费,[⑥] 但是他们无需向表演者付费。关于广播电台与电视台向音乐作品的著作权人支付报酬,其一般的操作流程为:广播电台与电视台与音著协可以就支付报酬事宜展开协商,约定每年向著作权人支付固定数额的报酬,如果不能达成协议,当事人就按照《广播电台电视台播放录音制品支付报酬暂行办法》的规定,选择年度广告收入百分比或者播放录音制品的时间总量作为依据支付报酬。[⑦] 广播电台与电视台将签订《关于音乐作品一揽子使用的合作协议》,加入电视版权委员会或者广播

---

① 《著作权法》(2020)第 44 条第 1 款。

② 根据我国《音像制品管理条例》中的条款,国家对出版、制作、复制、进口、批发、零售音像制品,实行许可制度;未经许可,任何单位和个人不得从事音像制品的出版、制作、复制、进口、批发、零售等活动。最新的规定参见《音像制品管理条例》(2016)第 5 条。

③ 表演者享有许可他人直播和公开传送其现场表演的权利,但是这不是广播其录音制品中包含的表演活动。《著作权法》(2020)第 39 条第 3 项。

④ 《著作权法》(2020)第 10 条第 11 项。

⑤ 《著作权法》(2020)第 46 条。

⑥ 《著作权法》(2020)第 45 条。

⑦ 《广播电台电视台播放录音制品支付报酬暂行办法》(2011)第 4 条。

版权委员会的成员台根据《中国音乐著作权协会与中国广播电视协会广播版权委员会关于音乐作品一揽子使用的合作备忘录》及《中国音乐著作权协会与中国广播电视协会电视版权委员会关于音乐作品一揽子使用的合作备忘录》支付报酬，未加入委员会的非成员台根据《广播电台电视台播放录音制品支付报酬暂行办法》及《著作权法》相关规定，统计、提供用于计酬的相关数据，协商确定支付报酬的金额。[①]

音乐产品的另一项重要利用方式是在公共场所欣赏背景音乐，此种利用方式涉及音乐作品作者的表演权[②]以及录音制作者的获酬权，[③]我国的《著作权法》没有赋予表演者以表演权。现在公共场所的经营者都是使用播放器械播放录音制品，所以这一项利用方式涉及的权利在音乐产业内被称为机械表演权。本书着重介绍一下音乐作品的机械表演权[④]如何得到实现。一般来说，公共场所的经营者请求播放背景音乐的许可流程为：公共场所的经营者向音著协提交《中国音乐著作权协会作品使用申请表》，办理许可手续并按照作品使用情况支付许可费。中国音著协就音乐作品的此种利用方式也给出了一个有差别的许可费标准，夜总会、歌舞厅（不含卡拉 OK 歌厅）、[⑤]迪斯科舞厅等的收费标准较高，酒吧、咖啡厅、餐厅等就低一些，宾馆、超市、家居店、健身房等就依

---

① 资料来自音著协官网，http://www.mcsc.com.cn/im-58-338.html，2019 年 1 月 18 日访问。

② 在著作权法历史上，作者获得表演权还经历了一场著名的著作权诉讼。在赫伯特诉尚利案中，被告尚利是一家曼哈顿剧院区的餐馆，其表演的节目出自原告赫伯特创作的一出音乐剧。被告抗辩说节目表演未向顾客收费，因而是非营利性的，不符合征求许可的条件。此案最终得到了美国最高法院的审理，霍姆斯大法官在判词中认为表演不是免费的，就如同餐馆的桌椅和空间一样，都被涵盖在餐费之中了。霍姆斯大法官由此认为这是商业表演，需要向 ASCAP 征求许可。参见［美］保罗·戈斯汀：《著作权之道：从古登堡到数字点播机》，金海军译，北京大学出版社 2008 年，第 57–58 页。

③ 《著作权法》（2020）第 45 条。

④ 《著作权法》（2020）第 10 条第 1 款第 9 项。

⑤ 卡拉 OK 歌厅播放的 MTV 是电影作品，而不是录音制品，所以向卡拉 OK 歌厅收取许可费的部门是中国音像著作权集体管理协会。不过 MTV 作品的著作权人在收到音集协分配的许可费之后，会依照合同向音乐作品的作者和表演者支付报酬。

次更低。[①] 新修订的《著作权法》(2020)为录音制作者(唱片公司)增加了录音制品的获酬权,[②] 但是由于这是新添加的权利,具体的收费机制还没有建立,本书就暂且不讨论录音制作者的获酬权问题。

进入网络时代之后,数字音乐的消费迅速占据了主要位置。数字音乐的传播涉及信息网络传播权,与电台、电视台广播和公共场所表演不同,音乐作品的作者、表演者和录音制品制作者均享有此种权利。[③] 对音乐作品,负责集体管理的音著协就其信息网络传播权的许可公布了使用流程和收费标准:大规模利用的数字音乐经营者提供使用者名称、平台、使用数量等可以体现音乐作品使用规模的其他信息、作品在平台上的使用方式等其他信息,音著协根据已经公布的收费标准核算费用,双方确认一致后签订一揽子使用的著作权许可合同。[④] 至于表演者,现在依然没有一个正式成立的集体管理组织,[⑤] 录音制品制作者权的集体管理归音集协,然而音集协尚没有就录音制品的网络使用公布使用流程和收费标准。[⑥] 但是在实际运作中数字音乐经营者往往与唱片公司直接签约获得许可,而不是通过集体管理组织。理论上,数字音乐经营者应该从音乐作品的作者、表演者和录音制品制作者那里集齐三重著作权的许可,才能在网络上以有线或无线方式向公众提供音乐作品、表演和录音制品。

最后一种利用方式是现场演出,一般由演出组织者与音乐作品的作者签订著作权许可合同,负责集体管理的音著协也公布了现场演出的许可流程和收费标准,使用者向音著协提交使用作品的清单和《中国音乐著作权协会作品使

① 资料来自音著协官网,http://www.mcsc.com.cn/im-57-333.html,2019 年 1 月 18 日访问。

② 《著作权法》(2020)第 45 条。

③ 《著作权法》(2020)第 10 条第 12 项、第 39 条第 6 项、第 44 条第 1 款,《信息网络传播权保护条例》(2013)第 2 条。

④ 资料来自音著协官网,http://www.mcsc.com.cn/im-59-340.htmll,2019 年 1 月 19 日访问。

⑤ 在 2017 年 5 月正式发表的一篇论文中,作者倡导赶快筹建表演者权集体管理组织,也就是说截止到 2017 年 5 月,中国还没有正式成立的表演者权集体管理组织。

⑥ 在音集协官网的使用者专区中,对于网络使用只有使用方式的大体介绍和联系方式,没有像音著协那样公布具体的使用流程和收费标准。

用申请表》，根据座位数×平均票价×4%的公式确定许可费，然后办理许可手续。[①] 演出组织者与表演者签订演出合同，由表演者在演出现场表演经过许可的音乐作品。

4.1.3 音乐产业中"著作权+许可"的商业模式

根据前一小节的论述，实践中的音乐产业主要遵循着第二章提出的"著作权+许可"的商业模式。作者完成了音乐作品，那他就成了这部音乐作品的著作权人，著作权法赋予他排除他人对这部作品实施复制、发行、表演、广播、信息网络传播等等特定行为的权利，上述行为必须经过作者的许可才能实施，如果是选择法定许可的路径，必须支付法定的许可费。这对于表演者和录音制品录制者也是一样，表演者对于自己的表演活动有排除他人实施复制、发行、信息网络传播等特定行为的权利，录音制品制作者对于自己的录音制品有排除他人实施复制、发行、信息网络传播等特定行为的权利，使用者实施上述特定行为必须征得表演者和录音制品制作者的许可。

在非法定许可的情形下，被许可人向音乐作品的作者、表演者、录音制品制作者支付某种对价，因为著作权的排他性（未经许可的其他人不得以被许可人的方式使用作品），被许可人由此获得了某种垄断使用作品、表演活动和录音制品的竞争优势，音乐作品的作者、表演者、录音制品制作者与被许可人的合作就奠定在排他性的基础上。往反方向想一下，从理论上说，如果没有赋予音乐作品的作者、表演者、录音制品制作者以著作权，所有其他人都可以随意使用作品、表演活动、录音制品而不必征求权利人的同意，那么谁还会多此一举去征求权利人的许可呢？反向的假设从理论上也能证明具有排他性的著作权是许可的前提。

如上所述，当前的音乐产业在形式上是以著作权为核心进行运作的，本书再根据上一小节的描述将其按照"著作权+许可"的模式进行分类如下。

① 资料来自音著协官网，http://www.mcsc.com.cn/im-57-333.html，2019年1月18日访问。

A

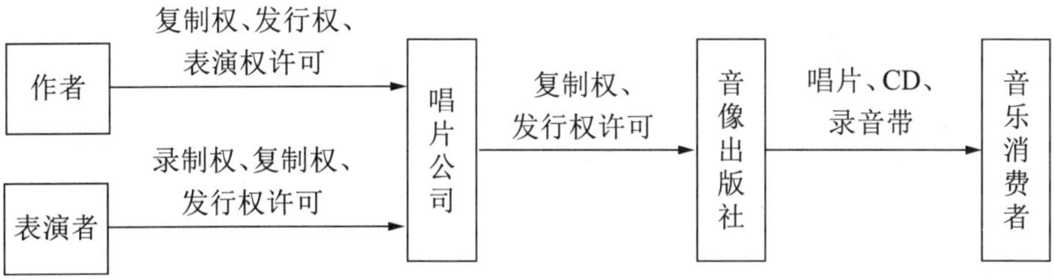

A 方式是传统的音乐产品营销模式，音乐作品的作者将著作权中的复制权、发行权、表演权许可给唱片公司，唱片公司找来表演者表演音乐作品，表演者把表演者权中的录制权、复制权、发行权许可给唱片公司，唱片公司于是制作成合法的录音制品，然后将录音制品制作者权中复制权、发行权许可给音像出版社，由音像出版社制作成有形的唱片、CD、录音带出版发行，我们就能在商店里看到并选购喜爱的音乐产品。

B

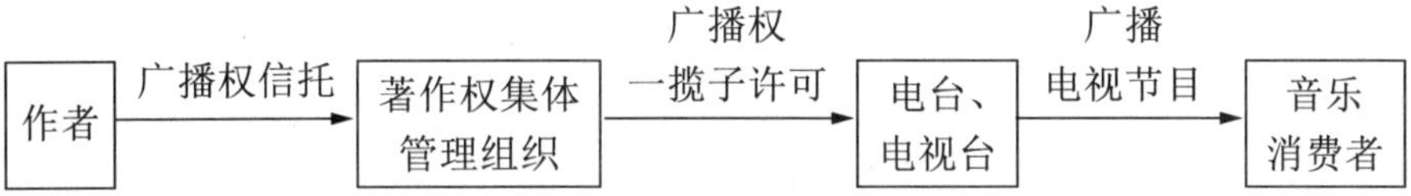

C

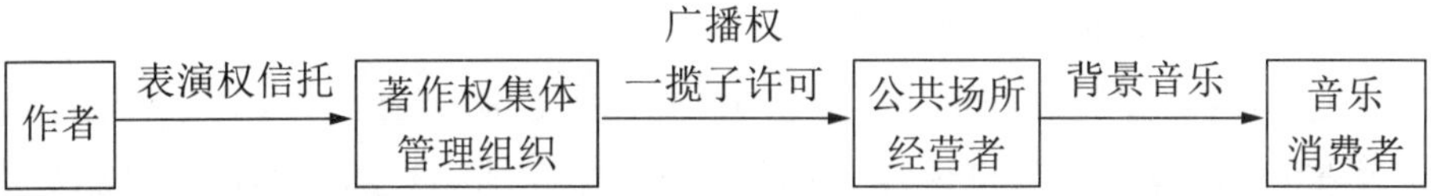

B 和 C 方式是相似的，表演者不享有广播权和表演权，录音制作者享有的获酬权暂且不论，音乐作品的作者享有这两项权利，作者通过集体管理组织将这两项权利许可给电台、电视台和公共场所经营者。

D

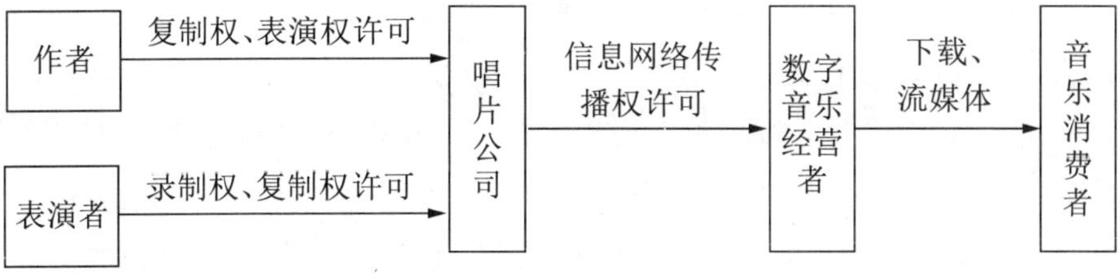

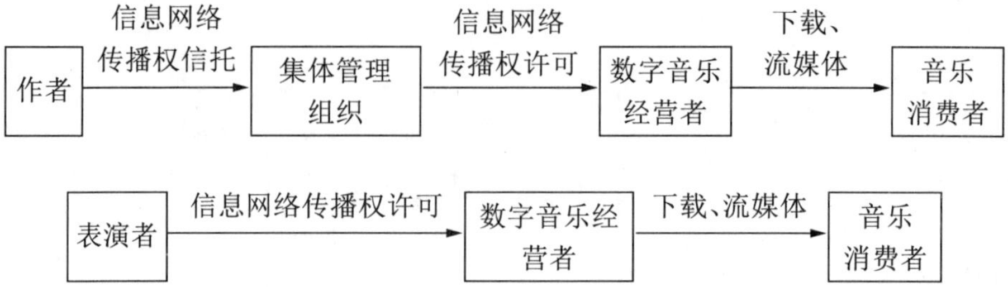

因为中国著作权法规定音乐作品的作者、表演者和录音制品制作者都有信息网络传播权，所以D方式下的许可分为三种，作者、表演者和录音制品制作者分别向数字网络经营者发放著作权许可。数字音乐经营者使用的只有一种产品——录音制品，却要获得三种许可，这使得交易极容易发生阻碍，大大提高了交易成本。目前中国的唱片公司买断了很多音乐产品的著作权，同时又与表演者签约获准经营其表演者权，这样数字网络经营者只需和唱片公司谈判签订许可合同即可。不过这只是一部分情况。

E

E方式较为简单，作者向演出组织者发放许可，由其组织表演者在演唱会或者音乐会现场表演其音乐作品。

在上述“著作权+许可”的类型中，如图书出版产业一样，音乐作品的作者、表演者、录音制品制作者还是选择找中间商帮忙的方式，集体管理组织是中间商，它负责管理作品、录音制品，唱片公司一方面是邻接权人（作为录音制品制作者），一方面也是中间商，负责推广和销售包含在录音制品中的音乐作品和表演者的表演活动，广播电台电视台、公共场所经营者、数字音乐经营者、演出组织者也是中间商，它们负责把音乐产品以各种各样的方式呈献给音乐消费者。在这个从音乐作品到达音乐消费者的过程中，不仅仅是著作权人——作者、表演者、录音制品制作者——因为创作活动付出了成本，中间商也为此付出了铺设渠道的成本，它们预期能够在音乐消费者那儿获得使用音乐产品的竞争优势（未经许可的中间商不能使用这些作品）。从理论上说，如果不能排除他人未经许可的商业使用，作者和中间商的成本都收不回来，所以具有排他性的著作权是许可的基础。虽然音乐产业中作品使用的类型非常多样化，但是其核心的运作模式都是一样——保证有排他性的著作权、然后向中间商发放许可。

4.2　音乐产业中著作权排他性的考察

如上一节所述，音乐产业著作权的基础是排他性，如果没有排他性，理论上著作权许可就无法发生了（使用者可以任意使用音乐作品）。可以想象的后果是音乐作品作者、表演者、录音制品制作者的创造性劳动没法得到回报，影响了他们的创造积极性，中间商铺设渠道、推广产品的努力也会被无偿利用，导致其投入意愿降低，整个产业处于产品匮乏的状态。然而在中国的音乐产业事实是怎样的呢？根据上一节的描述，音乐产业中有比较重要的 A、B、C、D、E 五种“著作权+许可”的方式，这些方式的运行要依靠涉及著作权的排他性，包括音乐作品作者的复制权、发行权、表演权、广播权、信息网络传播权，表演者的录制权、复制权、发行权、信息网络传播权，录音制品制作者的复制权、发行权、信息网络传播权。下面就这五种“著作权+许可”方式中著作权排他性的问题进行实证的考察。

4.2.1　非数字音乐领域中的著作权排他性

A、B、C、E 方式与某种非数字化的物理实体紧密结合，本书把这四种方式归为非数字音乐领域，并统一探讨其著作权排他性的问题。A 方式下音乐产业出产的是实体唱片，具有物理的形态，包括录音带、黑胶唱片、CD、VCD、DVD 等。一般而言，制造实体唱片需要比盗版书商更高的投入，其翻录、刻制、储存、运输、销售也有外部痕迹可循，监控未经许可的商业使用行为的成本较低，所以保证排他性也较为容易。本书使用一个产业界经常使用的指标——盗版率——来考察实体唱片涉及的著作权排他性问题。排他性消灭的就是盗版，盗版率越高，事实排他性就越弱，法律排他性与事实排他性的差距就越大。中国音乐产业面临的事实排他性不容乐观，根据美国国际知识产权联盟（IIPA）为美国贸易代表办公室提供的特别 301 报告，从 2000 年到 2008 年，实体唱片的盗版率从未低于 85%，有的年份达到了 90%，具体数据见表 4-1。

表 4-1　2000—2008 年中国实体唱片盗版率

年份	2000	2001	2002	2003	2004	2005	2006	2007	2008
唱片盗版率	93%	90%	90%	90%	85%	85%	85%	90%	90%

数据来源：IIPA 2001 年至 2009 年关于中国的特别 301 报告[①]

数据显示从 2000 年到 2008 年，中国实体唱片的盗版率从未低于 85%，不少年份甚至超过了 90%。与上一章描述的图书出版产业中实体图书相比，音乐产业实体唱片的盗版率显然更高。笔者认为原因之一是政府对于盗版实体唱片的执法力度不如对待盗版书，因为图书比音乐有更强的传播意识形态和教化的功能，在重视意识形态和宣传工作的中国，政府在“打黄扫非”的运动中往往连带着将盗版书一并扫灭，而音乐基本上只是单纯的欣赏和愉悦，在“打黄扫非”中不受重视也可以理解，所以音乐作品的盗版率更高。

B 方式是广播电台、电视台的广播。根据中国著作权法，只有音乐作品的作者享有广播权，不过电台、电视台播放已经出版的录音作品属于法定许可，它们只需向包含在录音制品中的音乐作品的作者支付报酬即可，所以 B 方式中的排他性不是表现在是否经过了许可，而是表现在是否支付了报酬。在中国，广播电台、电视台属于严格管制的领域。根据 1996 年的《广播电台电视台设立审批管理办法》，中央、省、设区的市、县（市）四级政府的广播电视行政部门可以申请设立广播电台、电视台，教育行政部门可以申请设立专业性的教育电视台，其他行政部门、企事业单位或者个人不得设立广播电台、电视台。[②] 在

① 数据来源于美国国际知识产权联盟官网，https://iipa.org/reports/special-301-reports/，2018 年 7 月 12 日访问。在这个网站有按照国家分类的单独报告，选择中国就会出现关于中国的 301 报告。刘家瑞曾经就这个问题做过统计表格，但是只统计到了 2007 年。参见 *Jiarui Liu, The Tough Reality of Copyright Piracy: A Case Study of the Music Industry in China*, 27 Cardozo Arts & Ent. L. J. 621，626（2010）. 笔者根据 2009 年关于中国的特别 301 年报告又加上了 2008 年的数据。值得一提的是，特别 301 报告就实体盗版产品（包括电影、唱片、商业软件、娱乐软件、图书）的经济损失和盗版率统计到 2009 年为止，从 2010 年开始没有再出现实体盗版产品的盗版率统计数字。这也许是因为网络盗版占据了主要位置，而网络盗版非常难以精确的计量。

② 《广播电台电视台设立审批管理办法》（1996）第 4 条、第 5 条。

媒体传播部门进行企业化改制之后，做了相应修正的《广播电台电视台审批管理办法》(2004)和《广播电台电视台审批管理办法》(2017)规定，广播电台、电视台原则上由县、不设区的市以上广播电视行政部门或经批准的广播影视集团(总台)设立，其中教育电视台可以由设区的市、自治州以上教育行政部门设立，其设立要报广电总局审批。① 因此中国广播电台电视台的设立要依靠各级政府，履行了严格的审批手续，尽管其数量很多，② 但绝对能找到确定的主体为其行为负责。另外，广播电台电视台的内容也会进行严格的审查和备案，所以播出音乐作品的时间和数量也绝对有据可查。中国音乐著作权协会(音著协)理论上可以和这些广播电台电视台建立合作关系，核查确认有关的数据，收取报酬，这在技术上没有障碍。然而，截止到 2013 年音著协只与 34 个电视台、49 个广播电台签订了许可协议。③ 根据音著协 2010 到 2017 年每年发布的年报，广播权每年的收入见表 4-2。

表 4-2　2010—2017 年音著协音乐作品广播权许可收入

年份	2010	2011	2012	2013	2014	2015	2016	2017
收入(万元)	1 900. 00	2 025. 61	4 015. 44	3 474. 30	4 841. 23	3 918. 86	4 158. 81	4 591. 24

数据来源：音著协 2010 年—2017 年年报 ④

与中国 4 000 家左右的电视台的体量以及目前广播电视传媒的规模相比，音著协每年三四千万的广播权收入是多么的微不足道！由此可见在 B 方式下

① 《广播电台电视台设立审批管理办法》(2004)第 5 条、第 7 条，《广播电台电视台设立审批管理办法》(2017)第 5 条、第 7 条。

② 据 2010 年统计，中国有 4000 多家电视台。资料来源于一篇搜狐网站上的网文——报纸大面积”阵亡”之后，电视频道也迎来了“关停潮”！ http://www. sohu. com/a/290577294_104642，2019 年 1 月 24 日访问。

③ Change Agents: Inside China’s Music Copyright Law，这是 2014 年 11 月北京音乐产业协会组织的一次座谈会的纪要，数据来源于前音著协干事、现音集协副总干事马继超在座谈会上的讲话。http://www. chinamusicbusiness. com/article/change-agents inside-chinas-music-copyright-law-paneldongdong-special/，2019 年 1 月 24 日访问。

④ 数据来源于音著协官网，http://www. mcsc. com. cn/nine-1. html，2019 年 1 月 25 日访问。

著作权排他性的程度是非常低的。

C方式是公共场所表演。这种方式主要是公共场所的经营者用音响播放设备为顾客播放背景音乐，营造更好的娱乐环境，包括音乐对其营业比较重要并且使用率较高的夜总会、歌舞厅，也包括酒吧、餐厅、超市等。C方式许可的是音乐作品作者享有的机械表演权（表演者不享有此种权利、录音制作者的获酬权暂且不论），一般由音著协负责许可和收取报酬的事宜。这些公共场所的经营者基本都会进行工商和税务登记，有不可移动的营业设施，所以确定了支付报酬的义务主体并不困难，根据音著协《使用音乐作品进行表演的著作权许可使用费标准》，报酬一般按照营业面积计算，不同的主体按照其对音乐的使用程度大小收取不同的价格，总的来说排除不付费的公共场所经营者在技术上并不困难。[①]

音著协已经同全国数百家三星级以上宾馆、饭店、商场、超市和餐厅签订了表演权的许可协议，厦门、上海、云南以及西南等各大航空公司也为其飞机客舱背景音乐定期付费。[②] 考虑到中国有多少播放背景音乐的公共场所，这几百家还是太少了。根据前音著协干事、现音集协副总干事马继超的访谈，背景音乐收费主要来自麦当劳、肯德基和谢尔顿饭店等外国投资企业，[③] 反面来说就

---

① 目前中国的公共场所表演采用的标准和计算方法较为简单，也缺乏监控措施，笔者建议可以借鉴美国的技术监控。美国的ASCAP在过去主要依靠人工调查来收取表演权的许可费，现在则借助于科技的力量。ASCAP与某科技公司合作开发了一款高科技系统工具媒体导航系统（Mediaguid），此系统被置放在电台、电视台或公共场所附近，自动搜索附近的音乐播放情况并与资料库中的音乐自动比对，当播放的音乐与资料库中的音乐相同时，就统计播放次数和播放者。ASCAP用这款系统监控音乐作品被使用的情况，现在ASCAP在美国每个城市都至少安装了一个接收器，一共超过300个接受器随时随地地统计资料库中作品的被使用状况。https://www. douban. com/note/304433600/，2019年1月24日访问。另请注意美国著作权法中没有广播权，其电台、电视台播放音乐作品被纳入表演权的范围。

② 黄虚峰：《美国版权法与音乐产业》，法律出版社2012年，第196页。

③ Change Agents: Inside China’s Music Copyright Law，这是2014年11月北京音乐产业协会组织的一次座谈会的纪要，背景音乐收费的情况来源于前音著协干事、现音集协副总干事马继超在座谈会上的讲话。http://www. chinamusicbusiness. com/article/change-agents-inside-chinas-music-copyright-law-paneldongdong-special/，2019年1月24日访问。

是在服务业中占绝对多数的中国企业在收费上只占少数。根据音著协 2015 到 2017 年的年报，公共场所表演（在年报中称背景音乐）的许可收入见表 4-3。

表 4-3　2015—2017 年音著协音乐作品公共场所表演权许可收入

年份	2015	2016	2017
收入（万元）	3 334. 67	2 558. 92	4 414. 24

数据来源：音著协 2015—2017 年年报[①]

试想中国夜总会、歌舞厅、酒吧、餐馆、超市等服务业的消费规模有多大，然而音著协一年也就是三四千万的许可收入，不能不说在 C 方式下著作权排他性程度也非常的低。

E 方式是现场演出，由演出组织者向音乐作品的作者征求许可，许可的权利也是表演权，不过许可的特定行为不是机械表演，而是现场表演。音著协在官方网站上已经公布了使用音乐作品进行现场表演的使用费标准，演出组织者可以方便地和音著协签订许可协议、支付报酬。为了招徕音乐消费者到现场观看演出，演出组织者肯定会提前宣传和推广将要开办的演唱会或音乐会，往往也会公布将要表演的曲目，所以很容易被监控，理论上说保证著作权的排他性并不困难。尽管在中国演出组织者没有在事前征得许可，法院往往只给予赔偿，基本不会颁发诉前禁令。[②] 一个例外出现在 2010 年，北京市第二中级人民法院曾经针对将要进行的现场演出颁发过诉前禁令。当时申请人北京鸟人艺术推广有限责任公司（以下简称鸟人公司）享有《狼爱上羊》等 9 首歌曲的专有使用权，北京华夏弘扬国际文化艺术有限公司（以下简称华夏弘扬公司）将要在北京展览馆剧场举办《狼行天下》演唱会，准备让汤某演唱《狼爱上羊》等 9 首鸟人公司享有专有使用权的音乐作品。鸟人公司向北京第二人民法院提出了诉

① 数据来源于音著协官网，http://www. mcsc. com. cn/nine-1. html，2019 年 1 月 26 日访问。音著协 2010 年到 2014 年的年度报告没有将表演权许可中的现场表演许可收入和机械表演许可收入分开，而是统一计算，所以本书没有将 2010 年到 2014 年的数据列入表 4-3。

② 比如 2002 年音著协向北京二中院申请对《2008- 北京欢迎你》演唱会颁布诉前禁令就遭到失败，之后音著协在全国各地法院也有申请诉前禁令，但是也没有法院颁布禁令。蒋凯：《中国音乐著作权管理与诉讼》，知识产权出版社 2008 年，第 40-41 页。

前禁令，法院经审查后裁定华夏弘扬公司和汤某在上述演唱会中不得表演《狼爱上羊》等9首音乐作品。[①] 尽管此案既是国内首例演唱会禁令，也是北京高院发布的2010年知产诉讼十大案例，被认为有重要指导意义，[②] 但是之后笔者没有查找到另外的相似案例。

一般来说，现场演出的著作权许可费是演出收入的一个百分比，然而在对比2015—2017年音著协年度报告中的许可收入与《中国音乐产业发展报告》中音乐类演出的票房收入之后，就会发现音著协的此项收入是多么微不足道。具体见表4-4。

表4-4　2015—2017年音著协音乐作品现场演出许可收入与音乐类演出票房收入之对比

年份	2015	2016	2017
音著协现场演出许可收入（亿元）	0. 047	0. 043	0. 075
音乐类演出票房收入（亿元）	45. 55	48. 13	59. 39

数据来源：音著协2015—2017年年报[③]，中国音乐产业发展报告[④]

音著协关于现场演出的表演权许可费标准一般是演出票房收入的4%，但实际上音著协的年度许可收入大概是演出票房收入的0. 1%，相差40倍。这

① 案情来源于中国法院网的文章《知识产权行为保全案例：〈狼爱上羊〉诉前禁令案》。https://www. chinacourt. org/article/detail/2014/04/id/1283138. shtml，2019年1月25日访问。不过禁令发出后，演唱艺人汤某依然坚持演唱了《狼爱上羊》等9首歌曲，最后因为拒不执行法院生效裁定的妨害民事诉讼行为，汤某被罚款一万元，华夏弘扬公司被罚款20万元。参见网易网站的文章《开个唱引纠纷 汤潮拒不执行"禁唱令"被罚》，http://ent. 163. com/10/0623/06/69RGTU9600032DGD. html，2019年1月25日访问。

② http://bjgy. chinacourt. org/article/detail/2011/02/id/880487. shtml，2019年1月25日访问。

③ 数据来源于音著协官网，http://www. mcsc. com. cn/nine-1. html，2019年1月26日访问。音著协2010年到2014年的年度报告没有将表演权许可中的现场表演许可收入和机械表演许可收入分开，而是统一计算，所以本书没有将2010年到2014年的数据列入表4-4。

④ 中国传媒大学艺术学部音乐与录音艺术学院赵志安教授音乐产业项目组：《2018中国音乐产业发展报告》，http://www. sohu. com/a/283194161_152615，2019年1月26日访问。

里面有一个计算的偏差，就是现场演出组织者可以直接与音乐作品的著作权人签订许可协议，没有经过音著协，所以这部分收入没有计入音著协的收入，或者表演者直接就是著作权人，现场演出组织者在与表演者签订的演出合同中把著作权许可费一并算了进去。本书无法查知这个比例有多少，所以 E 方式下音乐作品著作权排他性的强弱不能肯定。不过从事现场演出的表演者基本能够保证自己表演活动的排他性，观众一定会买票进场，表演者就只监督演出组织者就可以了。如果演出组织者不能给出令表演者满意的条件，表演者不出现，演出组织者无法从其他途径提供相同的现场演出，所以在现场演出中表演活动的排他性应该不会差。

在 B 和 C 的方式下也可能存在着上述的计算偏差，但是这种可能性按常理推测应该非常小，如果音著协作为一个有官方背景的协会都不能把许可费收上来，那么作为个体的著作权人就更不可能了。总之，在 A、B、C 方式下著作权的法律排他性与事实排他性有较大差距，现实中存在着大量未经许可的商业使用或者使用但不支付报酬的情形。导致这些发生的原因非常复杂，包括政治、权力机构、法律、经济、文化等多方面的原因，比如地方保护主义与官员腐败、缺少刑事惩罚、民事赔偿数额较低、居民消费水平低、缺乏尊重知识产权的传统。[①] 不过近年来的情况有所改变，除了美国等知识产权强国利用贸易和外交手段向中国施压以外，中国知识产权的本土利益相关者（Domestic stakeholders）也加入了倡导知识产权保护的“大合唱”，中国的决策者在制定法律与出台政策时也会考虑他们的诉求，以及本土知识产权对于国民经济的提升作用。[②] 事实上，A、B、C、E 方式下作品的使用与外部事物紧密结合，并且容易留下有据可查的外部影响，著作权执法的技术难度并不大。之所以事实排他性较弱，更多的是深层次的原因，比如广播电台电视台播放，只要政府下决心推动电台电视台为使用作品支付报酬，排他性是比较容易得以实现的。深层次的变革不可

① Eric Priest, *The Future of Music and Film Piracy in China*, 21 Berkeley Tech. L. J. 795, 821(2006).

② Lucy Montgomery and Xiang Ren. *The changing role of copyright in China's emergent media economy*. In G. D. Rawnsley & M. T. Rawnsley, ed, *Routledge Handbook of Chinese Media* 315, 329(Routledge 2015).

能一朝一夕即可达成，但是只要从政府到民间的权力格局一步步发生好的变化，著作权的执法情况也有望一步步好转。

4.2.2 数字音乐领域中的著作权排他性

缺乏了对外部有形事物的依赖，网络世界里音乐产品的复制和传播成本更低，进入门槛也更低，每个人都不仅仅是音乐的消费者，也可以变身为音乐的提供者，这给网络世界里的著作权执法带来了极大的困难。从2008年到2012年，IIPA的有关中国的特别301报告连续提到中国的网络盗版率达到了99%。[①]这个数据最早来源于国际唱片业协会（International Federation of the Phonographic Industry，简称IFPI）主席John Kennedy的演讲，他于2006年5月25日在上海举行的中国国际音像协会论坛发表演讲时称“在中国传播的音乐超过99%是盗版的”。[②]国际唱片业协会估算的数字也许有些夸张，但是夸张的成分也有限，当时中国在线音乐的盗版率应该非常高，因为国内的观察也印证了这一点。2009年中国有7 200多家在线音乐网站，其中提供正版下载服务的不超过20家，由于大量音乐被免费试听或下载，靠收费支持的正版音乐网站几乎没有赢利。[③]环球音乐（中国）总经理张桕曾表示：“我们现在90%的作品在网络上是被盗版的，因为我们真正合作的合法版权伙伴用十个手指就能够数出来，但是中国的网站是成千上万家的，专门做音乐服务的网站应该有上千家，他们对音乐创作人没有一点点的尊重，不让消费者给予这些音乐人一点点的回报。”[④]

毫无疑问，数字音乐兴起以来，在线音乐领域的著作权排他性是非常低的。美国的网络盗版来源于私人上传和P2P软件的结合（详见第二章中所述

① 数据来源于美国国际知识产权联盟官网，https://iipa.org/reports/special-301-reports/，2018年2月12日访问。2008年IIPA有关中国的特别301报告的第10个脚注对这个数字做出了限定，99%的盗版率指的是在线音乐的盗版率，不包括和手机相联系的无线音乐。IIPA估计无线音乐市场中超过70%的音乐产品是经过许可的。

② Lucy Montgomery, *Space to grow: Copyright, cultural policy and commercially-focused music in China*, 2(1) Chinese Journal of Communication 36, 42(2009).

③ 胡祥宝：《政策重拳治理下的网络音乐》，《互联网天地》2009年第10期，第52-53页。

④ 李雪：《音乐是被需要的》，《今日财富·中国知识产权》，2010年第12期，第34-37页。

的Napster案与Grokster案），而中国的网络盗版则来源于未经许可的商业使用、私人上传和搜索引擎的结合。在互联网普及之后，大量的音乐网站提供免费的音乐下载和流媒体服务，这些音乐网站都是从事未经许可的商业使用，私人上传因其隐蔽性和追究成本更加难以约束。商业网站和私人上传使得网络上的免费音乐资源到处都是，搜索引擎则将这两者整合在一起，并且加工成更好的产品提供给消费者。①

以百度为例，当时百度 MP3 的搜索主页面不仅是一个空白搜索框，还有大量的搜索目录，比如百度编辑的榜单——TOP500 或热门歌曲列表，消费者只需点击歌曲名就能自动搜索相关的音乐文件，并得到网络上所有的链接地址。消费者点击链接地址就能下载音乐文件和在线收听。在享受这些服务的时候，消费者依然停留在百度的网页，而不是跳转到被链接的网站页面。除了歌曲，百度还有最受欢迎男歌手与最受欢迎女歌手的目录，消费者点击歌手的名称也能自动搜索该歌手的热门歌曲链接，消费者享受与上述一样的服务。未经许可的网站商业使用、未经许可的网友私人上传最终都变成百度的搜索结果呈现在消费者面前，而且百度在这个过程中又能够进行商业化的加工，提升了消费者的用户体验，使得当时网友热衷于从百度上获取和消费音乐。②

然而百度这样的服务提供行为却大有侵权之嫌。在流行歌曲搜索页面人为地设置和编辑榜单、最受欢迎歌手这样的搜索目录，百度都应尽到更高的注意义务，因为其应当意识到其提供的搜索结果极有可能指向侵权的链接，百度应当对这些搜索结果进行审查，删除或屏蔽明显侵权的链接。③ 如果百度不这样做的话，就应该以帮助直接侵权行为——未经许可的网站商业使用、未经许

① 艾瑞调查数据显示，国内用户偏爱通过搜索引擎视听或下载音乐，这一比例高达 67.2%。其中，百度 MP3 搜索是用户最经常使用的在线音乐搜索引擎，使用比例高达 87.3%，2007 年上半年，百度 MP3 的访问次数就高达 21.2 亿次。参见艾瑞咨询有限公司《2007 年中国在线音乐研究报告》，http://ishare.iask.sina.com.cn/f/jc3r5N2M4R.html，2019 年 1 月 15 日访问。

② 美国投资公司 Pali Research 分析师侯天预测，百度最高有 80%的流量来自音乐搜索。胡祥宝：《政策重拳治理下的网络音乐》，《互联网天地》，2009 年第 10 期，第 52-53 页。

③ 王迁：《三论"信息定位服务提供者"间接侵权的认定——兼评"泛亚诉百度案"一审判决》，《知识产权》，2009 年第 2 期，第 3-12 页。

可的网友私人上传——为由构成间接侵权。除此之外，有一种意见认为，百度未将点击链接的消费者引向被链接的页面，而是自己直接提供被链接网站的内容，虽然百度网站的服务器上没有复制和传播侵权的音乐文件，但是这种“黑吃黑”的行为造成了实质呈现的效果，对于消费者而言与侵权网站直接提供无异，应该被判定直接侵权。[①]

正因为这种以侵权为基础的赢利模式，百度不断地遭遇著作权诉讼。2005年6月，上海步升音乐文化传播有限公司起诉百度获胜，但仅获赔偿6.8万元；[②] 2005年9月，国际唱片业协会七大唱片公司联名起诉百度，后来百代和金牌退出诉讼，剩下的五大唱片公司败诉；2008年2月，音著协起诉百度MP3歌词搜索服务侵权，最终音著协胜诉，仅获百度赔偿5万元；[③]2007年7月，浙江泛亚电子商务有限公司起诉百度，部分胜诉，获得赔偿40万元。[④] 无论百度胜诉还是败诉，百度始终无法摆脱依靠侵权赢利的诟病。转机从2011年开始浮现。2011年7月，百度与环球唱片公司、华纳唱片公司和索尼音乐娱乐公司的侵犯版权纠纷上诉案达成和解，三家唱片公司授权百度上传其完整歌曲目录及即将推出的新歌曲目录，[⑤] 百度根据在线播放及下载次数，向音乐版权人支付相应报酬，同时，根据用户的不同需求采取收费和免费两种模式，并依靠广告取得盈利。[⑥] 百度已经认识到其以侵权为基础的音乐搜索服务不可能取得可持续的发展，开始转型到以版权为基础的音乐增值服务。

到了2015年，国内音乐产业的著作权利益相关者开始大规模行动。据《2015年中国网络版权保护年度报告》，2015年全国各级人民法院审结的涉及网络音乐纠纷的民事案件达到687件，就数量而言取代了往年高发的网络视

---

① 张汉国、田小军：《数字音乐深层链接行为的侵权认定与规制问题研究》，《中国版权》，2015年第1期，第60-63页。

② 刘芝秀：《搜索引擎网络经营者的法律责任》，载《检察日报》2005年12月23日，第3版。

③ 傅鹏：《音乐产业VS百度：混战十年》，《电子知识产权》2010年第9期，第22-28页。

④ 中华人民共和国最高人民法院(2009)民三终字第2号民事判决书。

⑤ 崔清新、杨维汉：《最高法公布百度侵权案例》，《新华每日电讯》2011年12月21日，第6版。

⑥ 王康：“百度为正版音乐“埋单”获认可”，载《中国知识产权报》2011年7月29日，第11版。

频案件，成为网络侵权案件最多的类型，占到整个侵犯信息网络传播权案件的44%。[①] 政府显然也意识到了国内音乐产业的著作权利益相关者的诉求：如果不能保证著作权的排他性，以正版音乐为基础开展经济活动将举步维艰。2015年，国家版权局下发《关于责令网络音乐服务商停止未经授权传播音乐作品的通知》（媒体称之为“最严版权令”），要求各网络音乐服务商于 2015 年 7 月 31 日前将未经授权传播的音乐作品全部下架，迫于压力，16 家音乐服务商下架未经授权的音乐作品 220 余万首，[②] 数量之大令人咋舌。之后主要的数字音乐经营者彻底放弃了以侵权为基础的商业模式，它们把精力放在提供正版产品上。

以目前国内规模最大的数字音乐运营者 QQ 音乐和网易云音乐为例，腾讯公司已经购买了环球、华纳、索尼三大国际顶级唱片公司曲库的大陆地区独家分销权，与一共 200 多家唱片公司开展了正版合作，拥有了 2 000 万以上的正版曲库，网易云音乐则是通过转授权的方式，拥有曲库规模也在 1 000 万首以上。[③] 数字音乐经营者现在转向以正版产品提供更好的服务上，它们寻求与著作权人更加紧密地合作，推出低价的、丰富多彩的音乐产品，争取把消费者吸引到正版音乐产品上来。根据《2016 中国网络版权保护年度报告》转引的国际唱片业协会（IFPI）的数据，2015 年中国音乐销量上涨 63. 8%，达到 1. 7 亿美元，其中数字音乐收入整体上升了 68. 6%。[④] 根据 IFPI 发布的《2017 全球音乐报告》，2016 年录制音乐在中国的收入增长了 20. 3%，其中，流媒体收入上升了 30. 6%。[⑤] 根据国际唱片业协会（IFPI）发布的《2018 全球音乐报告》，2017 年录

---

① 张贺：《付费听音乐，这次真的能行吗》，载《人民日报》2016 年 5 月 12 日，第 19 版。

② 潘旭涛、雷龚鸣：《数字音乐，日子过得怎么样？》，载《人民日报》（海外版）2016 年 8 月 11 日，第 6 版。

③ 何天骄：《音乐版权疯涨　赢家只有国际唱片三巨头》，载《第一财经日报 /》2017 年 8 月 29 日，第 001 版。陈晓晟：“腾讯加速推进在线音乐正版化　携手网易共建创新商业模式”，载《通信信息报》 2015 年 10 月 21 日，第 C04 版。

④ 中国信息通信研究院：《2016 中国网络版权保护年度报告》，《中国出版年鉴 2017》第 393-395 页，资料来源于中国知网年鉴数据库。

⑤ 资料来源于中国音著协官网，http://www.cavca.org/upload/2017GMR.pdf，2018 年 8 月 8 日访问。

制音乐在中国的收入增长了35.3%，其中流媒体收入上升了26.5%。[①] 音乐产业收入的节节上升意味着更多的消费者为正版音乐付费，也意味着更多的消费者放弃了盗版，数字音乐在私人领域的排他性在明显好转。中国数字音乐似乎走出了低谷，正走在向好的道路上。

以上只是在线音乐艰难的发展历程，在无线音乐领域，著作权排他性则乐观了很多，IIPA估计正版率在70%以上。[②] 无线音乐与在线音乐的著作权排他性有如此强烈的反差在于无线传播渠道的唯一性，本书将在下一节替代手段的论述中分析这个问题。

4.3 音乐产业中的替代手段

根据上一节的论述，中国的音乐产业显然在相当长的一段时间面临着比图书出版产业更为艰难的局面，直到现在也不能说脱离了苦海。在这个艰难的过程中，著作权执法在开始阶段起到的作用十分有限，直到后来才有所加强，不过著作权利益相关者并非坐等着著作权执法的加强，而是在市场中顽强的寻找替代手段，用来缩小著作权法律排他性与事实排他性的差距，从而改善自己艰难的处境。这一节就探讨音乐产业中的替代手段问题，本书把音乐产业的替代手段分为三种类型，非数字音乐领域中的替代手段，数字音乐领域中的替代手段以及其他的替代手段。本书在论述这些替代手段的时候会举例说明，比如音乐下载与订阅平台使用了捆绑广告的替代手段，这些举例有些来自笔者的亲身体验和访谈，如果是众所周知的事实，本书对这些例子就不再给出引注。

4.3.1 非数字音乐领域中的替代手段

一、A方式下的替代手段

首先说说A方式下的替代手段，它主要是依靠实体唱片中部分载体的天然排他性。实体唱片的主要品种是录音带、CD和黑胶唱片，录音带需要在磁

---

① 资料来源于中国音著协官网，http://www.cavca.org/upload/IFPI2018.pdf，2018年8月8日访问。

② 数据来源于IIPA2008年关于中国的特别301报告，https://iipa.org/reports/special-301-reports/，2018年2月12日访问。

带上录制，CD需要在光盘上刻制，黑胶唱片需要在一种叫乙烯基的化学物质上灌录，三者都必须附着于有物理实体的载体，其中部分实体唱片的载体有天然的排他性。实体唱片的生产销售流程可以划分为两个阶段，第一个阶段是唱片公司录制好唱片然后许可给音像出版社复制发行，第二个阶段是商店将实体唱片卖给音乐消费者。在第一个阶段，著作权执法发挥着至关重要的作用，没有获得唱片公司许可的企业不能复制、发行实体唱片，这表现了商业途径的排他性；在第二个阶段，部分载体的天然排他性则限制了音乐消费者从私人手中获得实体唱片的可能性，比如模拟录音磁带和黑胶唱片。较早的模拟录音磁带倒是可以翻录，但是每翻录一次，音质就会下降一次，很多挑剔的消费者就会放弃翻录。另外，私人消费者是无法复制黑胶唱片的。这两者的物理限制使得很多消费者只能去购买商店里销售的录音磁带和黑胶唱片。

但是数字录音带和CD的天然排他性就差远了，消费者可以通过数字录音机和光盘刻录机方便地复制数字录音带和CD，其复制件的音质几乎没有损失。正因为如此，在20世纪80年代数字录音带和CD推出之后，美国国会通过了《1992年家庭录音法》（Audio Home Recording Act of 1992，简称AHRA），它的适用范围包括数字录音机、迷你磁盘（MD）随身听，作为立体声音响设备组件的CD刻录机（不是个人电脑上使用的光盘刻录机）。AHRA不仅要求在美国销售的数字录音设备上加装一种技术措施——SCMS（Serial Copy Management System，简称SCMS，禁止对录制而成的磁带在进行翻录），而且向数字录音设备的生产商征收法定使用费（Statutory Levy），[①]也就是权利补偿金，由于这笔费用会被加到价格里去，所以最终还是由音乐消费者承担，法定使用费的意义在于私人因其复制行为向著作权人支付补偿金。AHRA表明在载体的天然排他性无法发挥作用的场合，著作权执法就要介入了，不过由于对私人执法的困难，AHRA还是采用了权利补偿金这种间接手段。AHRA的结局是，因为对于“数字录音设备”和“数字录音复制品”的狭窄定义，该法很快在个人电脑的时代

① 参见[美]威廉·费舍尔：《说话算数：技术、法律以及娱乐的未来》，李旭译，上海三联书店2008年版，第71-74页。

就销声匿迹了。[①]

唱片公司和音像出版社还有一个替代手段是提供唱片库。在网络时代带来之前，消费者需要到唱片店和超市寻找自己喜爱的唱片，因为那里陈列着不同歌手、不同风格的唱片，尤其是新推出的唱片。跟在书店一样，很多消费者在比较获取私人复制品和在唱片店里直接购买的成本之后，还是选择在唱片店直接购买。

不过与纸质书相比，实体唱片载体的天然排他性较弱，其对于人们消费行为的影响上也存在着不利的差异。如上一章第三节所述，纸质书提供了电子书无法替代的阅读体验，又适合于深度阅读，所以一部分人们一定会购买纸质书，只要著作权执法排除了商业盗版书，那么纸质书的天然排他性就可以持续发挥作用。唱片则不一样，CD 和黑胶唱片提供的音质与数字音乐相差不大，而且消费者通过 CD 和黑胶唱片欣赏音乐的成本还更高(需要购买实体唱片，移动播放不方便)，很多消费者已经放弃了实体唱片，欣赏的全部是数字音乐，这使得实体唱片本来就弱一些的天然排他性更加发挥不了多大作用。实证的数据也证实了这一点，本书仅选取 2015—2017 年中国音乐市场的数据，用来对比实体唱片与数字音乐的产业规模，具体如表 4-5。

表 4-5

年份	2015	2016	2017
实体唱片产业规模(亿元)	5. 59	8. 38	3. 13
数字音乐产业规模(亿元)	498. 18	529. 26	580. 36

数据来源：2016—2018 年《中国音乐产业发展报告》[②]

① 在一起著作权侵权案件中，联邦第九巡回上诉法院判定 AHRA 对于 MP3 随身播放器不适用，因为该设备存储的 MP3 音乐通常下载自电脑硬盘，而电脑硬盘不是专门用途的数字录音设备。参见[美]威廉 · 费舍尔：《说话算数：技术、法律以及娱乐的未来》，李旭译，上海三联书店 2008 年版，第 75-76 页。

② 《2016 中国音乐产业发展报告》，http://www. chinambn. com/show-3949. html。《2017 中国音乐产业发展报告》，http://www. chnmusic. org/news/20171103223140550737. html。《2018 中国音乐产业发展报告》，http://www. sohu. com/a/283194161_152615。以上三个网址均为 2019 年 1 月 28 日访问。

通过表 4-5 可知，中国目前实体唱片的产业规模仅仅是数字音乐产业规模的 0.5%到 2%，巨大的差距说明了人们的消费习惯已经绝对转向了数字音乐。[①] 作为实体唱片的天然排他性，其作为替代手段的作用已经十分有限。

二、B 方式下的替代手段

B 方式是广播电台、电视台的广播。它的产业链也可以划分为两个阶段，第一个阶段是广播电台、电视台以法定许可的方式获得使用作品的权利，并向音乐作品的集体管理组织（音著协）支付报酬，第二个阶段是广播电台、电视台播放音乐作品，音乐消费者收听到音乐作品。在第一个阶段，由于中国对于广播电台、电视台的严格管制，电台、电视台主体明确，节目可查，所以著作权执法完全可以处理，之所以收费困难完全是著作权法解决不了的问题。在第二个阶段，广播电台、电视台的一个非常巨大的优势是传播渠道的唯一性，消费者如果想接受服务，就只能通过现有的广播电台电视台，无法通过私人获取。如果和 A 方式下的私人复制对比一下这一点就更清楚了，在 A 方式下，消费者可以从其他消费者那里获得未经许可复制的录音带和 CD，这样他就很有可能不再去购买商店里出售的正版产品了；但是在 B 方式下，消费者不可能从其他消费者那里获得广播电台和电视台的服务，消费者收听电台节目、收看电视节目的唯一渠道就是接受现有广播电台、电视台的服务。在中国这一点尤其容易达到，由于如此严格的管制，在中国不可能出现盗版的电台、电视台。只要著作权执法能够保证第一个阶段的排他性，那么第二个阶段的排他性是毋庸置疑的。总之，渠道的唯一性帮助巩固了 B 方式下的著作权排他性，也可以算是一种替代手段。

三、C 方式下的替代手段

C 方式是公共场所表演。它的产业链也可以划分为两个阶段，第一个阶段是音乐作品的集体管理组织（音著协）向公共场所经营者发放许可，第二个阶段是公共场所经营者在公共场所利用音响设备表演音乐作品，音乐消费者收听音

---

① 2016—2018 年的《中国音乐产业发展报告》提到了黑胶唱片的回暖现象，全球音乐市场也出现了同样的迹象，不过它依然是一种小众消费。罗杰：《不是黑胶复兴而是黑胶变时髦了》，载《文汇报》2017 年 12 月 23 日，第 6 版。

乐作品。在第一个阶段,集体管理组织可以利用一种媒体导航系统来监控这些公共场所经营者的许可与表演音乐作品的情况,著作权执法完全可以处理。在第二个阶段,和B方式一样,公共场所是消费者获取当前音乐服务的唯一渠道,因为消费者欣赏音乐作品与公共场所经营者提供的其他硬件和服务完全融为一体,消费者不可能将这样的即时音乐服务切割开来并从其他渠道获取。比如在餐馆的消费者一边就餐一边欣赏背景音乐,餐馆为音乐作品支付的许可费会打包到餐费中,二者不可分割。渠道唯一性的特点也帮助巩固了C方式下的著作权排他性,是C方式下的替代手段。

四、E方式下的替代手段

E方式是现场演出。它的产业链也可以划分为两个阶段,第一个阶段是音乐作品的著作权人或集体管理组织(音著协)向演出组织者发放许可,第二个阶段是与演出组织者签约的表演者在现场表演音乐作品,音乐消费者观看表演者的表演、收听音乐作品。与上述两种方式一样,第一个阶段是著作权执法的范围。在第二个阶段,演出组织者通过演出场地、围墙、座位、安保、卖票、检票和表演者亲临现场这样的组织活动主动营造了渠道的唯一性,消费者欣赏音乐作品和表演者的表演活动就必须买票进场,否则从其他私人那里无法获取现场观看演出的体验,这一方式有效地排除了未经许可的私人提供者,是E方式下的替代手段。

需要注意的是,E方式下表演者自身的唯一性也可以作为其他方式的替代手段。在本章第一节,曾谈到一些乐队将自己的作品上传到网上供人们免费下载,这些乐队其实是依靠作品的免费传播积攒人气,从而增加演唱会的收入。对于大部分名气不大的表演者而言,因为唱片公司各种各样不公平的扣费,他们参与制作发行唱片几乎赚不到钱,[①] 但是他们通过发行唱片吸引的歌迷会参加他们的演唱会。在演唱会上表演者自身的表演活动是唯一的、不可替代的,这不像消费者听CD一样——听盗版CD和正版CD几乎没有差别,表演者仅

① 参见[美]威廉·费舍尔:《说话算数:技术、法律以及娱乐的未来》,李旭译,上海三联书店2008年版,第44-50页。作者在书中举了演唱艺人史密瑟与Adelphi唱片公司合作的例子,这个例子摆明了双方的录音协议及版税分配,即便第一年的唱片销量达到10万张,史密瑟也不会拿到一分钱。

仅凭借自身的表演活动就能排除其他人提供同样的现场演出，因为表演者真身不可能存在盗版。很多名气不大的表演者就是依靠演唱会的收入来弥补参与制作发行唱片的成本。这个逻辑在中国被“发扬光大”了，由于盗版的存在，唱片公司发行唱片经常是赔钱的，但是歌曲的传播会培养大量表演者的粉丝。这些粉丝会买票参加表演者的演唱会，唱片公司就会与表演者签订 360 度合同，从表演者的演唱会收入中拿走一部分甚至大部分，用来弥补发行唱片的损失。这种替代手段在下文还会论及。

4.3.2　数字音乐领域中的替代手段

数字音乐领域实施的“著作权+许可”方式属于本章第一节第三小节提到的 D 方式，在这一方式下，大部分的替代手段与上一章数字出版领域的替代手段非常相似，所以本书在相似的部分就相对简单地论述其原理，重点在于举出有力的例证。

一、捆绑曲库

捆绑曲库是增强排他性的替代手段。如果数字音乐经营者提供了巨量的曲库，音乐消费者可以在一个网站或者 APP 找到所有自己中意的歌曲，那么他就不愿意再去费时费力地寻找盗版资源了。一个拥有巨量曲库的网站或 APP 等于给音乐消费者提供了一份最喜爱歌曲的合集，相比这个消费者记下歌名再去盗版网站一个一个地下载再合并起来，前者的方便会使得很多消费者拒绝后者。巨量曲库是中国的数字音乐经营者的重要目标，腾讯音乐则是其典型，2017 年腾讯音乐娱乐集团付出了 3.5 亿美元现金和购买环球音乐 1 亿美元期权的代价，拿到了中国大陆地区对环球音乐曲库的音乐词曲独家代理权和数字版权分销权，至此腾讯音乐已经达到了 90%的全球数字音乐版权覆盖率。[①] 如此规模的曲库自然容易排除盗版网站的吸引力。

二、低价

低价也是增强排他性的替代手段。价格一定是有力的竞争策略，数字技术

---

① 银昕:《版权大战背后巨头角力　腾讯音乐成“行业公敌”阿里网易云暂避锋芒》,《中国经济周刊》2017 年 36 期，第 72-73 页。

和互联网技术已经大大降低了创造与传播音乐产品的成本，[①] 数字音乐经营者因此更容易实施低价策略增加排他性。众所周知，在 iTunes 下载一首歌曲仅需 0.99 美元；QQ 音乐的付费音乐包（豪华绿钻版）是每月 15 元，超级会员是每月 30 元，办理季卡、年卡还有更大的优惠。[②] 与在盗版网站寻找资源的麻烦相比，这些钱对于很多音乐消费者而言根本不算什么，所以低价也降低了盗版资源的吸引力，减少了著作权执法的需求，客观上增强了排他性。

三、免费增值

免费增值（Freemium）是一种增加经济收益的替代手段，现在的音乐网站和 APP 几乎都采用了这种 spotify 最早引入的模式。比如 spotify，如果用电脑订阅带有广告插播的音乐服务就完全免费，选择不插播广告的服务则为每月 4.99 美元，用手机聆听并享受缓存歌曲的服务为每月 9.99 美元。[③] 再比如 QQ 音乐，用电脑或手机接受音乐流媒体服务则完全免费，付费音乐包的服务包括专属图标、音乐视听、音乐下载，而绿钻豪华包在付费音乐包的基础上额外提供无损音乐下载、超大云歌单、空间背景音乐、演唱会特权、免广告、装扮特权，以及一系列精彩活动。[④] 数字音乐经营者的免费增值其实是价格区分的一种表现。音乐网站和手机音乐 APP 将服务分成不同的层次，先通过免费的最低层次服务吸引大量音乐消费者，然后将高层次的服务设置为收费版本。愿意付费的消费者显然是对音乐产品有更高的评价，音乐网站和手机音乐 APP 通过这个过程甄别出愿意付费的消费者，这是一种增加经济收益的替代手段。

---

① 以音乐作品为例，数字音乐创作软件（如 GarageBand）的开发和应用使得创造成本大大下降，线上传播要比以前 CD 零售的花费要少得多，其他环节（如音乐营销、许可费收取与分配、巡演广告）也都因互联网而显著减少了支出。Michael Carrier, *No, RIAA, It's Not the End of the World for Musicians*, 83 UMKC L. Rev. 287, 289 (2014).

② 这是本书作者通过自己苹果手机上的 QQ 音乐 APP 上查找到的价格，时间是 2023 年 6 月 10 日。

③ 张丰艳：《美国音乐市场消费模式的发展现状与特征》，《人民音乐》2013 年第 9 期，第 84-86 页。

④ 马冬莉：《QQ 音乐 APP 的特色创建之道》，《传媒》2017 年第 1 期，第 45-47 页。

四、捆绑广告

捆绑广告也是增加经济收益的一种替代手段。不过在音乐网站和 APP 提供的服务中添加广告并不是一种有效的手段，关键在于音乐消费者在听音乐而不是在看音乐，所以广告很难吸引音乐消费者的眼球，企业也因此不太愿意投放广告给音乐网站和 APP。目前插入的广告往往是和音乐有关，比如演唱会的票务信息或者推广歌手的新专辑。

五、捆绑个人体验

捆绑个人体验则是一种增强排他性的替代手段。数字音乐经营者利用了网络技术和大数据的算法，向音乐爱好者提供与其个人体验相结合的个性化产品。比如 QQ 音乐 APP 会每日会根据消费者以往的消费行为推荐个性电台和私享歌单，消费者也可以通过歌手、排行、音乐分类等搜索自己喜爱的音乐，也可以自建歌单，收藏别人建立的歌单，总之，流媒体允许消费者在音乐平台上打造只适合自己的产品，消费者就不可能在其他网站（包括盗版网站）获得相同的产品，排他性也在这个消费者自我选择和塑造的过程中加强了。

六、捆绑社交网络

捆绑社交网络是增强排他性的一种替代手段。喜欢某个歌手或者某部音乐作品的消费者会在互联网上形成一个社交网络，数字音乐经营者可以将这个社交网络和音乐服务捆绑在一起提供，借此增强排他性。比如 QQ 音乐提供音乐作品的同时不但有弹幕和评论，还可以将其分享到半紧密的社交网络——微博，以及紧密的社交网络——微信，交流心得。而下载盗版歌曲的消费者只能自己欣赏产品，难以同时获取交流体验，相比之下，必然被很多消费者放弃。

七、彩铃

彩铃业务（Coloring Ring Back Tone，简称 CRBT）又称个性化回铃音业务，是手机被叫用户为拨打自己手机号码的主叫客户定制的有特殊音效的回铃音，当拨打被叫用户的手机时，主叫用户听到的不再是单调的嘟嘟声，而是被叫用户定制的音乐、故事、对话等。[①] 彩铃的内容绝大多数是音乐、歌曲，尤其是流

① 姚静波、陈建伟：《彩铃的功能及实现》，《电信快报》2005 年第 6 期，第 45-48 页。

行歌曲。唱片公司看准了这一商机，将音乐作品的著作权许可给服务提供商和移动通信运营商，[①] 由移动通信运营商收取彩铃业务费用后再进行分配。[②] 彩铃业务一经移动通信运营商推出就迅速风靡，2005 年中国无线音乐市场的市场规模为 26 亿元，其中彩铃业务超过 12 亿元，这一项业务就持平或超过了当时整个传统唱片市场的规模。[③] 到了 2012 年，彩铃业务依然占据了无线音乐交易规模的 79.2%。[④] 在盗版猖獗、音乐产业界叫苦连连的当时，彩铃业务为何能一枝独秀呢？这是因为彩铃存储在通信运营商的服务器上，而不是用户的终端手机上，只有当用户拨打彩铃定制用户的手机号码时，他才能听到由服务器传来的回铃音乐。彩铃不像用户自己听到的手机铃声，可以从网络下载，用户除了通过移动通信运营商的平台，没有其他的途径能获得彩铃的服务，所以彩铃也有渠道唯一性这个特征。移动通信运营商通过这个技术设置使得私人用户无法从其他渠道获得彩铃服务，音乐作品的著作权人也就借助这个优势与移动通信运营商合作，排除了私人提供彩铃服务的可能性，增强了著作权的排他性。

4.3.3 其他的替代手段

一、技术措施

技术措施是典型的增加排他性的替代手段。实体唱片采用的技术措施上文已经论述过，AHRA 要求在美国销售的数字录音设备上加装 SCMS 的技术措施，以限制私人对数字录音制品的复制和传播。尽管 CD 是音乐产品的主要载体，而且私人复制 CD 然后传播给亲朋好友的行为在美国很有可能是非法的，但是唱片公司容忍了这种行为，他们一直没有形成一个 CD 复制保护技

① 有学者认为彩铃的著作权许可涉及的不是信息网络传播权而是表演权。宋哲:《对“彩铃”法律性质的分析》,《电子知识产权》2011 年 Z1 期，第 111-117 页。

② 虽然移动通信运营商收入不菲，但是分给唱片公司的比例就很低，尽管如此，这也是当时唱片公司和音乐人一项主要收入了。关于分配比例的问题本书第六章还会论及。

③ 涂东晓:《彩铃：中国唱片业的意外拯救者》,《21 世纪商业评论》2006 年第 4 期，第 68-69 页。

④ Jiarui Liu, Copyright for Blockheads: An Empirical Study of Market Incentive and Intrinsic Motivation, 38 Colum. J. L. & Arts 467, 481 (2015).

术措施的技术标准，只有一些唱片公司在发行的唱片中加入防止复制的技术措施。[①] 数字音乐领域中最著名的技术措施就是苹果公司在 iTunes 上使用的 FairPlay，消费者花费 0. 99 美元在 iTunes 下载一首单曲之后，由于 FairPlay 的限制，音乐文件只能在最多三台被授权的计算机上播放，复制到 CD 上的次数限制为 10 次。[②] 现在这样限制复制的权利保护技术措施在数字音乐领域已经被放弃了，早在 2009 年 1 月，苹果公司就宣布将逐步取消 iTunes 网上音乐商店的 1 000 多万首歌曲的技术措施。[③] 复制保护技术措施失去其重要性的原因在于，数字音乐经营者采用的适合流媒体播放的捆绑曲库、免费增值、捆绑个人体验和社交网络的替代手段非常有效，已经不需要复制保护技术措施的过度限制了。不过接触控制的技术措施依然发挥着作用，有了它的配合免费增值的模式才能实现，如果消费者想享受到高层次的音乐服务，他就必须付费获得分发的许可证，这样消费者才能在客户端下载密钥，解密并享受高版本的音乐服务。

二、360 度合同

360 度合同是音乐产业中特有的替代手段，它主要是由唱片公司使用，用于捆绑容易排他的事物——艺人的演艺活动。由于盗版的猖獗，唱片公司发行实体唱片赚不到钱，向数字音乐经营者发放许可的收入也不稳定，唱片公司就合并了经纪人的业务，专门发掘有潜力的年轻艺人签订长期合同，唱片公司也就转型为音乐公司或者娱乐公司。这种长期合同下唱片公司会先期投入资金对年轻艺人进行培养，然后控制年轻艺人的演艺活动甚至个人生活，这种长期合同会约定唱片公司控制艺人所有的商业活动，包括发行唱片、巡回演出、形象商品化权利的许可、品牌赞助、广告演出、电视综艺节目演出和电影演出等，并

---

① 参见[美]威廉·费舍尔：《说话算数：技术、法律以及娱乐的未来》，李旭译，上海三联书店 2008 年版，第 115-117 页。

② Gasser, Urs, Itunes: *How Copyright, Contract, and Technology Shape the Business of Digital Media - a Case Study (June 2004)*. Berkman Center for Internet & Society at Harvard Law School Research Publication No. 2004-07. Available at SSRN: https://ssrn. com/abstract=556802 or http://dx. doi. org/10. 2139/ssrn. 556802，2019 年 1 与月 30 日访问。

③ 董钊：《论版权技术保护中的利益平衡问题——以“iTunes Store”为例》，《今传媒》2015 年第 12 期，第 29-30 页。

取得这些商业活动的大部分收入。这种长期合同对于年轻艺人是全方位的控制,所以称之为360度合同。[①] 在360度合同下签约的艺人基本所有的娱乐活动都参与,所以不能称之为演唱艺人,只能笼统地称之为艺人。由于年轻艺人还没有成名,缺乏谈判能力,所以只能签订这种看似不平等的合同。不过唱片公司也没有办法,单纯地发唱片风险太大,只能通过这种方式来减少风险。唱片公司为年轻艺人发唱片只是为了增加艺人的商业影响力,然后通过艺人的各种现场演出回收成本赚取利润(因为艺人的现场演出是排他的),所以说360度合同是一种捆绑容易排他事物的替代手段,增强了著作权的排他性。

三、赞助

赞助是一种增加经济收益的替代手段。演唱艺人具备特有的商业影响力——特别是对于他们的粉丝,所以他们也许会获得赞助商的青睐建立合作关系,赞助商给予经济资助,演唱艺人帮助赞助商宣传产品。常见的形式有:演唱艺人参演赞助商的商业广告,演唱艺人在演出现场、MTV中摆设赞助商的产品,以及演唱艺人直接参加赞助商的产品推介会。[②] 也许演唱艺人通过发行唱片赚不到钱,但是他们可以利用歌曲传播积累的商业影响力为赞助商宣传,并从中增加经济收益。

四、捆绑影视剧、电脑游戏

捆绑影视剧、电脑游戏是一种增强排他性的替代手段。电影、电视剧和电脑游戏需要音乐元素的加入来增加产品的吸引力,而音乐作品的著作权人会非常乐意向电影、电视剧和电脑游戏的制作人发放许可,这种许可在音乐产业叫做影音同步许可(Synchronization)。如果说将音乐作品录制成唱片很难赚到钱的话,那么同步许可就不一样了,因为电影、电视剧和电脑游戏比实体唱片和数字音乐的排他性更强。电影通过电影院、电视台播放,电视剧通过电视台播放,现在流行的电脑游戏往往是在线的多人游戏,游戏运营商凭借在线平台开发了

① Jiarui Liu, *Copyright for Blockheads: An Empirical Study of Market Incentive and Intrinsic Motivation*, 38 Colum. J. L. & Arts 467, 494 (2015).

② Jiarui Liu, *Copyright for Blockheads: An Empirical Study of Market Incentive and Intrinsic Motivation*, 38 Colum. J. L. & Arts 467, 489 (2015).

很多有效的排他手段，与消费者很容易买到盗版唱片或从网络上下载到盗版音乐相比，电影、电视剧和电脑游戏这三种形式都更容易排除消费者通过其他途径获取的情况。将音乐作品与易于排他的影视剧、电脑游戏捆绑也就等于是获得了影视剧、电脑游戏的排他性，所以这是一种增强排他性的手段。

五、众筹

众筹是一种增加经济收益的替代手段。如上所述，一些年轻艺人为了让唱片公司帮助他们制作和发行唱片，被迫签订 360 度合同。他们中的很多人也许才华横溢，只是缺乏资金，现代社会已经为他们提供了另外一种可能性——众筹。比如一个著名的音乐产业众筹平台是 Kickstarter，它面向公众募集小额资金，用来资助艺术家、音乐家、电影制作者、设计师等实现他们的创意。[①] 其中最著名的案例是 Amanda Palmer 在 Kickstarter 上筹集到 120 万美元，这让她可以在没有与唱片公司签约的情况下自行制作和推广个人专辑 *Theatre is Evil*。

4.3.4　音乐产业中“作品+运营”的商业模式

根据以上论述，音乐产业中的诸种替代手段与图书出版产业一样，基本遵循着第二章提出的“作品+运营”的商业模式。在音乐产业，著作权的客体分为三种：音乐作品、表演者的表演活动和录音制品制作者的录音制品，为了叙述的方便，本书将这三种创造性成果都简化成作品。在 A 方式下，发行实体唱片就是唱片公司的运营方式——“作品+实体”唱片，其通过实体唱片的天然排他性帮助著作权执法。在 B 方式下，广播作品就是广播电台电视台的运营方式——“作品+广播”，其通过广播电台、电视台渠道的唯一性帮助著作权执法。在 C 方式下，将表演音乐作品与提供公共场所的服务合二为一就是公共场所的经营方式——“作品+公共场所”播放，其通过公共场所渠道的唯一性帮助著作权执法。在 E 方式下，现场表演音乐作品就是演出组织者的运营方式——“作品+现场演出”，其通过现场演出渠道的唯一性帮助著作权执法。由于技术的进步，D 方式下的替代手段显得花样繁多，巨量曲库、低价、免费增值、捆绑

① https://www.kickstarter.com/about?ref=global-footer，2019 年 1 月 30 日访问。这个介绍来自 Kickstarter 的官方网站。

广告、提供个人体验和结合网络外部性都是数字音乐经营者的经营手段，这些手段使得绝大多数音乐消费者放弃了盗版资源，降低了著作权执法的需求。

除了以上，彩铃、技术措施、360度合同、赞助、捆绑影视剧和电脑游戏也都是运营作品的不同方式。众筹则是一个例外，音乐产业中的众筹不是作品产生之后的运营方式，而是作品产生之前的运营方式，而且往往不像学术出版物那样在产生之后设定为开放获取，但是由于创作作品的资金来源于众筹，资金提供方几乎没有回收投资的压力，这应该也减轻了著作权执法的需求。总之，以上这些手段基本是在作品转化为具体的产品提供给音乐消费者的过程中加入特定的运营手段，而这种运营作品的方式不需要著作权的执法，就能弥合著作权法律排他性与事实排他性的差距，所以本书依然把音乐产业中替代手段的商业模式总结为“作品+运营”。

第5章 电影产业中的著作权与替代手段

5.1 电影产业中的著作权

5.1.1 电影产业中的视听作品及涉及的主体

电影产业是本书研究的第三个著作权产业。在具体的分析之前，本书介绍一下电影产业的大体图景，当然这是围绕着著作权展开的描述。首先是电影产业的产品。我国新修订的《著作权法》(2020)关于客体的规定其中有一项是“视听作品”①，取代了以前的“电影作品和以类似摄制电影的方法创作的作品”(简称为电影作品)②,《著作权法实施条例》(2013)将其进一步解释为——“电影作品和以类似摄制电影的方法创作的作品，是指摄制在一定介质上，由一系列有伴音或者无伴音的画面组成，并且借助适当装置放映或者以其他方式传播的作品”③。《著作权法实施条例》使用了“摄制在一定介质上”这样限制性的表达方式不尽合理，司法实践已经较为宽泛地解释“摄制”，将三维动画制作软件生成的动画片也认为是摄制。④“摄制在一定介质上”其实是传统商业电影的特征——电影被摄像机摄制在胶片上供影院放映，现代著作权法则倾向于将各种创作手段完成的连续画面作品都包含进来，所以放弃“摄制在一定介质上”的要求在情理之中。

---

① 《著作权法》(2020)第3条第6项。

② 《著作权法》(2010)第3条第6项。

③ 《著作权法实施条例》(2013)第4条第11项。

④ 参见崔国斌:《著作权法》，北京大学出版社2014年，第154页。

不过本书论述的是电影产业的产品，即包含在视听作品中的具备商业价值的电影，因为只有商业电影才可能引发丰富的市场和娱乐实践活动，才能发生大量的著作权许可，才值得实施各种各样的替代手段，所以本书论述的电影产业的产品——电影——采纳《电影产业促进法》（2016）中的定义。《电影产业促进法》（2016）规定："本法所称电影，是指运用视听技术和艺术手段摄制、以胶片或者数字载体记录、由表达一定内容的有声或者无声的连续画面组成、符合国家规定的技术标准、用于电影院等固定放映场所或者流动放映设备公开放映的作品。"[①] 这个定义中诸多限制性的技术条件强烈暗示着这是有一定规模和投入的、要求经济回报的商业电影，也是本书集中论述的对象。另外，电视剧和电视综艺节目同样也是电影作品，也具备商业性，不过本书的论述以电影产业为主，基本不涉及电视剧和电视综艺节目，一是因为电影的应用范围包含了电视剧和综艺节目的应用范围，它们都能制作 DVD、在电视台和网络上播放，在这些重合的部分三者的著作权与替代手段基本没有区别，但是电影会在院线放映，电视剧和综艺节目一般不会在院线播放，所以只论述电影就已经很全面了；二是只论述电影产业会使得论述集中，也不会影响本书的逻辑推理与观点提炼。需要注意的是，本书必要的时候也会拿电视剧举例，但是举例说明的情况对于电影和电视剧都是同样适用的，以电视剧为例不会减弱论证的说服力。

电影产业的参与主体，这里的主体并非著作权的主体，而是围绕着著作权进行交易并最终将电影打造成产品到达观众的一系列商业关系的主体，既包括著作权的被许可人，也包括润滑交易关系的代理人。首先是制作者，我国《著作权法》（2020）规定，"视听作品中的电影作品、电视剧作品的著作权由制作者享有"[②]，制作者就是电影的著作权人。电影是规模较大的合作作品，需要包括编剧、导演、摄影、词曲作者、服装、道具、美工、动作设计、音响、后期制作等各个方面的专业人员，这所有的、共同参与的创作人员可能有好几百人，如果把完整的著作权以合作作品的形式赋予他们，协调这些人做出共同决策的交易成本极高，将极大地影响和阻碍电影的传播。所以各国著作权法要么规定参与创作

① 《电影产业促进法》（2016）第 2 条第 2 款。

② 《著作权法》（2020）第 17 条第 1 款。

的人员共同享有著作权，但是推定已经许可制作者享有专有的使用权，要么直接规定制作者享有著作权。[①]我国的规定倾向于后者，将著作权直接赋予制作者，但是赋予了主创人员一定的著作人身权，也就是“编剧、导演、摄影、作词、作曲等作者享有署名权”[②]。

谁是电影的制作者呢？我国著作权法没有关于制作者的界定，所以制作者的认定成为法律适用中的难点。一般来说，电影的制作费用高昂，融资必不可少，没有融资就根本谈不上商业电影的创作，而资本的投入必然要求回报，这个回报就是电影的著作权，所以将投资方界定为制作者符合一般的逻辑。关于具体案件中的司法认定，《北京市高级人民法院侵害著作权案件审理指南》(2018)做出了极具参考价值的指导。一般来说，除有相反证据外，可以根据电影、电视剧等影视作品上明确标明的权属信息确定著作权人。未明确标明权属信息的，可以认定在片头或者片尾署名的出品单位为著作权人，无出品单位署名的，可以认定署名的摄制单位为著作权人，但有相反证据的除外。[③]实践中还有另外一种情况，就是在我国拍摄电影施行许可证制度，有些投资方没有摄制电影的资格，所以他们会找一家有摄制资格的单位签订合作合同，利用后者的许可证办理相关手续，投资方最后将其署名为联合摄制单位，在电影片头片尾或者《发行许可证》上列为联合出品人。如果双方的合作合同规定后者不享有著作权，那么后者也不能认定为制作者。[④]我们在电影的片头或片尾经常看到的“制片人”“执行制片人”“制片主任”和“监制”并不是著作权法上的制作者，“制片人”等称呼指接受摄制单位或者投资方派遣的具体负责人，他们管理整个制作过程，包括控制整个电影的创作质量、财务、人事管理等具体事务。[⑤]

电影制作完成之后，并不是一下子就送到电影院里放映，其间有很多宣传发行的工作要做，发行商就是承担这些工作的主体，它是中间商的角色。大体来说，发行商负责两种事务，第一种是宣传推广，第二种是与院线协商安排放

---

① 参见王迁：《著作权法》，中国人民大学出版社2015年，第245-246页。

② 《著作权法》(2020)第17条第1款。

③ 《北京市高级人民法院侵害著作权案件审理指南》(2018) 10.4。

④ 参见高戡：《影视娱乐法》，清华大学出版社2017年，第183-184页。

⑤ 参见余峰：《中国娱乐法》，北京大学出版社2017年，第185页。

映。先说第一种，电影需要先买票才能观影，观众在买票之前不知道自己的观影感受值不值票价，然而让观众观影之后再买票也不可能，而且电影是一次性消费品，很少有观众再去看第二遍，[①] 所以指望观众先体验一次再不断来看同样的电影也不现实。电影产业解决这个问题的方法是依靠发行商的宣传推广活动。发行商会根据影片的题材、特点以及目标观众的偏好，选择合适的方式进行推广，传统的比如新闻发布会、制作宣传短片播出，制作广告播出，组织主创人员与主要演员参与电视谈话节目，新型的手段比如制造有吸引力的话题在网络上进行病毒式传播。发行商的宣传推广工作就是通过向观众传递电影质量的信号，使观众树立起对于这部电影的意识并产生想要观影的意愿。[②] 再来说第二种，发行商会选择合适的院线来放映电影，这里面的工作包括决定放映电影的影院数量、安排上映档期、院线巡回投标、与院线谈判并签订合同、交付影片并监督影院放映，等等。[③]

院线相当于很多电影院的管理人，它负责与发行商沟通并决定旗下电影院的排片放映。在中国目前的电影发行放映体制下，电影院必须加盟一家院线，由院线公司统一管理和排片，在放映档期由院线公司提供片源，电影院只是负责放映。电影院向院线公司交纳片租和管理费，然后才能参与票房分账。电视台是另一种播放媒介，它包括利用广播电视发射台、转播台发送无线电波的地面无线广播电视台，也包括用同轴线缆接入家庭的有线电视，还包括将信号通过卫星转发到地面接收站的卫星广播电视台。视频网站是新兴的传播媒介，它通过流媒体的网络技术为观众提供点播服务，也就是观众可以在自己选择的时间和地点观看电影，视频网站克服了电视台单向传播的缺陷，极大地提高了观众观影的自由度。如果不去电影院的话，越来越多的观众会选择通过视频网站观影，制作者在影院播出之后，往往会和视频网站经营者合作，在视频网站的

① 有一个例外是孩子们观看的动画片，他们往往愿意一次又一次地观看，好莱坞“五大”制片公司之一的迪士尼当年就是依靠动画片《白雪公主》发家致富。不过这依然不能改变先买票后观影的传统格局。

② 参见[加]考林·霍斯金斯、斯图亚特·迈克法蒂耶、亚当·费恩：《全球电视和电影：产业经济学导论》，刘丰海、张慧宇译，新华出版社 2004 年，第 79–81 页。

③ 参见高福安、宋培义、司若、卿清：《影视制片管理基础》（第 3 版），中国传媒大学出版社 2018 年，第 252–253 页。

平台上向观众提供电影。以上都是电影的提供者，电影最终要到达消费者那儿——观众，观众欣赏和评价电影，为电影付费，这样电影的供给和需求才能达到一个平衡。除了观众，本书在电影产业中还会提到电影衍生品的消费者，比如迪士尼的动画电影极受欢迎，迪士尼公司就许可建造主题公园、生产动画形象的玩具。主题公园和玩具就是电影衍生品，在主题公园游玩和购买玩具的人不能说是观众，只能说是消费者。

5.1.2　实践中的电影产业

实践中的电影产业落脚在电影制作完成之后的商业实践。在电影实现其商业价值的窗口期，[①]院线放映是最先进行的一步，也是最重要的一步，制作者期望院线的放映能够为某部电影赚得足够的口碑，这样才能带动院线放映之后对这部电影逐步的商业开发——包括发行影碟、电视台和视频网站播放以及电影衍生品开发（院线放映相当于为之后的商业开发打广告）。电影制作完成之后，制作者可以自主发行，也可以委托专门的发行商代为发行，因为直接发行的成本比较大，制作者监督院线的难度也较大，一般来说制作者会通过后者发行电影，然后按照约定的分成比例进行分账。[②]电影的发行涉及的不是著作权法里的发行权，发行权指“以出售或者赠与方式向公众提供作品的原件或者复制件的权利”，制作者和发行商向院线提供电影的拷贝不是采取出售或赠与的形式，在行业内部使用的是“出租”的字眼，但是现在的数字影院获得都是电影的数字信息，没有一份有形的复制件，所以也不涉及我国著作权法中的出租权。[③]

---

① 电影放映的窗口期（Release Windows）指电影在不同媒介播放的时间，一般来说，最早是影院放映，数周之后推出影碟，再过一段时间是付费电视台播放，大概两年后免费电视台播放。之所以在不同的时间推出不同的电影产品，一是因为制作者有垄断性的著作权，它可以决定推出电影产品的时间，如果没有它的许可，其他媒介就只能等待；二是在不同时间段推出电影产品有利于实现制作者的利益最大化。

② 参见高福安、宋培义、司若、卿清：《影视制片管理基础》（第 3 版），中国传媒大学出版社 2018 年，第 253 页。

③ 我国著作权法中的出租权指“有偿许可他人临时使用电影作品和以类似摄制电影的方法创作的作品、计算机软件的权利”，见《著作权法》（2020）第 10 条第 7 项。虽然这一项中没有提到作品的复制件，但是究其立法本意，出租权应该限于有形复制件的占有转移。参见王迁：《著作权法》，中国人民大学出版社 2015 年，第 183-184 页。

电影发行主要涉及的是著作权法中的放映权，即“通过放映机、幻灯机等技术设备公开再现美术、摄影、视听作品等的权利”[①]，这里指的是这项权利的内容之一——通过放映机在电影院里公开再现电影的权利。另外，电影发行还涉及著作权法中的改编权，因为发行商要制作宣传短片和海报，不可避免地要使用电影原作。[②]

制作者和发行商之间的关系比较难以界定，发行商并不放映电影，它只是在制作者和院线之间起到中介的作用，在行业内部有时候使用委托或代理的字眼，也有时候使用授权和支付发行版权费的字眼，笔者认为，在商业实践中发行商的权利和责任远远超过一般的委托代理关系，在司法实践中也有发行商以自己的名义独立提起著作权侵权诉讼的案例，[③]所以将此关系认定为许可关系更为合适。制作者先将特定时间、特定地域、特定渠道、特定方式的放映权许可给发行商，发行商再向院线发放分许可。

制作者下一步的动作是发行家用影碟，就是将电影制作成录像带、VCD、DVD、蓝光影碟然后出售给家庭用消费者。在国外，制作者一般是自己发行影碟，在中国音像发行施行许可制，[④]制作者一般没有发行家用影碟的资格，所以制作者必须将其复制权和发行权许可给一家音像出版社，由其负责具体的发行和销售工作。由于现在网络流媒体和下载比较方便，实体影碟的发行方式已经不是主流了。

制作者下一项的媒介应用是电视台播放，即制作者将电影的广播权许可给

---

① 《著作权法》(2020)第 10 条第 1 款第 10 项。

② 《著作权法》(2020)第 10 条第 1 款第 14 项。

③ 在广东中凯文化发展有限公司诉重庆市高新技术产业开发区水木年华网吧、罗昌颖侵犯著作权纠纷案中，韩国 MBC 公司将电视剧《宫 S》在中国大陆地区的信息网络传播权独家授权给原告，虽然原告在侵权期间没有取得公映/发行许可证，但是并不影响中凯公司以原告身份起诉并获得赔偿。重庆市高级人民法院(2009)渝高法民终字第 62 号民事判决书，最高人民法院(2010)民提字第 39 号民事判决书。

④ 根据我国《音像制品管理条例》中的条款，国家对出版、制作、复制、进口、批发、零售音像制品，实行许可制度；未经许可，任何单位和个人不得从事音像制品的出版、制作、复制、进口、批发、零售等活动。最新的规定参见《音像制品管理条例》(2016)第 5 条。

无线电视台、有线电视台和卫星电视台，授权其以广播信号的方式传播电影。[①] 与音乐行业不同，中国著作权法给予了制作者更好的保护：电视台使用录音制品适用法定许可，他们无需向音乐作品的著作权人、表演者、录音制作者征求许可，他们只需要向音乐作品的著作权人和录音制作者支付报酬即可；[②] 但是电视台播放电影应该取得制作者许可，并支付报酬。[③] 根据电影行业的惯例，不同电视台播放也分为不同的窗口期，有线电视（付费）一般在影院放映一年后才能播出电影，而无线电视（免费）则要等到两年以后。

制作者另一项的媒介应用是视频网站播放。进入网络时代之后，视频网站大有超越电视台的趋势，原因在于视频网站提供了观众更多的自由度，观众可以在自选的时间、地点观看电影。视频网站的这项行为方式由著作权法中的信息网络传播权涵盖，"即以有线或者无线方式向公众提供，使公众可以在其个人选定的时间和地点获得作品的权利"[④]。制作者把信息网络传播权许可给视频网站经营者，由经营者在视频网站平台上播出，供观众点播观看。网络的兴起改变了传统电影行业窗口期的排位，目前视频网站点播的排位已经超过了影碟发行，排在第二位，仅次于院线放映，甚至在院线放映还没有完全结束的时候，有的视频网站上已经有了正版的点播电影资源。值得注意的是，现在网络存在着未经许可的网播定时传播的行为，由于观众不能选择观看时间，所以不能认定为侵犯信息网络传播权，在 2020 年《著作权法》修订之前，司法实践中一般适用《著作权法》（2010）第 10 条第 1 款第 17 项进行调整，认定其侵犯了兜底条款包含的著作权。[⑤] 在 2020 年《著作权法》修订之后，网络定时传播的行为被明确归入了广播权的范畴。[⑥]

---

① 《著作权法》（2020）第 10 条第 1 款第 11 项。

② 《著作权法》（2020）第 46 条，《著作权法》（2020）第 45 条。

③ 《著作权法》（2020）第 48 条。

④ 《著作权法》（2020）第 10 条第 1 款第 12 项。

⑤ 北京市第二中级人民法院（2008）二中民初字第 10396 号民事判决书；北京市高级人民法院（2009）高民终字第 3034 号民事判决书。《北京市高级人民法院关于涉及网络知识产权案件的审理指南》（2016）第 15 条。

⑥ 《著作权法》（2020）第 10 条第 1 款第 11 项。

在国外，制作者就电影商业价值的一项重要发掘是电影衍生品的开发。这一项包括的内容较多，比较常见的是将角色形象开发成玩具、依据电影制作网络游戏、依据电影开发主题公园。这方面比较成功的案例是迪士尼公司，由于电影《冰雪奇缘》的公映大获成功，迪士尼公司之后陆续开发出了多种电影衍生品，包括剧中主角艾尔莎穿的裙子仅在美国一地就售出了300万条，还有艾尔莎的玩偶和香港迪士尼乐园中的冰雪奇缘主题园区。[①] 电影衍生品包括的内容极为广泛，涉及的权利也较为复杂，这里只能简单说一下。我国法律还没有正式的角色商品化权或者公开形象权，制作者可以将角色形象作为美术作品进行版权登记，然而将其进行立体复制是否构成侵权还在未定之数，[②] 制作者另外比较可靠的选择是为其申请外观设计专利权或者商标权。依据电影制作游戏涉及小说原作、剧本和电影作品的三重权利，游戏开发者需要这三者关于改编权的共同许可，如果涉及音乐等其他元素，还需要更多的许可。主题公园的开发涉及建筑作品，这就需要将电影中的画面认定成以建筑设计图表现的图形作品，如果不能认定成图形作品，我国著作权法很难将依据电影画面建造建筑实物的行为认定为侵权。总之，假设制作者有确凿无疑的权利，它会将权利许可给其他人开发电影衍生品，从而达到商业利益的最大化，但是目前有些权利在中国是不明确的。

5.1.3 电影产业中"著作权+许可"的商业模式

根据前一小节的论述，实践中的电影产业主要遵循着第二章提出的"著作权+许可"的商业模式。制作者投资制作了电影，那么制作者就成为这部电影的著作权人，著作权法赋予它排除他人对这部电影实施复制、发行、放映、广

---

① 参见高福安、宋培义、司若、卿清：《影视制片管理基础》（第3版），中国传媒大学出版社2018年，第305-311页。

② 我国著作权法还未将实用艺术品纳入保护客体的范围，但是近来司法实践对美术作品的权利内容有扩大解释的趋势，包括了立体复制。在腾讯计算机公司诉王亮明、汕头市澄海区良兴玩具公司著作权侵权纠纷案，被告依据原告的QQ企鹅美术作品制造的智能故事点播机被认定为侵权，贵州省贵阳市中级人民法院(2014)筑民三(知)初字第57号民事判决书。2018年8月20日，杭州互联网法院判决广东两家公司依据小猪佩奇形象制造玩具的行为构成侵权。叶胜男：《侵权制销"小猪佩奇"，玩具公司被判赔》，载《中国新闻出版广电报》2018年9月6日，第7版。

播、信息网络传播等特定行为和开发电影衍生品的权利。与前两章的理论逻辑一样，如果不能保证著作权的排他性，任何人都可以随意的复制、传播、放映电影，谁还会多此一举地征求著作权人的许可呢！所以保证著作权的排他性是电影产业发生许可的前提，只有保证著作权的排他性，制作者才能选择与最合适的经营者合作，将电影著作权许可给它，使得电影或其衍生品最终到达观众。

如上所述，当前的电影产业在形式上是以著作权为核心进行运作的，本书再根据上一小节的描述将其按照著作权 + 许可的模式进行分类如下。

A

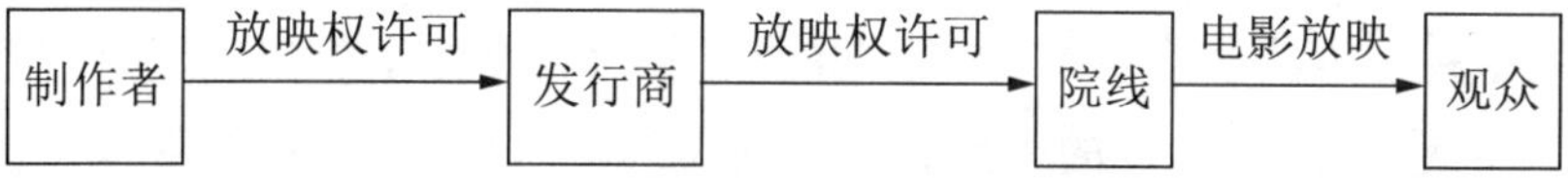

A 方式是影院放映的方式，这是在窗口期排在最早的利用方式，制作者将放映权许可给发行商，发行商再向院线发放放映权的分许可，由院线向观众放映电影。作者认为发行商不是制作者的代理人，而是放映权的被许可人，正是因为有了排他的放映权，发行商才可以方便快捷地与院线谈判、达成放映协议。

B

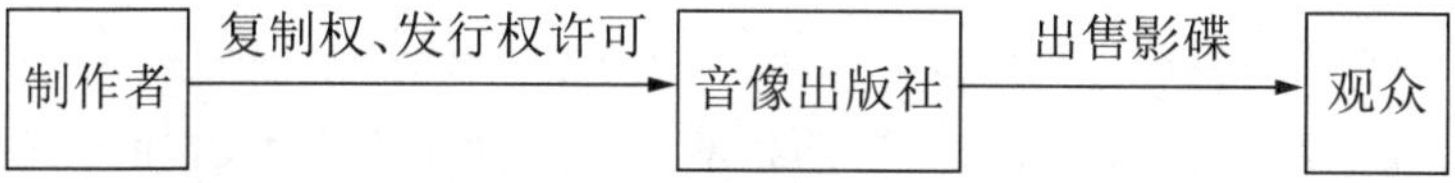

B 方式在网络兴起之前是一种非常重要的利用方式。制作者将复制权、发行权许可给音像出版社，由音像出版社制作成有形的录像带、VCD、DVD、蓝光影碟出版发行，我们就能在商店里看到并选购喜爱的电影。电影发行不仅是院线发行，也可以包括影碟发行、电视发行、网络发行，不过院线发行是发行商最主要的工作，在影碟发行、电视发行、网络发行中发行商的影响力就小多了，很多制作者不再需要发行商从事后三种发行，所以为了更简洁地介绍后三种著作权许可的类型，就不再加入发行商的角色。

C

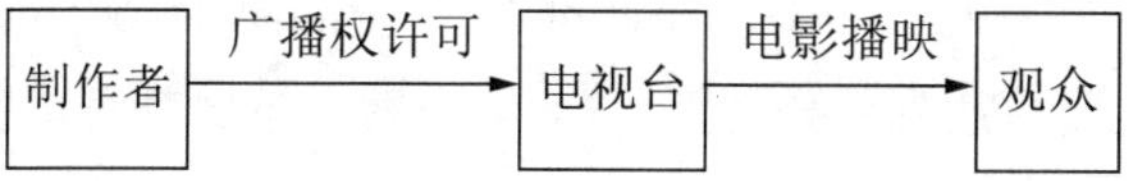

D

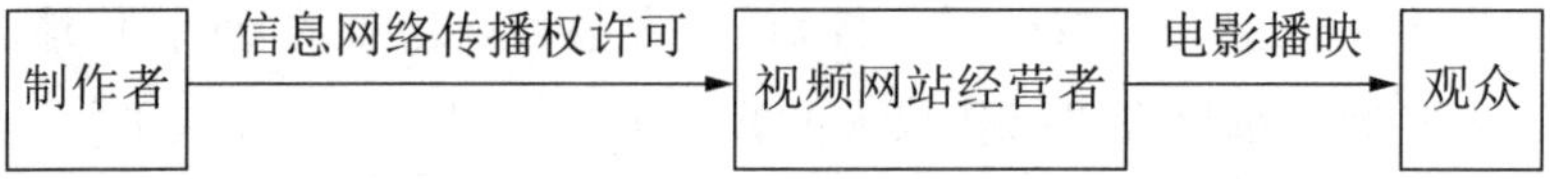

C方式是制作者将电影的广播权许可给电视台，然后由电视台向观众播放，D方式是制作者将电影的信息网络传播权许可给视频网站经营者，然后由视频网站向观众在网站平台上播放。二者的基本区别之一是电视台播放是单向的，观众无法选择观影时间，而视频网站是双向交互的，观众可以选择观影时间。然而商业和技术的变化使得这一区别不再明显，随着三网融合的趋势，观众在以电视屏幕为媒介的IPTV上也能点播电影，网络上也出现了定时播放的电影。然而，我国新修订的《著作权法》依然将广播权与信息网络传播权分开设置，区别是广播权负责非交互性式传播，信息网络传播权负责交互式传播。这里根据《著作权法》(2020)把它们分成不同的商业模式。

E

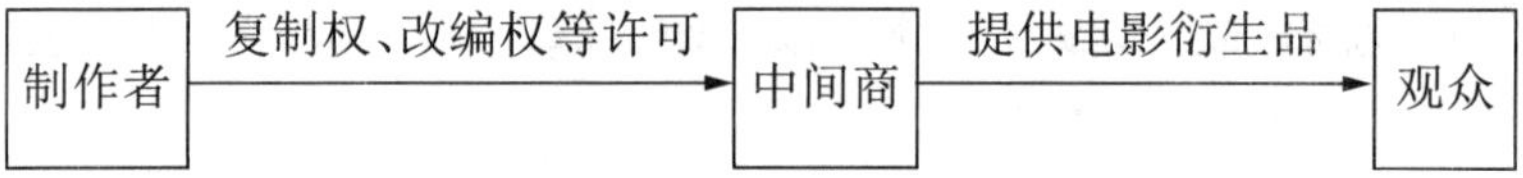

E方式涵盖了所有提供电影衍生品的方式，包括制造玩具、改编成网络游戏、建造主题公园等。E方式包含的权利比较复杂，在实际运行中有些还超出了著作权的范畴，不过总的来说许可方式还是一样，制作者将专有权利许可给中间商，由中间商向消费者提供电影衍生品。

5.2 电影产业中著作权排他性的考察

这一小节考察电影产业中的著作权排他性。电影产业中几种主要的提供方式——影院放映、影碟发行、电视台播放、视频网站播放以及电影衍生品的生产——都需要中间商的参与，制作者一般不会直接向观众、消费者提供电影。理论上说，如果著作权不能保证排他性的话，中间商就不需要征得制作者的许可了。所以电影产业中的“著作权+许可”模式的实现依赖于著作权的排他性，法律上的排他性要求达到百分之百，下面就考察一下这几种电影著作权许可模式下的事实排他性问题。

5.2.1　传统电影领域中的著作权排他性

在这一部分本书探讨传统的电影发行领域中的排他性，包括影院放映、影碟发行、电视台播放。首先是影院放映，由于排他性涉及未经许可的使用行为，因为其违法而在地下进行，所以数据很难搜集。关于影院放映本书采取常识与反推的方法。常识是电影院不会放映盗版电影。首先，电影院的投入巨大，维持费用昂贵，比如中国在 2011 年数字银幕已经占比 93%，[①] 这就需要价格不菲的数字放映机等放映设备，其中 IMAX 巨幕、3D 银幕的播放设备的价格更高，再加上场租、装修、雇佣人员等，所以一旦因为放映盗版电影而遭到关闭或停止营业则损失惨重；其次，电影院获得电影资源渠道是非常单一的，就是发行商向电影院发送数字资源或者拷贝，发送过程实施了严格的加密措施，所以一旦没有签约的电影院放映电影很容易被跟踪和发现；再次，电影院放映的都是热映的新电影，放映旧电影的观影人数肯定不高，而未经许可放映最新的电影被发现的概率更高。将违法成本乘以概率，理性的电影院经营者的结论是得不偿失，所以它们是不会放映盗版电影的。反推的方法就是利用正常放映的统计数字，因为是合法的商业经营，所以数据容易搜集，如果著作权排他性不够的话，相当一部分观众去了放映盗版电影的电影院，那么放映正版电影的票房肯定不高而且不会持续上升，但是如果票房表现优异的话，反推过来就是著作权的事实排他性接近法律排他性。那么中国近十余年来的电影票房表现如何呢？可以说是非常优异，详细情况见表 5-1。

---

① 刘藩：《我国影院数字化十年：发展历史、现状及未来挑战》，《当代电影》2012 年第 12 期，第 15-19 页。

表 5-1　2007—2017 年中国电影国内票房、银幕数、观影人次[①]

年份	国内票房(亿)	增长率%	全国银幕数	增长率%	观影人次(亿)	增长率%
2007	33.27	26.98	3 527	16.2	1.14	
2008	43.41	30.49	4 097	16.2	1.41	23.68
2009	62.09	42.96	4 723	15.3	2	41.84
2010	101.72	63.91	6 256	32.5	2.81	40.50
2011	131.15	28.93	9 286	48.4	3.55	26.34
2012	170.73	30.18	13 118	41.4	4.66	31.27
2013	217.69	27.51	18 195	38.7	6.17	32.40
2014	296.39	36.15	23 592	29.7	8.3	34.52
2015	440.69	48.7	31 627	34.1	12.6	51.08
2016	457.12	3.73	41 179	30.2	13.72	8.89
2017	559.11	13.45	50 776	23.3	16.2	18.08

从表 5-1 可以看出，除了 2016 年增长幅度略小，我国的年度票房、年度全国总银幕数和年度观影人次从 2007 年到 2017 年均有大幅度的增长。这三项指标的年平均增长率分别是 29.2%、27.4%、27.2%，都大大超过了我国每年 GDP 和人均支配收入的增长率。2017 年我国内地电影市场票房与全球第一大电影市场票房的差距缩小为 10 亿美元(约 65 亿元人民币)，[②]稳坐全球电影票房的第二把交椅。根据之前的反推逻辑，如果有大量电影院放映盗版电影的话，由于票价一定比放映正版电影的要低(放映盗版电影不需要支付给发行商片租)，很多观众就去放映盗版的电影院了，那么放映正版电影的票房收入不可能以这样的态势节节走高，院线也不可能每年增加这么多的银幕，观影人次(只统

① 2007 到 2014 年的数据来源于国家新闻出版广电总局发展研究中心的《2014 年中国电影产业发展报告》,《中国版权年鉴 2015》，资料来源于中国知网年鉴数据库。2015 到 2017 年的数据来源于尹鸿、孙俨斌:《2015 年中国电影产业备忘》,《电影艺术》2016 年第 2 期，第 5-17 页；尹鸿、孙俨斌:《2016 年中国电影产业备忘》,《电影艺术》2017 年第 2 期，第 33-45 页；尹鸿、孙俨斌:《2017 年中国电影产业备忘》,《电影艺术》2018 年第 2 期，第 148-160 页。

② 尹鸿、孙俨斌:《2017 年中国电影产业备忘》,《电影艺术》2018 年第 2 期，第 148-160 页。

计在电影院观看正版电影的人次)也不可能有这样稳定的高增长率。那么事实只能是,在影院放映这一方式,法律排他性与事实排他性取得了高度的统一。[①]近年也爆出有人在电影院盗录电影并私自放映的刑事案件,[②]但是盗录的电影质量肯定不高,而且是在影视茶吧里放映,硬件设施也不会太好,这虽然也是放映电影,但并不构成对电影院放映的完美替代,对 A 方式下排他性的影响很小。

B 方式下电影产业出产的是实体影碟,具有物理的形态,包括录像带、VCD、DVD、蓝光影碟等。一般而言,大规模刻录和销售实体影碟需要较大的资金投入,其翻录、刻制、储存、运输、销售也有外部痕迹可循,监控未经许可的违法使用较为容易,所以杜绝商业性的盗版成本不高,所以提高 B 方式下的排他性并不困难。然而事实并非如此简单。与上一章一样,这里使用盗版率来考察实体影碟涉及的著作权排他性问题,排他性消灭的就是盗版,盗版率越高,事实排他性就越弱,两者呈负相关的关系。根据美国国际知识产权联盟(IIPA)为美国贸易代表办公室提供的特别 301 报告,从 1995 年到 2004 年,除了 1997 年,实体影碟的盗版率都不低于 85%,很多年份达到了 90% 以上,具体数据如表 5-2。

表 5-2　1995—2004 年中国实体影碟盗版率

年份	1995	1996	1997	1998	1999	2000	2001	2002	2003	2004
影碟盗版率	100%	85%	75%	90%	90%	90%	88%	91%	95%	95%

数据来源:IIPA 2001、2006 年关于中国的特别 301 报告[③]

表 5-2 显示了 1995 至 2004 这 10 年的盗版率,这个数据和同一时期的音乐产业比较相似,盗版率非常高。之所以出现这样的情况,主要有两个原因,一

---

① 在中国也存在着电影院瞒报票房收入的情形,但这不是侵权著作权的行为,而是盗窃或者诈骗的刑事违法行为,因为电影院是经过许可放映电影的,只是瞒报了收入。

② 案件发生在湖北省,被告人卫某在阳新县银兴影院盗录电影,然后在自己经营的汇梦影视茶吧放映,最终卫某因侵犯著作权罪被判处有期徒刑十个月。郑中砥:“打击电影盗录盗播 司法利剑直指盗版产业链”,载《中国电影报》2016 年 12 月 7 日,第 001 版。

③ 数据来源于美国国际知识产权联盟官网,https://iipa. org/reports/special-301-reports/,2019 年 2 月 13 日访问。

是正版影碟价格太高，比如正版的 44 集电视剧《雍正王朝》需要 15 张 DVD，批发价为 120 元，而盗版的压缩 DVD 只需要 3 张碟，一共才 15 元。[①] 二是正版影碟的产品太过于贫乏，中国影碟发行施行许可制，必须通过有发行资格的音像出版社，当时的音像出版社不允许非国有资本进入，2000 年全国一共才有 290 家音像出版单位，这些正版音像出版社处于垄断地位，制作和发行能力却乏善可陈。[②] 相比之下，盗版碟不需要审批，尤其是国外电影，走正规的进口发行手续非常麻烦，而盗版碟则省下了这个“麻烦”，所以盗版碟更能满足观众多样化的需求。

2004 年开始，中国开始加大打击盗版的力度，美国电影协会(Motion Picture Association of America，简称 MPAA)与中国执法机构合作开展反盗版行动，单是 2004 年就查获了 9000 万张盗版光盘。[③] IIPA 的特别 301 报告关于电影作品的数据实际上是其成员 MPAA 提供的，2005 年 MPAA 改变了测算电影作品盗版的方法，将实体影碟与网络盗版合并计算，这样得出的盗版率就不仅仅适用于影碟盗版，[④] 而且自 2006 之后，MPAA 没有再给出盗版率的数据，所以本书只能通过其他资料推断打击盗版的情况。2005 年 10 月 25 日，文化和旅游部、国家广电总局和国家版权局与美国电影协会评估了 2004 年的反盗版执行结果，美国电影协会资深副总裁及亚太区区域总监艾理善表示，在上海没有发现任何在协议上所列出识别电影的盗版，在广州盗版的数量直线下降，在深圳下降了 50%，但是在北京自 9 月开始盗版数量又有上升。[⑤] 到了 2008 年，在通报执法机构查办了几起非法刻制光盘的大案之后，全国打黄扫非办负责人

---

① 张春蔚：《压缩 DVD 挑战中国音像市场》，载《南方周末》，2004 年 12 月 23 日。《雍正王朝》是电视剧，不是本书主要论述的电影，但是电视剧和电影一样都是电影作品，盗版商只是翻录热门的电影作品，并不区分电影还是电视剧，所以用这个例子也不会减少说服力。

② 瞿磊、颜彦：《盗版影碟市场产业链条上的畸形物》，载《中国图书商报》2005 年 3 月 25 日，第 9 版。

③ 李兮：《反盗版 MPA 与中国人联合行动！》，载《中国电影报》2005 年 1 月 13 日，第 16 版。

④ 资料来源于 2009 年 IIPA 关于中国著作权保护与执行的特别 301 报告的第 2 个脚注，https://iipa.org/reports/special-301-reports/，2019 年 2 月 13 日访问。

⑤ 李兮：《中美双方评估反盗版执行结果》，载《中国电影报》2005 年 10 月 27 日，第 5 版。

宣称在 2007 年没有查获一条非法生产线，这位负责人分析说影碟盗版案件数量下降的主要原因：一是绝大多数地下生产线已被挖出；二是“扫黄打非”的力度加大，一些人已洗手“转行”，或采取更加隐蔽的方式逃避打击，其中不排除正规厂家非法生产盗版光盘；三是早先走私进来的设备已经老化，由于监管到位迟迟无法更新。① 从以上可以看出盗版影碟在 2004 年之后得到一定的官方遏制，不过作者认为盗版案件数量下降还有一个原因是自 2005 年开始，中国的网络下载已经开始流行，新型的 P2P 传播技术大大加速了在网络下载电影的速度，很多观众转换了消费行为，不再购买盗版影碟，而是倾向于在网络下载电影。

C 方式是电视台的广播。在我国有 4000 多家电视台，这些电视台都是经过严格审批设立的。尽管电视台数量不少，但是它们都有准确无误的登记手续以及相当规模的实体设施，它们依附于各级政府，既不允许随便设立，也不允许随便关闭。中国电视台播出的内容会进行严格的审查和备案，所以播出电影的时间和数量也绝对有据可查。制作者或者集体管理组织（中国电影著作权协会）理论上可以许可电视台广播电影，核查确认有关的数据，收取报酬，这在技术上没有障碍。实际上电视台也愿意播放电影来吸引观众和广告商，根据中国电影著作权协会提供的资料，协会曾监控了 68 个电视频道，这些频道每年要播出 5 万部次以上的电影作品，② 其中肯定包括了大量的国产电影。如果双方顺利合作的话，制作者或者中国电影著作权协会肯定会收到大笔的报酬，然而事实是怎样呢？作者登陆了中国电影著作权协会的官网，在使用者专区只有影吧用户和其他用户两个入口，这两个入口都只有咨询电话，显然集体管理的业务没有开展。③ 那么就剩下制作者直接向电视台发放许可的途径了。这个途径的效果可以从制作者从电视台那儿获得的报酬来说明问题。我国 2009—2014 年电影的电视广播著作权许可收入及与年度票房的对比见表 5-3。

---

① 张贺：《中国加大力度严打侵权盗版》，载《人民日报》（海外版）2008 年 2 月 22 日，第 4 版。

② 张宏、王沁沁：《电影版权经济的问题与机理分析》，《当代电影》2009 年第 8 期，第 20-25 页。

③ 作者最后访问中国电影著作权协会使用者专区的时间是 2019 年 2 月 13 日。

表 5-3　2009—2014 年中国电影年度票房与电视广播权许可收入之对比

年份	2009	2010	2011	2012	2013	2014
年度票房（亿元）	62. 09	101. 72	131. 15	170. 73	217. 69	296. 39
年度电视著作权许可收入（亿元）	4. 4	5. 1	6. 2	6. 9	7. 9	8. 8
年度电视著作权许可收入与年度票房的比例%	7. 1	5. 0	4. 7	4. 0	3. 6	3. 0

数据来源：中国版权年鉴 2015，艺恩咨询：《2013—2014 年中国电影产业研究报告》①

从表 5-3 可以看出，我国 2009—2014 年电影产业中电视著作权许可的收入只占电影票房的不到 10%，而且呈逐年下降的趋势，那么这个比例是不是合理呢？只需和全球的数据对比一下就能知道，数据见表 5-4。

表 5-4　1980、1985、1990、2000、2005、2007 年全球电影影院放映收入与电视台许可收入之对比

年份	电影院（亿美元）	电视台（亿美元）	电视台收入与电影院收入的比例%
1980	49	41	83. 7
1985	33	74	224. 2
1990	68	101	148. 5
2000	62	116	187. 1
2005	70	155	221. 4
2007	88	162	184. 1

数据来源：爱普斯坦（Epstein，2005；2010，p. 180），Slate. com 和 MPAA②

① 电影票房的数据来源是国家广播电视总局发展研究中心的《2014 年中国电影产业发展报告》，载《中国版权年鉴 2015》；年度电视著作权许可收入来自艺恩咨询：《2013-2014 年中国电影产业研究报告》，转引自刘威、王国瑞：《电影营销策略变化及展望》，《重庆社会科学》2015 年第 1 期，第 87-93 页。年度电视著作权许可收入与年度票房的比例是笔者自己算的。

② 数据转引自［美］哈罗德•L•沃格尔：《娱乐产业经济学：财务分析指南》（第 8 版），中国人民大学出版社 2013 年，第 75 页。电视台收入与电影院收入的比例是笔者自己计算的。

表 5-4 是全球电影公司在影院放映以及电视台许可的收入。表 5-3 和表 5-4 不能直接对比，因为表 5-3 中的电影票房收入需要在院线、发行商和制作者之间分账，按照国家广电总局的规定，票房收入首先要缴纳 3.3%的特别营业税，然后提取 5%作为支持电影建设的专项资金，剩下的 91.7%是可分账票房，在这 91.7%中，院线和电影院分得 57%，中影数字提取 1%～3%的发行代理费，剩余的 40%～42%归制作者和发行商。[1] 中国的发行商一般拿到的比例较国际上要少一些。本书假设制作者最终拿到可分账票房的大头，算到总票房中是 33%，这样制作者的年度影院放映收入是年度票房除以 3，年度电视台著作权许可收入与年度票房的比例也就顺应着乘以 3，得到的就是中国制作者的电视著作权许可收入与年度影院放映收入的比例，这个比例就可以和表 5-4 的全球比例对比了。

很显然，电视著作权许可收入与年度影院放映收入的比例即便乘以 3，也就是 10%～20%的比例，这和全球比例相差了十几倍。虽然全球数据是 1980—2007 年中几个年份的数据，而中国是 2009—2014 年的数据，但是影院收入与电视著作权许可收入的大体趋势不会发生大的变化。这个对比说明中国的制作者从电视台那里的许可收入非常低，相当于全球比例的十几分之一。这里面有一个偏差可能是电视台广播电影都是经过许可的，但是许可费的价格比较低，比如许可广播一部电影每一次的全球平均价格是 10 美元，而我国只有 1 美元，所以电视著作权许可总收入就比较低。这个因素也存在，但也会有电视台未经许可的盗播。试想中国有 4 000 多家电视台，很多电视台几乎每天都在广播电影，而著作权许可费用每年只有区区的几亿，这明显就不合理。在对中国电影版权保护协会理事长朱永德的访谈中，他提到中国电影版权保护协会监控的 68 个电影频道中，有一些地方电视台就是利用盗版影碟播出的。[2] 在对华谊兄弟传媒电影事业部营销部总监黄炜中的访谈中，他提到华谊电影的电视版权只是许可给 CCTV-6 的，有的时候电影在影院放映还不到一周，地方电

① 高福安、宋培义、司若、卿清：《影视制片管理基础》（第 3 版），中国传媒大学出版社 2018 年，第 281 页。

② 朱永德、张宏：《电影版权维护事业，任重而道远》，《当代电影》2009 年第 8 期，第 8-11 页。

视台就已经买了盗版光碟然后转成 BETACAM 格式播出了。[①] 由上可以看出，C 方式下著作权的排他性不能令人满意。

5.2.2 网络电影领域中的著作权排他性

电影在网络中的传播主要依靠两种方式，一种是下载后观看，一种是直接在视频网站上观看。[②] 理论上讲，制作者可以将电影的复制权和信息网络传播权许可给中间商，由中间商向观众提供电影的下载或者直接在视频播放平台上观看。然而网络技术和压缩技术的进步使得观众可以方便快速地在个人电脑上欣赏电影，在互联网大规模普及的那些年，著作权的排他性根本得不到保证，网络上的电影资源大都是盗版。根据 IIPA 关于中国的特别 301 报告，从 2006 年开始，网络盗版迅速蔓延，到了 2007 年，中国的网络盗版已经成为数字市场的主要威胁，中国已经成为网络盗版最为严重的国度之一。从 2007 年到 2011 年，IIPA 的报告连续提到了盗版电影在中国传播的糟糕状况，包括中国有两个电驴服务器的主机和一大批提供 BT 下载服务的网站，从事 P2P 下载服务的网站大量传播盗版的电影，不断冒出的视频网站提供了大量盗版电影的流媒体服务。[③] 2010 年 4 月 27 日电影《叶问 2》上映，5 月 4 日一夜之间就遭遇了电驴上 20 万次的盗版种子下载，几日后盗播网站数量迅速增至 800 多个；电影《唐山大地震》于 7 月 22 日上映，7 月 20 日网上就出现了清晰版，上映后 3 天又出了 DVD 画质的版本。还有数据统计，网吧里影视剧的盗版率高达 89.4%。[④]

在这里本书先谈一谈视频网站。电影在视频网站播放是比电视台播放更为流行的方式，也就是上一小节论述过的 D 方式，制作者将电影的信息网络传

① 黄炜中、陶冶：《立足自身 规范他人》，《当代电影》2009 年第 8 期，第 15-17 页。

② 视频网站采用的是流媒体的播放技术。最早的媒体播放技术是在开始播放前需要接收到完整的媒体文件，所以观众需要在屏幕前等待几分钟或更长的时间。流媒体技术克服了等待的缺陷，它会先发送一小段视频文件到观众的计算机并开始播放，在播放的同时被请求的服务器会继续发送媒体的其他部分，这样观众就可以一边让计算机接收文件一边观看视频。

③ 资料来源于 2007-2011 年 IIPA 关于中国的特别 301 报告，https://iipa.org/reports/special-301-reports/，2019 年 2 月 13 日访问。

④ 李雪：《影视片商出“鲜招”打响“网络维权”战》，载《北京商报》2010 年 8 月 2 日，第 C13 版。

播权许可给视频网站经营者，由观众在视频播放平台上点播观看。视频网站最早兴起于三名美国人在 2005 年 2 月创办的 YouTube，它最早开始从事 UGC（User Generated Content 的简称）的分享服务，鼓励用户上传、分享、评论自己的原创录像，后来也加入了 PGC（Professional Generated Content 的简称）的服务，也就是视频网站也播放向制作者购买或自制专业的影视作品。中国视频网站的创立紧跟着美国的脚步，2005 年 4 月第一个国内视频网站土豆网出现，2006 年视频网站获得了大量的风投资金，视频网站迅速崛起，包括现在较大的优酷和爱奇艺网站。[①] 在初创至 2011 年间，中国的视频网站不限制上传视频的时间，很多用户未经许可将自己喜欢的影视作品上传到视频网站，这样所有的观众都可以从视频网站上观看到这些影视作品。

视频网站一般以没有能力进行逐一审查的理由以及避风港原则来抵挡来自制作者的举报和诉讼，它们只是极其消极地执行“通知—删除”条款，怠于进行起码的、技术上可行的著作权合法性审查，对一些明显的侵权行为故意视而不见，因为播放盗版影片就是这些视频网站商业模式的核心。[②] 视频网站的理由和抗辩往往不能奏效。[③] 根据海淀区法院[④] 的统计，2007 年视频网站为被告的著作权案件只有 17 件，到了 2008 年增长为 114 件，2009 年又大幅增长为 596 件，2010 年是 676 件，2011 年前十个月数量就达到了 596 件，这段时间内海淀区法院审理的视频网站为被告的案件总计为 1989 件。这些案件中被告需要承担赔偿责任的比例高达 90%。[⑤] 以上数据说明了当时视频网站播放盗版

---

① 张凌寒：《视频网站的版权侵权责任及规避》，《学术探索》2013 年第 10 期，第 31-34 页。中国视频网站发展研究课题组：《中国视频网站发展研究报告》，《传媒》2014 年第 6 期，第 8-13 页。

② 在度过最早的新鲜期之后，观众表现出更喜欢 PGC 的内容，而不是 UGC 的内容，只有 PGC 的内容才能吸引大量观众。

③ 吴伟光：《视频网站在用户版权侵权中的责任承担——有限的安全港与动态中的平衡》，《知识产权》2008 年第 4 期，第 62-69 页。

④ 优酷网、酷 6 网、风行网、悠视网、六间房等专业视频网站，以及新浪视频、百度、搜狐视频等门户视频网站均位于海淀区法院的辖区内。

⑤ 吴园妹：《视频网站侵权高发的现状和对策》，载《经济参考报》2011 年 12 月 21 日，第 6 版。

影视作品的严峻情况。尽管制作者提起了大量的诉讼，但是由于赔偿只能针对有充分证据支持的具体侵权行为，赔偿数额较低，所以著作权侵权诉讼没有对视频网站盗版现象起到很强的遏制作用。

情况从2009年开始发生了变化。当年8月，央视网、凤凰网和上海文广东方宽频等联合成立网络视频版权保护联盟，当年9月，搜狐视频、激动网、优朋普乐、华夏视联创建了中国网络视频反盗版联盟。到了2010年1月，101家互联网网站发布了由国家版权局、公安部和工信部倡导的《中国互联网行业版权自律宣言》，[①] 这些视频网站宣称先取得授权再使用作品，纷纷与盗版划清界限。政府执法机构在倡言取得良好效果之后，也开始了实际行动。2010年7月国家版权局、公安部、工业和信息化部联合下发了《2010年打击网络侵权盗版专项治理"剑网行动"方案》，之后按照方案建立了对主要视频网站的主动监管机制，对其中表现欠佳的视频网站实施重点监管，并要求15家视频网站对使用的点击率排名前50位的电影和前50位的电视剧，以及点击率综合排名前100位的电影和前100位的电视剧自查著作权的许可情况，并向国家版权局上报有关材料。[②] 2010年11月，国家广播电视总局也适时地加入，出台了《广播影视知识产权战略实施意见》，要求"加强对视听节目服务网站播放正版节目的监督工作，严厉打击互联网侵权盗版，重点打击影视剧作品侵权盗版行"，之后观众发现一些视频网站上的盗版资源消失殆尽。[③]

在删除盗版资源的同时，视频网站开始购买正版影视剧供观众点播，在各方争抢之下，影视作品的著作权许可费一路窜高，涨到了之前不可想象的地步。2006年的时候每集电视剧的著作权许可费为千元左右，到了2011年7月，费用已经涨至几十万元，5年间上涨了几十倍。[④] 代表性的有乐视网为《甄嬛传》

---

① 姜瑜:《网络视频版权之争的背后》，载《上海金融报》2010年3月16日，第A13版。

② 姜旭:《"剑网行动"催生版权主动监管长效机制》，载《中国知识产权报》2011年2月11日，第9版。陈磊:《国家版权局通报"剑网行动"视频网站主动监管情况》，载《科技日报》2011年1月31日，第1版。

③ 李博:《国内视频网站加速正本清源》，载《中国文化报》2010年12月9日，第10版。

④ 崔立红:《影视作品版权与视频网站间的利益博弈》，《知识产权》2012年第10期，第54-60页。

花费了 2 000 万元，搜狐视频为《浮沉》花费了 3 000 万元，爱奇艺为《太平秘史》花费了 5 000 万元。[①] 视频网站高价收购影视剧肯定不是盲目之举，之所以改变以盗版求生存的做法原因大概有三个。第一个原因的导火索是可口可乐和百事可乐公司遭受了著作权诉讼，原告搜狐视频起诉这两家公司在优酷网站上打广告构成了帮助侵权，这两家公司随即撤回了广告，视频网站看到了以盗版电影获取广告费的模式很难持久。

第二个原因是盗版资源每一家视频网站都可以播，而正版资源只有经过制作者许可的视频网站才能播，只有正版资源才能把某一家视频网站与其他视频网站区分开来，这样播放正版资源的视频网站有机会增加观众的忠诚度、培养收费用户并逐渐过渡到收费模式。[②] 当然，这个原因实现的前提是其他未经许可的视频网站不能播放某一部已经独家许可给某家视频网站的影视剧，这就引出了第三个原因，政府监管。政府执法机构自 2010 年起已经加强了监管力度，因为主要的视频网站并不多，主动监管的成本不算高，所以监管也起到了一定的效果。总之，视频网站花大价钱买来正版影视剧供观众点播肯定是满足了广大观众的需求，因为影视剧是典型的一次性消费品，很少有观众会因为喜爱而反复观看，观众在这些视频网站上观看正版的影视剧，就不会在盗版网站上观看或者下载盗版资源观看。视频网站的正版行动极大地减少了盗版资源传播的概率，增强了网络领域中著作权的排他性。当然，视频网站的正版行动也不可能一下子全部消灭了盗版，作者认为只是达到了正版与盗版相抗衡的局面，著作权排他性执行得不是很好，也不是很糟糕。

从 2011 年之后，政府执法机构没有放松对于网络视频的监管。比较突出的事件有两个，第一个是 2014 年快播公司因著作权侵权遭受 2.6 亿的行政处罚，[③] 第二个是 2014 年射手网与人人影视的关闭，前者为电影提供字幕文件的

---

① 李晓红、朱辉颖：《视频网站盈利模式与运作创新》，《重庆社会科学》2012 年第 10 期，第 48-55 页。

② Eric Priest, *Meet the New Media, Same as the Old Media: Real Lessons from China's Digital Copyright Industries*, 23 Geo. Mason L. Rev. 1079, 1083-1086 (2016).

③ 快播公司随即提起了行政诉讼，2019 年广东省高院终审宣判认定罚款合法，而快播公司于 2018 年已经进入了破产程序。王欣等快播公司的创始人还因为传播淫秽物品牟利罪获刑事处罚。陈炜：《快播败诉 2.6 亿元罚单终落地　互联网版权政策逐步收紧》，载《证券日报》2019 年 1 月 9 日，第 C03 版。

下载，当然无法和盗版电影撇清关系，后者被认为是盗版界的标杆。[①] 除此之外，国家版权局定期地公示重点作品版权保护预警名单，并且要求网络服务商对版权保护预警名单内的重点作品给予特别的注意义务，施加特别的保护措施。既然国家版权局以公布正式的文件这样的方式进行预警，网络服务商就不得不给予特别的注意义务，否则很有可能就被认为不满足“红旗标准”的注意义务而承担间接侵权的责任。在这样的监管力度下，著作权排他性表现的又如何呢？一方面是视频网站依然花高价购买影视作品，比如姜文的电影《一步之遥》，视频网站为其花费的独家许可费高达 3 000 万元。[②] 与此同时，视频网站的付费用户也在飞速增长，2012 年是 446. 4 万人，2013 年是 642 万人，2014 年是 1 155. 6 万人，2015 年是 3 500 万人，2016 年是 7 175 万人，2017 年是 12 999. 8 万人，从 2013 年开始增长率几乎是一年一倍，非常惊人。[③] 毫无疑问，视频网站花钱购买影视作品许可是有回报的，那就是付费用户的实质性增长，观众增加观看正版资源说明减少接触盗版资源，这是著作权排他性向好的一面。

另一方面，著作权侵权行为也进化成了网盘侵权和视频聚合行为。网盘不再仅是存储功能，还包括分享、在线播放和下载等功能，其中不乏未经许可传播的盗版影视剧，视频聚合行为通过播放器嵌套、定向链接、网页聚合等形式，借助深链聚合技术、播放器平台等构筑网络信息平台，实质替代正版网站向用户提供视频内容。[④] 尽管不明知的视频聚合行为是否构成著作权侵权行为还有争议，但是明知链接的是盗版网站，或者干脆与盗版网站合作提供视频聚合工具的，构成著作权的共同侵权是没有问题的。根据 2016 年由腾讯、爱奇艺等几大视频网站组成的互联网视频正版化联盟发布的深度链接侵权行为报告，正版

① 王誉俊：《根治国内电影界盗版的设想——站在社会环境视角的分析》，《现代视听》2015 年第 4 期，第 27-30 页。

② 刘汉文：《2016 年中国电影产业发展分析报告》，《当代电影》2013 年第 3 期，第 18-24 页。

③ 数据来源于艺恩咨询：《2018 年中国网络视频行业经营状况研究报告》，http://www. 199it. com/archives/728128. html，2019 年 2 月 15 日访问。

④ 田小军、柏玉姗：《我国网络版权制度演化的现状、挑战与应对》，《中国版权》2016 年第 3 期，第 31-34 页。

视频网站每年因盗链、网盘侵权损失的流量超过 24 430 911. 5 千次，广告收益的损失在 18 亿元以上。2016 年热播的电影《三生三世十里桃花》在全网的侵权链接有 35 000 多条，《鬼吹灯•精绝古城》侵权链接更是有 85 000 多条。在所有侵权链接中，百度网盘占了一半以上。储存在网盘中的《人民的名义》通过社交、网购等渠道流通，观众付费几元就可以买到网盘链接和提取码。制作者称每天接到近百封邮件和大量举报电话提供侵权链接的信息。[①] 以上的盗版情形表现出了著作权排他性的另一面——还是有些糟糕。总之，目前网络领域中著作权的排他性既不是最早的探底——盗版泛滥，也不是理想中的爬高——直至盗版绝迹，而是处于中间位置——正版与盗版相抗衡、两者谁也不占绝对优势，著作权排他性表现得不是很好，也不是很糟糕。

5. 2. 3　电影衍生品领域中的著作权排他性

电影衍生品的著作权许可既涉及传统的玩具、服饰、主题公园，也涉及网络游戏，所以本书把这一类单独列了出来。对某些电影来说，譬如动画片，电影衍生品市场绝对是大生意，不过我国的电影衍生品市场却不尽如人意。据说在美国，电影衍生品市场所得收入占到总收入的 70%，但是在我国，电影衍生品的开发仍处于初级阶段，票房和广告占到总收入的 90% 到 95%，绝大部分电影衍生品的开发是为了辅助电影的宣传和营销，而不是关注衍生品本身的经济价值和品牌效应。[②]

由于电影衍生品的开发在我国刚刚起步，在电影产业中扮演的不是关键角色，所以本书只就影响较大的玩具开发做一个简单的论述。举两个电影衍生品的案例，比如说大获成功的电影《让子弹飞》带动了电影中的道具——麻匪面具——的热销，电子商务平台上销售了近千万元的这种面具，但这全是玩具公司未经许可制造的。[③] 再比如票房创造纪录的电影《捉妖记》里的主角胡

---

① 黄志远、梁晨笑:《网络影视版权整体转好网盘盗链仍为痼疾》,《中国出版》2017 年第 9 期，第 16-17 页。

② 裴菁宇:《我国电影衍生品的产业现状及开发模式分析》,《中国电影市场》2015 年第 11 期，第 22-25 页。

③ 吴学安:《电影衍生品怎样分得一杯羹》，载《团结报》2013 年 2 月 16 日，第 5 版。

巴，市面上销售的胡巴玩偶大部分也是未经许可制造的。[①] 虽然这被大多数人认为是盗版行为，但是原因也不这么简单。我国法律还未正式规定角色商品化权，也没有在《著作权法》中承认实用艺术品为著作权客体，制作者如果不去申请外观设计专利权或者商标权的话，未必有足够明确的权利基础去排除以上的仿造行为。假设上述的仿造行为被认定为著作权侵权行为，那么目前著作权的事实排他性与法律排他性就有较大的差距。据统计，在市场上盗版衍生品占到80%，很多盗版生产商在电影上映的档期就快速仿制生产，迫使制作者基本放弃了这部分收入。[②] 总之，电影衍生品的盗版问题也比较严重，但需要的不仅仅是法律的执行，更要有法律的变革。

5.3 电影产业中的替代手段

根据上一节的论述，中国的电影产业的局面显然比图书出版产业和音乐产业更为乐观，这从电影产业的票房就能看出来，毕竟有大量的收入回馈到创作者和经过许可的中间商。尽管著作权执法发挥了不小的作用，本书依然会寻找其中的替代手段及其起到的效果。这一小节就探讨电影产业中的替代手段问题，本书把电影产业的替代手段分为四种类型：传统电影领域中的替代手段，网络电影领域中的替代手段、电影衍生品领域中的替代手段、传统电影领域与网络电影领域中共用的替代手段。本书在论述这些替代手段的时候会举例说明，比如视频网站使用了捆绑广告的替代手段，这些举例有些来自笔者的亲身体验和访谈，如果是众所周知的事实，本书对这些例子就不再给出引注。

5.3.1 传统电影领域中的替代手段

一、A 方式下的替代手段

首先说说 A 方式下的替代手段，它主要是依靠影院这个唯一性的渠道。电影从制作者到达观众需要三个阶段，第一个是制作者将电影的放映权许可给

---

① 邹荣华：《国产电影衍生产品的开发现状及对策研究》，《当代电影》2018 年第 1 期，第 145-148 页。

② 吴学安：《电影衍生品版权保护不该被遗忘》，载《中国新闻出版报》2012 年 6 月 1 日，第 6 版。

发行商，第二个是发行商将电影的放映权许可给院线（电影院），第三个是电影院向观众放映。对于前两个而言，著作权执法可以起到关键的作用，只要监控措施到位以及给予违法者足够的惩罚，必须以一定规模存在的发行商和电影院都是可控的。发行商在行业里要进行长期经营，不可能想象一个发行商不断地发行盗版电影而不受制裁，电影院投入了大笔资金建设硬件，有不可移动的资产，一般也不会冒险放映盗版电影（现在的数字电影拷贝都有数字水印，可以方便地定位放映盗版电影的影院）。至于第三个阶段，电影院的软硬件措施——房屋、座位、电影票、验票员、数字放映机、数字银幕、高仿真音响——表现出了渠道的唯一性，也就是观众必须花钱买票、进入电影院、找到自己的座位观看电影，从其他的渠道无法获得同样的服务。[①] 虽然也有小型的放映厅放映盗版电影，但是观影感受绝对比不上真正的电影院。曾经有学者开展以中国本科生为样本的问卷调查及研究，问卷调查发现本科生观看的电影中 3/4 是盗版，但是文章的最后结论是相对于美国人，中国本科生观看盗版电影对观看付费电影的替代作用并不明显，那些希望到影院观看的影片的本科生仍然愿意买票入场。[②] 因此渠道的唯一性决定了著作权执法基本不必涉足观众获得服务的阶段，只要著作权保证了前两个阶段的排他性，电影院凭借自身就可以排除观众从其他渠道得到同样的观影服务。

目前在中国，电影院票房已经成为电影产业的主要收入来源，占到了总

① Tom Palmer，*Intellectual Property: A Non-Posnerian Law and Economics Approach*，12 Hamline L. Rev 261，284(1988).

② Jie Bai and Waldfogel Waldfogel，*Movie piracy and sales displacement in two samples of Chinese consumers*，24 Information Economics and Policy 187，196(2012).

收入的 80％以上。[①] 这一方面表明电影院作为著作权执法和替代手段的完美结合已经成为著作权排他性的绝对保证，另一方面表明在其他方式下著作权排他性做得并不好，因为院线放映占电影公司总收入的全球比例一般是15％～30％。[②]

二、B 方式下的替代手段

B 方式是实体影碟的发行与销售，它的替代手段主要是依靠实体影碟本身天然的排他性。实体影碟的主要品种有录像带、VCD、DVD 和蓝光影碟，录像带需要在磁带上录制，VCD、DVD 和蓝光影碟需要在光盘上刻制，这些都必须附着于有物理实体的载体，这载体本身就有天然的排他性。电影制作成影碟发行需要两个阶段，第一个阶段是制作者将电影的复制权与发行权许可给音像出版社，第二个阶段是音像出版社将制作好的实体影碟销售给观众。在第一个阶段，著作权的排他性表现在消除未经许可的商业盗版，著作权执法可以有效地监控和制止未经许可的商业大规模原版录制，毕竟光盘生产线都是有数的，监控和追踪人们对于光盘生产线的运作成本还是不高，保证著作权的排他性不是很难。至于第二个阶段，著作权排他性表现在排除观众从经过许可的音像出版社以外的私人途径获得实体影碟，那就是观众自行刻录或者从其他观众那里

① 几份比较权威的文献均提到了中国电影产业过度依赖票房的情况，在这几份文献中，占比 80％是比较乐观的估算。美国国际数据集团（IDG）全球常务副总裁兼亚太区董事长、IDG 资本创始合伙人熊晓鸽在访谈中提到影院收入占电影产业总收入的 80％，熊晓鸽、尹鸿：《全产业链经营是降低电影产业投资风险的有效方式》，《当代电影》2013 年 11 期，第 7-11 页。浙江大学影视与动漫游戏研究中心主任盘剑在一篇文章提到此项数据是 85％，盘剑、宣琳：《产业改革深化背景下的挑战与机遇——2012 年度中国电影产业发展述评》，《东岳论丛》2013 年第 7 期，第 115-119 页。中国文联中国电影家协会秘书长、北京大学兼职教授饶曙光提到 2013 年中国电影产业的收入 90％来自国内票房，饶曙光、李国聪：《2003 年以来的中国电影产业流变与市场走向》，《艺术百家》2017 年第 2 期，第 10-34 页。北京电影学院客座教授陈焱提到中国电影投资回报 93％来自电影院，陈焱：《好莱坞模式：美国电影产业研究》（第 2 版），北京联合出版公司 2016 年，第 86 页。以上几份文献的作者要么是在电影界工作多年的实务权威，要么是研究电影产业的学术权威，要么是横跨实务与学术的权威人士，他们的认识反映了中国电影产业的现实——票房是中国电影产业最主要的收入来源。

② 参见［美］哈罗德·L·沃格尔：《娱乐产业经济学：财务分析指南》（第 8 版），支庭荣、陈致中译，中国人民大学出版社 2013 年，第 75 页。

（都是私人消费者）获得实体影碟，不过私人复制面临着一定的困难，刻录电影也需要一定的成本——比如寻找资源、光盘、刻录机，从其他人那里获取也需要花费寻找、沟通和等待的时间。

制作者和音像出版社还有一个替代手段是提供影碟库，它们在音像店和超市陈列各种各样的电影。作为消费者的私人，不可能像在音像店里挑影碟那样随心所欲，他未必能自行刻录或者从其他人那里获得心仪的电影。但是朋友之间喜爱相同的电影很常见，刻录机、光盘和有限的时间对于很多人来说也不是很高的成本，所以私人之间刻录实体影碟进行传播一定会存在，于是制作者和音像出版社又添加一个替代手段，那就是技术措施。关于影碟技术措施详见传统电影领域与网络电影领域中共用的替代手段中的论述。

三、C 方式下的替代手段

C 方式是电视台的广播。它的产业链也可以划分为两个阶段，第一个阶段是制作者或集体管理组织（中国电影著作权协会）将电影的广播权许可给电视台，第二个阶段是电视台向观众播放电影。在著作权执法与替代手段两者保证著作权的排他性方面，电影的电视台播放与音乐作品的电视台播放完全一样。在第一个阶段，中国政府对实施严格的管制，电视台主体明确，节目可查，所以著作权执法完全可以处理。在第二个阶段，电视台的优势也是传播渠道的唯一性，消费者如果想在电视台观看电影，就只能通过现有的电视台，无法通过私人获取，观众还能从哪里接收到非电视台传送的节目信号呢？！在中国第二阶段的排他性尤其容易达到，由于如此严格的管制，在中国不可能出现盗版的电视台，只有电视台播放盗版电影。只要著作权执法能够保证第一个阶段的排他性，那么第二个阶段的排他性无需著作权执法介入也能完美地保证。总之，渠道的唯一性帮助巩固了 C 方式下的著作权排他性，可以算是一种替代手段。

5.3.2　网络电影领域中的替代手段

电影在网络领域中的替代手段与上两章中的数字出版领域、数字音乐领域中的替代手段非常相似，所以本书在这一部分着重于举例说明，只就不同的部分进行原理的论述。

一、低价

低价是增加经济收益的替代手段。视频网站的付费方式有两种，一种是单片价格，是针对某一个具体影片的定价，另一种就是会员价格，观众付费成为VIP会员，就可以在一定时间内观看视频网站上所有的影视剧。视频网站的低价在会员价格中表现无遗，比如优酷的黄金会员价格曾长期稳定在每月只有20元，比起另外寻找盗版资源下载观看的成本，每月20元的价格对于很多消费者来说有更大的吸引力。对于视频网站而言，对会员设定较低的价格有两个原因，第一个原因是一旦观众购买了某视频网站的会员资格，他们就会更频繁地访问该视频网站接受服务，这是人之本性，视频网站为了增加用户黏性，会降低会员价格。第二个原因是最大限度地满足观众的不同偏好，提高了自己服务的质量。总之，低价降低了盗版资源的吸引力，减少了著作权执法的需求，客观上增强了排他性。

二、免费增值

免费增值(Freemium)是一种增加经济收益的替代手段。即便会员价格较低，视频网站也不可能实施全面付费，因为大部分中国观众的平均收入也比较低。

视频网站于是把提供的服务分成不同的级别，愿意付费的观众可以享受高级别的服务，剩下的不愿意付费的观众也可以观影，但是要承受广告的“轰炸”。比如VIP会员享受的服务包括：观看最新的热播影片、免广告、蓝光高清画质、杜比音效、多设备播放等特权，著名的网飞(Netflix)曾经提供的特权是可以一次性观看所有剧集，[①] 对于这些特权有较高评价的观众就会付费购买会员资格。对于评价较低的观众，视频网站通过“免费+广告”的形式增加流量和收入。视频网站就是通过这样的方式把愿意付费和不愿意付费的观众鉴别出来，并给予不同的对待。另外，付费的会员制也是增加收入的一种手段，比如观

① 网飞通过用户数据的挖掘和分析，认为用户更喜欢一次性将电视连续剧的所有剧集全部看完，所以在2013年播出自制剧《纸牌屋》的时候将全部剧集同步上线，立即吸引了一大批已经厌倦了每天晚上在电视机前追剧的观众。饶佳艺、徐大为、乔晗、汪寿阳：《基于商业模式反馈系统的视频网站商业模式分析——Netflix与爱奇艺案例研究》，《管理评论》2017年第2期，第245-254页。

众甲愿意为 A 影片付费 5 元，为 B 影片付费 10 元，观众乙愿意为 A 影片付费 10 元，为 B 影片付费 5 元，如果将单片价格定位为 5 元，则甲和乙都会观看两部影片，网站收费是 20 元，如果将单片价格定位为 10 元，则甲和乙都只会观看一部影片，网站收费也是 20 元，如果将两部影片打包出售 15 元，则甲和乙都会观看两部影片，网站的收入则是 30 元。实际上网站多播放一次电影的边际成本几乎为零，会员制在既不增加成本、也能满足观众不同需求的前提下，增加了视频网站的收入。①

三、捆绑社交网络

捆绑社交网络是增强排他性的一种替代手段。喜欢某个影星或者某部电影的消费者会在互联网上形成一个社交网络，视频网站可以将这个社交网络和观影服务捆绑在一起提供，借此增强排他性。现在比较突出的是视频网站提供的弹幕和评论服务，使得较为松散的观众网络发表观影感受，交流心得，对于很多观众来说，观看弹幕和评论会增加他们观影的乐趣。除此以外，制作者经常会从观众的反馈中提取有用的信息加入影视剧的制作过程，使得影视剧的制作更符合观众的口味，② 更使得观众能先睹为快。影视剧是一次性消费品，大部分观众只看一次，只要能充分抓住观众的首次观影，就已经大大增强了著作权的排他性。

5.3.3　电影衍生品领域中的替代手段

电影衍生品不仅仅是一种电影著作权许可生产的产品，它本身也是一种电影著作权增加排他性的替代手段。即便电影不赚钱，制作者只要能够控制被电影带动的衍生品，照样可以通过售卖衍生品赚钱，因为衍生品本身的排他性比电影要强。比如迪士尼公园，由迪士尼电影公司带动的游乐园消费只能去迪士尼公园，等于迪士尼公园用门票代替了盗版电影的电影票。这个领域广为人知

① 张心蔚：《试析网络与电视播放平台对电影院线的影响》，《电视研究》2018 年第 2 期，第 59-61 页。

② 比较成功的案例是网飞基于数据统计和挖掘发现很多观众同时喜欢电影导演大卫•芬奇，电影演员凯文 • 史派西主演以及 1990 年播出的一部 BBC 英剧，网飞就凑齐了这三个因素拍了一部同名美剧，剧集推出以后大获成功，这就是著名的《纸牌屋》。蒲剑、赵梦然：《电影产业中的互联网思维》，《当代电影》2014 年第 6 期，第 19-22 页。

的另一个例子是变形金刚系列动画片、电影及孩子宝玩具公司，20 世纪 80 年代，孩子宝公司为了推广公司的新玩具——变形金刚，就制作了《变形金刚》动画片向电视台购买时间段播出。半年后，孩子宝公司把动画片《变形金刚》当成广告片来播的做法收到了效果，《变形金刚》在动画片中的收视率达到 40%，动画片的风靡自然激发了对玩具的需求，而变形金刚玩具只能从孩子宝公司那里买，孩子宝公司大发其财。① 电影改编为网络游戏之后，游戏玩家必须上线玩游戏，游戏开发公司比较容易排除其他人提供在线游戏的平台，这样就可以通过控制在线平台增强排他性。电影衍生品其实也是一种捆绑，将排他性不强的电影和易于排他的事物捆绑，可以获得更强的排他性。

5.3.4 传统电影领域与网络电影领域中共用的替代手段

一、捆绑广告

捆绑广告是增加经济收益的一种替代手段。广告主要分为两种：贴片广告和植入广告。贴片广告指在电影播放之前的由专业公司制作的商业短视频广告，既可以用于电影院，也可以用于视频网站。由于观众是在看电影，广告也能对观众造成视觉印象，这样与电影捆绑的广告获得的效果比与音乐捆绑强得多，所以更受广告商的青睐。比如，《唐山大地震》在影院上映前就已卖出将近 8 000 万元的贴片广告，包括酒、银行、保险、手机、汽车以及运动衣等。② 另外，视频网站通过对观影数据的分析和互动的选择，可以实现对广告的精准投放。由于广告确实被投放给了感兴趣的潜在客户，所以很多观众不觉得广告冗长而无聊，有些则会被激发购买意愿。③ 网络视频广告的收入也是节节攀升。根据网络视频广告收入的统计，2013 年的收入是 98.0 亿元，2014 年是 151.9 亿元，2015 年 233.1 亿元，2016 年 326.2 亿元，2017 年 463.2 亿元，年平均增长率保

① 余佳丽：《内容+渠道：浅议中国后电影产品的营销策略》，《电影文学》2010 年第 6 期，第 4-6 页。

② 王磊、张庆：《三次售卖：电影业的衍生盈利模式》，《企业管理》2011 年第 9 期，第 56-58 页。

③ 张为：《美国视频网站 Hulu 的盈利模式及借鉴意义》，《中国记者》2014 年第 6 期，第 122-123 页。

持在 40%左右，其中 3/4 的收入来自贴片广告。[①] 网络视频广告收入的高速增长表明了广告商对于在视频网站投放广告的满意度。

另一种广告是植入广告，就是直接在电影中出现广告的对象，由于电影情节和镜头的巧妙设置，这种插入反而会让人觉得符合现实，不会让人觉得生硬，比如在夏天女主角很渴，为了表现男主角的体贴，他买了一瓶水送给女主角，这瓶水就可以用上广告商要求的品牌。植入广告实现替代手段的能力比贴片广告更为强大，盗版商肯定会去掉贴片广告但是去不掉植入广告，即便在盗版电影里植入广告依然发挥着相同的作用。总而言之，广告增加了经济收益，又为付费模式创造了条件（付费成为 VIP 会员可以免广告），目前中国的视频网站还非常依赖广告这种替代手段。

二、技术措施

技术措施是典型的增加排他性的技术措施。在影院放映的方式下，制片方或发行商先将数字电影加密，然后打包传输给电影院，只有确认被许可的电影院才能拿到密钥。输入密钥，图像、音频和字幕被解密，这三者通过放映系统被播放出来，这一套加密——密钥管理的技术措施是接触控制措施，使得未经许可的电影院几乎不可能播放原版的数字电影文件。[②] 在实体影碟的方式下，制作者采用了大名鼎鼎的内容扰乱系统（Content Scramble System，CSS），设备生产商在 DVD 播放器和 DVD 光盘中内置密钥，在插入 DVD 光盘之后，播放器和光盘要完成密钥的验证，否则不能解密视频。[③] CSS 系统既是接触控制技术措施，也是权利保护技术措施，它同时也会阻止将 DVD 中的电影从 DVD 光驱

---

① 数据来源于艺恩咨询:《2018 年中国网络视频行业经营状况研究报告》，http://www. 199it. com/archives/728128. html，2019 年 2 月 15 日访问。

② 赵艳明、陈晋伦:《数字电影安全系统关键技术》，《中国新通信》2009 年第 13 期，第 67–71 页。

③ 参见[美]帕森斯、奥贾:《计算机文化》（第 13 版），吕云翔、傅而也译，机械工业出版社 2011 年，第 300 页。CSS 系统在法律界的名气来自一个引起极大争议的判例——Universal City Studio，Inc. v. Corley. CSS 最初被挪威一个 15 岁的男孩破解，男孩将其命名为 DeCSS，这个破解程序后来迅速在网站上传播，迫使几大电影公司依据《数字千年版权法》向 Corley 提起诉讼。这起案件最终以电影公司胜诉结束，法院对《数字千年版权法》的关键条文采取了广义的解释，并认为其不违宪，从而保护了制作者对技术措施的运用。

中复制到电脑硬盘上，[①] CSS 的这两种功能均用来增强实体影碟的排他性。

在网络领域，接触控制与权利保护的技术措施依然发挥着作用，有了接触控制措施，没有交费的观众就享受不到 VIP 会员服务，免费增值的模式才能实现。视频网站一般都会限制观众下载视频，因为数字视频文件极易传播，一旦传播开来访问视频网站的观众就少了。最后一种介绍的技术措施是数字水印，它在传统领域和网络领域都能适用。数字水印是一种数字标示，是将一些代表性图形运用信息隐藏技术插入数字文件，只有在受信任的第三方系统中使用特殊算法才能将数字水印提取出来。由于数字水印不容易被发现，它经常被用于追踪电影被非法使用的情况，无论其发生在传统的电影院还是在个人电脑上。[②] 数字水印方便了追究非法使用者的责任，也是增强著作权排他性的手段。

5.3.5 电影产业中"作品+运营"的商业模式

根据以上论述，电影产业中的诸种替代手段与图书出版产业和音乐产业一样，基本遵循着第二章提出的"作品+运营"的商业模式。在 A 方式下，在电影院放映是制作者、发行商和院线的运营方式——"作品+电影院"，其通过电影院渠道的唯一性帮助著作权执法。在 B 方式下，发行实体影碟是制作者和音像出版社的运营方式——"作品+实体影碟"，其通过实体影碟的天然排他性帮助著作权执法。在 C 方式下，在电视台播放是制作者和电视台的运营方式——"作品+电视台播放"，其通过电视台渠道的唯一性帮助著作权执法。在 D 方式下，低价、免费增值、结合网络外部性、捆绑广告、技术措施都是视频网站经营者的经营手段，这些手段使得很多观众放弃了盗版资源，降低了著作权执法的需求。在 E 方式下——将电影中的元素转化为衍生品是制作者和中间商的运营方式——"作品+实体衍生品"，电影衍生品凭借获得途径的排他性也可以帮助著作权执法。总之，以上这些手段基本是在将电影转化为具体的产品提供给观众的过程中加入特定的运营手段，而这种运营作品的方式不需要著作权的执法，就能弥合著作权法律排他性与事实排他性的差距，所以本书依然把电影产业中替代手段的商业模式总结为"作品+运营"。

---

① 参见王迁：《著作权法》，中国人民大学出版社 2018 年，第 450 页。

② 参见郑文明、杨会永、刘新民：《广播影视版权保护问题研究》，法律出版社 2013 年，第 238 页。

第6章 替代手段对著作权的补充及两者之间的平衡

6.1 替代手段对著作权的补充关系

在对图书出版产业、音乐产业、电影产业中的著作权与替代手段进行了详细的描述之后，这一章继续第二章的步伐，探讨二者之间的关系。根据前三章的描述，图书出版产业、音乐产业、电影产业中作品到消费者的过程大体遵循着两阶段的路径：第一个阶段是著作权人将权利许可给中间商，第二个阶段是中间商将作品转化成产品传播给消费者。本书对上述三个产业的描述已经显示出在这两个阶段著作权与替代手段之间的作用，在第一个阶段依靠著作权执法来保证著作权的排他性，使得著作权人对中间商发放著作权许可的过程得以发生，在第二个阶段则依靠替代手段来保证排他性，使得消费者不会从私人领域的其他途径获得作品，吸引消费者通过合法的中间商获得作品，两者相加使得从作品到产品再到消费者的产业链得以闭合，作品以正版产品的形式到达消费者，著作权人和中间商也获得了合理的收入。

传统的认识：著作权人通过著作权许可就能完成从作品到产品再到消费者的过程，但是如果消费者能从私人领域的其他途径以较小的成本获得产品，就不会去中间商那里以高价购买了，这样的话著作权人向中间商发放许可就不能实现（因为中间商的产品卖不出去）。本书针对这个问题扩充了这一认识，认为并不是只有著作权执法保障的著作权发挥着作用，在中间商到达消费者的这一阶段是替代手段发挥了更为积极的作用，总的来说正是因为著作权执法与替代手段一起保证了排他性，中间商才愿意向著作权人请求许可，作品到产品再到消费者的过程才得以完美实现。著作权产业链的背景板上不只是受著作权执法保障的著作权，而且还有替代手段，只有把替代手段这块拼图补充进去，从作品到产品再到消费者的产业链才算完整。本书把这种关系确定为替代手段对著作权的补充关系，二者相辅相成，缺一不可。这一节先把三个产业中著作权的方式分成传统领域、中间领域和网络领域，然后以这三个领域中的事实来证成替代手段对于著作权的补充，最后以一个总结来概括二者的补充关系。

6.1.1 传统领域中的补充关系

在第二个阶段——中间商将作品转化成产品传播给消费者的阶段，本书依据产品的天然排他性强弱程度分三个领域论述。第一个领域是传统领域，天然排他性最强，第二个领域是中间领域，天然排他性次之，最后一个领域是网络领域，天然排他性最差。这里的天然排他性指的是产品凭借本身就能杜绝消费者从私人领域的其他途径获得同样产品的性质。产品的天然排他性是自然而然地就形成了，几乎没有人为的因素，因此很少有人注意，但是它确实起到了替代著作权执法的功能，协助著作权的实现，所以本书也把它看成是替代手段。根据这个标准，传统领域包括音乐产业中的电台电视台广播、公共场所播放背景音乐、现场演出以及电影产业中的影院放映、电视台播放、电影衍生品中的主题公园，这些产品的天然排他性是最强的，消费者必须从中间商那里获得产品，没法从私人领域获取，因为私人没有能力建造电视台、电影院、公共场所、主题公园和组织现场演出。由于这几种产品极高的天然排他性，本书将其称之为渠道的唯一性，也就是消费者只能从中间商提供的渠道获得产品，没有别的渠道。

在传统领域保证著作权排他性的问题就简单很多，著作权执法只需保证第一个阶段对于中间商的排他性，那么所有传播作品的中间商都成了经过许可的合法中间商，在第二个阶段消费者就只能从合法中间商那里获得产品，如此一来整个产业链的著作权排他性就都能够保证了。在第一个阶段中间商基本都是有较大投入和不可移动资产的组织体，监控成本较低，适合著作权执法，在第二个阶段针对的是广泛的、分散的私人消费者，产品本身就排除了消费者从私人领域的其他途径获得产品，替代手段（产品的渠道唯一性）对著作权形成了补充。虽然以上这些方式依靠渠道的唯一性能够保证第二个阶段著作权的排他性，但是在第一个阶段，著作权执法的力度存在着显著的差异。在院线放映的方式下，著作权执法的力度较强，所以中国电影产业的收入主要来源于院线放映，而在音乐产业的电台电视台播放、公共场所播放背景音乐与电影产业的电视台播放这些方式下，著作权执法的力度就比较弱，以至于音乐产业和电影产业从这些方式中获得收入的比例就比较低。

6.1.2　中间领域中的补充关系

中间领域指的是在传统领域与网络领域中间，其产品的天然排他性比传统领域弱，却比网络领域的强。中间领域主要包括图书出版产业中的实体书、音乐产业中的实体唱片、电影产业中的实体影碟，在第一个阶段，著作权人依靠著作权执法来保证排他性，由于大规模生产销售实体书、实体唱片和实体影碟的行为容易被监控，所以排除未经许可的中间商并不难，著作权人会挑选最合适的中间商签订著作权许可合同。在第二个阶段，一旦中间商将实体书、实体唱片和实体影碟卖给消费者，著作权人和中间商就很难控制消费者以后的行为了，著作权执法对于私人领域的监控也面临着极大的困难，所以依靠替代手段是明智的选择。

实体书、实体唱片和实体影碟的替代手段之一是作品载体的天然排他性。在第二个阶段，也就是中间商把实体的书、唱片和影碟传播给消费者的时候，消费者也有从私人领域其他途径获得作品的可能性，比如甲可以把自己买到的书、唱片和影碟复制一份卖给或者送给乙，所以说中间领域产品的天然排他性比传统领域的弱。不过中间领域的产品依然保持着一定的天然排他性，甲想要复制实体的书、唱片和影碟并把复制品传播给乙也需要花费一定的时间和其他成本（比如复制和沟通成本），而且复制实体书的质量要比原版要差不少。如果著作权人和中间商提供的产品价格低于这项成本的话，或者著作权人和中间商提供的产品有私人复制品无法复制的品质，那么著作权人和中间商就会吸引消费者放弃私人复制品。

把时间拉回到 20 世纪 70 年代，尽管涉及的是实体影碟的原始载体——录像带，但是 Sony 案依然会给出很好的启示。Sony 案的发生有些出人意料。Sony 美国公司推出了新产品——一种名叫 Betamax 的录像机，消费者可以用它接通电视机录制电视节目，如果消费者不在家，也可以通过定时装置在预先设定的时间自动启动录制指定的电视节目。由于播出的电视节目是免费的，所以相当多的著作权人对消费者使用 Betamax 录像机的私人录制行为不以为意，消费者也习以为常，但是美国环球影视城公司和迪斯尼公司决心讨个说法。他们向加州中区法院提起诉讼，认为消费者未经许可的录制行为侵犯了二者的著作权，而 Sony 美国公司销售录像机的行为则构成帮助侵权，原告请求法院发放对于被告 Sony 美国公司生产和销售录像机的禁令，并请求赔偿。一审原告败诉，原告于是上诉至联邦第九巡回上诉法院，上诉法院推翻了一审法院的判决，Sony 美国公司请求联邦最高法院提审，联邦最高法院最终以 5:4 的比例推翻了上诉法院的判决，维持了一审判决。①

案件缘起于一次技术变革。在 Betamax 录像机出现之前，消费者只能在固定的时间收看固定的节目，录像机的问世使得消费者可以将电视节目录制在录像带上在以后任意的时间观看。为了便于分析，法官将录像机的功能总结为两种，时移（time—shifting）和建立影像库（library—building），前者指消费者将节目录制下来在其他时间观看，后者指消费者将节目录制下来反复观看。少数派法官的代表 Blackmun 认为录像机的这两项有利于私人复制的新功能创造了一个著作权许可的新市场，就像英语小说的作者有权许可他人将其作品翻译成西班牙语，从而开发西班牙读者群的新市场一样，著作权人不应该被剥夺开发这个市场。② 然而联邦最高法院的多数派法官没有重视这一意见。多数派法官的代表 Stevens 在判决意见中写道："如果认为非商业使用构成侵权，那就要证明这种使用会造成损害。"③ 这句话奠定了判决意见的基调，多数派法官仅仅将

① Sony Corporation of America et al. v. Universal City Studios, Inc,. et al. 464 U. S. 417 (1984).

② 参见［美］威廉•W•费舍尔：《说话算数：技术、法律以及娱乐的未来》，李旭译，上海三联书店 2008 年，第 64 页。Blackmun 大法官在判决中的反对意见原文为："本案中，制片商及其临时法律顾问展示了录像机技术的出现为电视节目创造了一个潜在的市场。这个市场的消费者包括那些无法或不方便在节目播出时观看的人们，也包括那些愿意在其他时间观看节目的人们。这些人购买录像机和录像带，表明他们愿意为这种方便支付费用；毫无疑问，他们中的大多数人也会愿意向著作权人支付某种形式的版税。剥夺制片商开发这个巨大市场的机会是错误的。" Sony Corporation of America et al. v. Universal City Studios，Inc，. et al. 464 U. S. 417（1984）.

③ Sony Corporation of America et al. v. Universal City Studios，Inc，. et al. 464 U. S. 417（1984）.

注意力集中在时移行为上，有意无意地忽略了建立影像库的行为；[①] 他们认为时移行为是非商业性的，原告没有证明其著作权作品的市场或价值遭到明显的损害，所以构成合理使用，录像机生产商也因为时移这一实质性非侵权用途而免予承担帮助侵权的责任。[②]

在 Sony 案中，多数派法官只考虑原告既有的利益有没有受到“损害”和“负面影响”，回避了 Blackmun 大法官提出的新市场的“收益”和“正面影响”问题。换句话说，多数派法官只考虑到了减损，没有考虑增值。也许时移行为，甚至是建立影像库行为，不会给著作权人的已有的市场造成损害，但是著作权人应不应该在未来的新市场中分一杯羹呢？法院最终选择了拒绝，将私人录制的行为归为合理使用，摒除了著作权人的法律控制。判决令部分著作权人大失所望，他们将赌注又押在国会的立法上。其实这些著作权人早就做好了两手准备，早在 1982 年，由著作权人和其他靠著作权获利的组织和个人发起的美国版权保护同盟就怂恿数位参议员向国会提出议案，请求向空白录像带征收版税。[③] 尽管美国电影协会主席 Valenti 为了争取同情，在立法听证会上说“盒式录像机之于美国电影制作者就像波士顿杀手之于在家的妇女”，它将使电影行业“流血、流血、大出血”，[④] 尽管 Valenti 还暗示征收版税是为了工人们谋利益（他声称“这些人的经济保障完全依赖于电影业的健康发展”），而不是为了电

---

① 尽管 Blackmun 大法官在反对意见中引用调查报告的数据指出录像机的用户平均每人拥有 25 到 32 盒录像带，至少 40%的用户在影像库中拥有 10 盒以上的录像带，40%以上的用户打算不止一次观看录像带，多数派法官还是回避了建立影像库这个问题。Sony Corporation of America et al. v. Universal City Studios, Inc, . et al. 464 U. S. 417 (1984). 也许多数派法官认为只要证明了时移行为是合理使用就构成了录像机的实质性非侵权用途，至于建立影像库是不是合理使用就不重要了。

② 因为法院认定时移是非商业性行为，所以证明损害的举证责任被分配给了原告，而原告在这个问题上举证不够有力，导致最终的败诉。Sony Corporation of America et al. v. Universal City Studios, Inc, . et al. 464 U. S. 417 (1984). 。

③ 参见[美]罗纳德•贝蒂格：《著作权文化：知识产权的政治经济学》，沈国麟、韩绍伟译，清华大学出版社 2009 年，第 159–160 页。

④ 参见[美]迈克尔•A•艾因霍恩：《媒体、技术和著作权：经济与法律的融合》，赵启杉译，北京大学出版社 2012 年，第 130 页。

影公司的老板，著作权人在国会的努力还是失败了。[①]

虽然著作权人在法院和国会两手空空，但是Sony案的尾声出现了惊人的反转。Sony案的最终判决下达之后，电影行业里弥漫着悲观的情绪。制作者原来遵循的商业模式是许可电视台播出它们的电影（在剧院放映和有线电视播出之后），并在中间插播广告，电视台会拿出一部分广告费支付著作权人的许可费。[②]现在Sony案的调查显示40%的消费者拥有10盒以上的录像带，并打算多次观看，等于是建立了私人的影像库，[③]消费者可以通过私人录制来获取片源，因此电视台播出电影的商业模式受到了挑战，制作者于是感受到了极大的危机。然而这种危机最终没有转化为现实，制作者通过录像带的租赁和销售市场实现了一个成功的反转。制作者推出了预先灌录了各种影视作品的录像带，录像带的租赁和销售商店开始遍布美国的大街小巷。1980年大型电影公司发行电影录像带的收益为2亿8千万美元，到了1990年则为51亿美元，[④]10年间增长了17倍；值得一提的是，以上巨额的收入是在美国版权法没有给予电影作品出租权的背景下取得的。[⑤]

制作者之所以取得这样的商业成就，是因为他们实施了低价和提供产品库的替代手段，使得消费者放弃了私人复制录像带。试想一下，预先灌录的录像带价格低廉，而且包含了五花八门的品种和内容，能够满足消费者多样化的需求，与在家里等待电视播放时录制的成本相比，消费者更愿意购买或者租赁录像带。市场的结果最后是双赢，制作者凭借替代手段重新夺回了录像带市场，而消费者则享受到了更为快捷、方便和丰富的录像带产品。

---

① 参见[美]罗纳德·贝蒂格：《著作权文化：知识产权的政治经济学》，沈国麟、韩绍伟译，清华大学出版社2009年，第162页。

② 参见[美]威廉·W·费舍尔：《说话算数：技术、法律以及娱乐的未来》，李旭译，上海三联书店2008年，第62页。

③ Sony Corporation of America et al. v. Universal City Studios, Inc,. et al. 464 U. S. 417 (1984).

④ 参见[美]威廉·W·费舍尔：《说话算数：技术、法律以及娱乐的未来》，李旭译，上海三联书店2008年，第264页。

⑤ 《美国版权法》109条首次销售条款排除了所有作品合法复制件的出租权，其中包括电影作品，两个适用的例外是录音制品和计算机程序。参见17 U. S. C. § 109.

Sony 案的启示：即便消费者有私人复制的自由，即便没有著作权执法的保护，只要著作权人和中间商提供了足够吸引人的产品，依然可以使得消费者放弃私人复制品，转而购买著作权人和中间商提供的产品。这个启示将一直贯穿著作权人和中间商实施替代手段的思路。

Sony 案之后，虽然录像带已经过时，但是 Sony 案中制作者采用的替代手段延续了下来，也就是著作权人和中间商为了吸引消费者，在正版的销售渠道提供资源库。著作权人和中间商在书店、唱片店、音像店和超市提供了丰富多样的产品，与在这些场所随心所欲地选购自己中意的产品相比，在私人领域寻找、沟通、等待、购买私人复制品的成本很有可能超过正版产品的价格，很多消费者省得麻烦，还是会在书店、唱片店、音像店和超市直接购买正版产品。除了提供资源库，总的来说，实体书的天然排他性要比实体唱片和实体影碟更强一些，因为私人复制实体书会带来较大的麻烦，在复印店一页一页翻书复印的成本不低，而其复制品质量也没法和原版书相提并论。私人复制数字录音带、CD 和 DVD 相对容易，质量和原版书几乎没有差别，载体的天然排他性降低，著作权人和中间商就加入了另外一种替代手段——技术措施，用来提高私人复制和传播的成本。

如果著作权执法能够保证第一个阶段的排他性，排除未经许可盗印实体书、盗录实体唱片和实体影碟的中间商，那么依靠产品天然排他性以及其他替代手段的著作权人和中间商还是能够在相当高的程度上保证第二个阶段的排他性，吸引消费者到书店、唱片店、音像店和超市购买正版产品。著作权人和中间商实施的替代手段对著作权起到了补充作用，二者共同发挥作用使得著作权人许可中间商生产的正版产品最终能够卖给消费者。在中国，出现问题的还是第一个阶段，著作权执法没有扫清未经许可的盗版商，在实体书的领域稍好一些，这从正版图书销量的连年看涨可以反推出来，对于实体 CD 和实体影碟，曾经的盗版率都在 90% 以上，这里面绝大多数的盗版应该是盗版商通过生产线大规模盗录的，不过这个时间段也就 10 年左右，在政府的执法机构还没有提高对盗版实体唱片和盗版实体影碟的执法力度之前，人们的消费热情就转移到了数字音乐和数字电影上，实体唱片和实体影碟的盗版问题也就较少得到关注了，焦点开始放在网络领域的数字盗版上。

6.1.3 网络领域中的补充关系

在网络领域到来之后，数字作品的天然排他性降到了最低。复制品与原版百分百相似，复制和传播用的电脑和网络都已经付了费，多使用一次的边际成本几乎为零，复制和传播所用的时间也大大减少，在实体书、实体唱片和实体影碟那里存在的载体障碍在数字产品这里几乎都不存在了，电子书、数字音乐、数字电影把原来捆绑的载体去掉了。总之，私人消费者利用电脑和网络可以非常方便地把完美的私人复制品传送给其他私人消费者，他们也拥有了大量复制和传播的能力，以至于能和传统的中间商分庭抗礼了。在第一个阶段，著作权人可以凭借著作权执法保证的排他性向数字出版商、数字音乐经营者、视频网站发放许可，但是一旦这些中间商将作品向消费者传播，接收到数字文件的私人消费者很容易向大规模地其他私人消费者发送这些数字文件，经营数字作品的中间商如何保证网络领域的排他性呢？答案还是替代手段。

本书就拿 Napster 案的情况做一下具体的分析。首先，私人复制（在此案中表现为下载）来源于私人上传，就单一产品而言，私人上传与著作权人提供几乎相同的音乐产品。[①]Napster 的某一用户一旦将某个音乐文件置于共享目录就可以供所有其他用户下载，文件的传输方法简单易学，传输过程在短时间内完成，文件被完美复制，所以私人复制耗费的成本极低。其次，在 Napster 的帮助下，用户可以迅速地定位并大量地获取音乐文件，突破了单一产品的限制。私人上传和 Napster 的结合使得私人复制成本极低，又不必向著作权人支付许可费，却能获得丰富的产品，很难想象所有消费者都会在轻易地获得音乐文件之后，继续忠诚地去购买 CD。

在市场损害的举证方面，著作权人一反在 Sony 案中软弱无力的表现，做得理直气壮。著作权人的专家证人 Deborah Jay 博士在随机抽取的大学生中开展了一项调查，其目的是查明大学生使用 Napster 的原因以及使用所造成的

---

① Napster 提供的 MP3 音乐文件利用了布兰登堡发明的一种特殊的音频编码技术，其音质相对于 CD 并没有明显的下降，但是容量只有原来的 1/10。布兰登堡发现，编码技术可以通过除去音乐文件的次要部分来有效地欺骗耳朵，从而在不太影响音质的前提下极大地压缩数据容量。参见薛维珂著：《影响美国的 100 个专利》，北京大学出版社 2007 年，第 49-51 页。

影响。这项调查表明41%的受调查者认为Napster的服务会替代CD的销售，Deborah Jay博士最后得出结论，受调查者承认或暗示在Napster的服务中获得的歌曲越多，他们就越少去购买CD。[①]另一个专家证人是Soundscan公司的首席执行官Michael Fine，他调查了大学周围一英里以内的商店的CD销售情况，该调查显示在4个年份中全国销量向好的某个季度，受调查的商店的CD销售情况却无一例外呈下降的趋势。[②]私人上传与Napster的结合使得上传的用户能够突破私人的范围，将传播结果扩展到全世界，因此接近于传统出版商的角色。两者免费使用了著作权人创造的作品，给著作权人的网络市场造成了实质性的冲击，使得著作权人前期投入的创造成本面临着无法弥补的风险，这样强烈的商业竞争效果是著作权人的不能承受之重。

在著作权人还没有向网络大规模进军的当时，著作权人还没有和中间商联合起来充分开发在网络世界的替代手段，所以Napster案中的私人分享使著作权人除了借助著作权执法，好像别无良策。但是如果仔细地研究一下，著作权人和中间商还是有争夺私人消费者的足够潜力。在Sony案中，录像机用户既要承担等待录制的成本，还要接受电视播放节目的制约，所以制作者有机会通过实施低价和提供影片库的替代手段来战胜私人复制。Sony案中私人复制的成本和替代手段的吸引力是影响消费者选择的主要变量，同样在Napster案中也可以这样考虑。可以想象一下，如果私人上传被禁止，Napster也被责令承担合理的过滤义务，使用P2P软件的消费者就需要搜索所剩不多的侵权文件，很多文件的地址可能是无效的，很多文件的标题为了逃脱过滤而千奇百怪而且缺乏必要的说明，很多文件夹杂着病毒，很多文件的下载过程还要接受提供者的广告轰炸，用户必须冒着电脑感染病毒的风险不断地试错才能获得真正想要的文件，这样的下载体验有时十分糟糕。如此一来，私人下载的成本就会显著提高，而且很难获得大量的、丰富的音乐产品。如果著作权人实施了替代手段，提供了便宜、安全、可靠、易得、丰富的下载服务，那么大部分用户不会吝惜有偿

---

① A&M Records, Inc. v. Napster, Inc., 114 F. Supp. 2d 896, 900 (N. D. Cal. 2000).

② 大学生们是音乐的爱好者，时间充裕，容易学会网络分享的方法，而且网络接入比较方便，经济状况却稍差。他们被认为是Napster的典型受众，大学也被认为是P2P文件分享的重灾区。

服务的低价格而去费时费力地下载侵权文件,“损害聚集”的累积效果[①]就不会发生。

在这里再仔细分析一下威胁著作权的几种行为。首先肯定的是如果数字中间商未经许可使用了著作权人的作品,那就应该由著作权执法排除,以保证著作权人有机会向善意的数字中间商发放许可。由于在网络领域私人消费者也能拥有像传统领域的中间商那样的复制和传播能力——私人上传的数字文件也能够同时让千千万万的私人消费者下载和播放,未经许可的私人上传行为也就像未经许可的中间商提供作品的行为那样,应由著作权执法排除。但是只有私人上传还不足以对合法中间商构成致命的威胁,因为私人消费者寻找、定位未经许可私人上传的数字文件还要大费周章。Napster 的功能这时就显现出来了,它帮助私人消费者迅速地定位所需要的数字文件,又由于 Napster 几乎笼络了当时所有的私人上传行为,所以它等于是提供了整个曲库。

在当时的中国,百度音乐搜索扮演了同样的角色,过低的审查标准使得百度音乐搜索等于免费提供了整个曲库,而且百度音乐搜索通过榜单、音乐盒、深度链接等服务等于是实施了捆绑个人体验的替代手段。未经许可的商业使用、私人上传和百度音乐搜索结合在一起提供了一个合法中间商当时所能提供的所有服务,大量的消费者被吸引到百度音乐搜索的平台上,他们消费的基本上都是盗版音乐,掐断了中国音乐产业收入的来源。正是因为 Napster 和百度音乐搜索这些网络服务商的存在,著作权人向中间商发放许可再由中间商将作品转化成产品传播给消费者的正版运营链无法完成,所以未经许可的商业使用、私人上传和承担过低过滤义务的网络服务行为都应该被著作权执法排除。[②]

---

① 联邦第九巡回上诉法院的法官 Beezer 在 Napster 的判词中认为,成千上万的私人复制聚集起来就会产生对于著作权人严重的损害,应该被认为是商业复制。A&M Records, Inc. v. Napster, Inc. , 114 F. Supp. 2d 896, 900 (N. D. Cal. 2000).

② 也许有人会问如果法律禁止私人上传,网络上就没有可下载的资源,允许私人复制不也就没有意义了吗?事实上,即便是禁止私人上传,依然会有一些信仰网络自由(information want to be free)、消费者不服从(consumer disobedience)和分享文化的人们上传资源,由于针对私人的执法成本极高,所以不可能完全消灭私人上传,法律只需将其限制在低水平就可以了。

即便 Napster 仅有对侵权行为的一般性认知，[①] 即便 Napster 提供的技术有积极的一面，[②] 法院依然责令其承担过滤义务，修改其技术提供方式。[③] Napster 使用了各种办法，包括标题审查、误拼审查和数字指纹比对，但也只能让 99. 4% 的有著作权的作品被过滤掉。Napster 被迫于 2001 年 7 月实施了技术关闭。[④] 百度音乐搜索在不断遭遇著作权诉讼之后，终于放弃了以他人的侵权行为为基础的盈利模式，转而和唱片公司合作分享广告收益。

市场的逻辑如上所述：只要禁止未经许可的商业使用和私人上传，网络服务商也被责令承担合理的过滤义务，私人下载就必然面临着各种不便，著作权人就有机会实施替代手段吸引消费者付费。事实证明以上的判断是正确的。在 Napster 案之后，苹果公司敏锐地抓住了这一时机，开始尝试实施替代手段，试图用优质的产品吸引消费者放弃非法下载，而不是用著作权诉讼的方式强迫消费者放弃非法下载。在 2003 年，著作权人尝试与苹果公司合作推出在线合

---

① 有学者认为，在 Napster 案判决中，被告帮助侵权成立的主观要件突破了"知晓直接侵权行为"的非常具体的要求（由 Whyte 法官在 Religious Tech. Ctr. v. Netcom On-Line Communication Serv. 案中确立），而是代之以泛化的、一般性的、概括的认知，这增加了网络服务提供商承担责任的不确定性，从而表现出帮助侵权责任对于网络侵权行为的不适应。Craig Grossman, From Sony to Grokster, *the Failure of the Copyright Doctrines of Contributory Infringement and Vicarious Liability to Resolve the War between Content and Destructive Technologies*, 53 Buff. l. rev. 141, 220-223(2005). 这个问题也影响到联邦第九巡回上诉法院对于地方法院禁令的态度，它指出地方法院应该修改禁令，要求著作权人向 Napster 提供具体的、遭受侵权的音乐文件的清单 . A&M Records, Inc v. Napster, 239 F. 3d 1004 (9thCir. 2001).

② 地方法院认为 Napster 的服务没有显示出"实质性非侵权用途"，联邦第九巡回上诉法院否认了这一点，它认为地方法院不恰当地将法律分析限制在当前的用途上，忽略了技术潜在的能力和未来的用途。A&M Records, Inc v. Napster, 239 F. 3d 1004 (9thCir. 2001).

③ Napster 提供的技术与 Sony 录像机有一处重要的不同：Napster 的集中式 P2P 技术理论上可以区分侵权的传输和不侵权的传输，而录像机做不到这一点。

④ 本书认为，在 Napster 案中追求零侵权的目标有点矫枉过正。如果以普通法的过失责任代替间接责任的话，Napster 就能免责。普通法上的过失责任经常用汉德公式来进行量化的权衡，也就是比较预防成本与预期损害（损害数额乘以发生的概率），如果预防成本大于预期损害，则被告不构成过失责任，如果预防成本小于预期损害，则被告过失责任成立。Napster 竭尽所能，过滤了 99. 4% 的侵权文件，如果适用过失责任的话，几乎可以肯定满足了过失责任的预防要求。

法下载的新产品——iTunes 音乐商店。起初著作权人只是把它当成一个试点项目，然而产品一经推出就立即获得了出人意料的成功。20 万首歌曲的曲库，允许单曲下载，每首歌曲 0.99 美元，高品质，一键下载，iTunes 凭借这些迅速赢得了消费者的青睐。除了低价、捆绑资源库，iTunes 还实施了技术措施限制了私人消费者之间的相互传播。然而消费者被 iTunes 的优质产品所吸引，也就接受了技术措施造成的不便。在其推出的第一周，iTunes 就有了超过一百万的音乐文件下载量，当年下载量超过两千五百万。[①] 在接下来的数年间用户在 iTunes 上的下载量不断冲高，大获成功。虽然未经许可的文件传输依然大量存在，但是 iTunes 的成功昭示着著作权人和中间商至少可以通过替代手段夺回失去的东西。

Spotify 在流媒体上对替代手段的使用获得了巨大的成功。它使用了免费增值的方法，允许大量消费者免费获得音乐服务，但是想获得高级别的服务就得付费。另外，消费者可以方便地建立自己喜爱的歌单，Spotify 由此可以向消费者提供别人无法复制的个人定制产品。Spotify 的模式带来了数字音乐收入的巨大增长，成为当时数字音乐产业的生命线，2016 年全球数字音乐收入占总收入的比例是 50%，其中流媒体收入增长了 60.4%，[②] 2017 年全球数字收入占总收入的比例是 54%，其中流媒体收入增长了 41.1%，[③] 在数字音乐逐渐成为人们消费音乐的主流的时候，流媒体对数字音乐发展的贡献厥功至伟。流媒体之所以吸引音乐消费者，主要原因就是在流媒体上可以方便地实施各种替代手段，它成功地把消费者又拉回正版音乐消费上来。

总之，如果能够以著作权执法在第一个阶段排除了未经许可的商业使用、私人上传和承担过低过滤义务的网络服务行为，消费者在私人领域获得数字作品的成本就会大大上升，这时经过著作权许可的合法中间商再施以种种的替代手段，大量消费者就会被吸引到正版网站。正如前三章关于替代手段的章节所

---

① Jessica Litman, *Antibiotic Resistance*, 30 Cardozo Arts & Ent. L. J. 53, 60(2012).

② 资料来源于中国音著协官网，http://www.cavca.org/upload/2017GMR.pdf，2018 年 8 月 8 日访问。

③ 资料来源于中国音著协官网，http://www.cavca.org/upload/IFPI2018.pdf，2018 年 8 月 8 日访问。

述，数字出版商、数字音乐经营者和视频网站可以实施技术措施、低价、捆绑资源库、捆绑广告、免费增值、捆绑社交网络等替代手段，增加正版产品的排他性和吸引力，使得消费者放弃盗版转而消费正版产品。这就是网络领域中替代手段对著作权的补充关系。

中国的数字图书出版产业、数字音乐产业、数字电影产业都曾经遭遇过疯狂的盗版，这主要是在第一个阶段著作权执法的力度不够，对于未经许可的私人上传没有威慑力也就罢了，对于未经许可的商业使用和承担过低过滤义务的网络服务行为的纵容是主要的致害因素。但是在行政执法机构的“剑网行动”和著作权诉讼的帮助下，近些年来走势看好，数字出版商、数字音乐经营网站和视频网站近年来大幅的收入增长可以反推出接触和消费正版产品的消费行为在显著增加，这就等于减少了盗版产品的消费行为。尽管正版逐渐占据上风，但是盗版依然大量存在，盗版依然有一定的抗衡能力，这需要进一步加强著作权执法，比如让网盘及相关的服务者承担更高的过滤义务，减少网盘侵权，比如采取特殊措施跟踪和监控恶意的、大规模上传数字作品的组织或个人，一旦发现迅速由行政机构制止或者由法院颁布诉前禁令。本书也认为完全消灭网络盗版是一种不现实的想法，目前理性的考虑是将网络盗版限制在一定程度以下，使其不能对中国的图书出版产业、音乐产业和电影产业产生实质性的威胁。

6.1.4　小结

由以上对传统领域、中间领域和网络领域中著作权与替代手段可知，著作权与替代手段不是非此即彼的关系。著作权确立的“著作权+许可”的商业模式自有其局限，替代手段确立的“作品+运营”的商业模式就是为了克服其局限，为了补充“著作权+许可”的商业模式而存在。替代手段对于著作权的补充关系源于各自的特点，主要有三个方面的不同。第一个方面是使用的手段不同。著作权的支撑手段是著作权执法，它使用诉讼和行政执法的方式，如果未经许可使用作品构成违法，则由法院、行政执法单位、监狱来实施，给予违法者禁令、赔偿损失、赔偿律师费、惩罚性赔偿、行政扣押、销毁侵权复制品、罚款直至监禁这样的不利后果，典型的支撑手段就是的美国唱片业协会（RIAA）发起的侵犯音乐作品著作权的个人诉讼。替代手段与著作权正好相反，它多是使用诱导而非强制的方式(技术措施除外),[①] 它引导消费者的理性行为,使得消费者自愿放弃盗版,例如,捆绑广告,著作权人和中间商允许消费者免费欣赏作品从而增加作品的传播范围,并因此从广告商那里获取收益。

第二个方面是发生作用的时间不同,著作权的模式是要以排他性为基础的,如果某人未经许可从事特定行为构成了侵权,著作权的强制手段只能在侵权行为之后实施,替代手段的模式则是在侵权行为发生之前起作用,比如技术措施、捆绑广告等是在产品投放市场之前就已经预装,实际上对侵权行为起到一个预防的作用。第三个方面是实施的效果不同,著作权以排他性为基础,对未经许可的侵权行为施加著作权的强制手段,实施产生威慑效果。实施替代手段的效果则是大大降低了著作权执法的需求,比如一旦预装了技术措施,就自动适用于所有人,一旦实施了免费或低价策略,消费者就会被吸引到正版产品这边,侵权行为就会大量地减少,但是替代手段缺乏威慑力。

正是因为这三个方面的不同,替代手段在适用领域上形成对著作权的补充,著作权实施的领域主要在于商业领域,实施的对象主要是其他中间商(组织),它们数量相对较少,规模较大,其中期望长期经营的中间商愿意以合法形式获取许可,利用著作权执法监控和排除未经许可的中间商也不困难;替代手段适用的领域是私人领域,针对的对象主要是作为单个的私人提供者,他们数量较多,规模较小,监控作为消费者的私人往往与隐私权、住宅不受侵犯的权利相冲突,利用著作权执法排除他们的违法行为是非常困难的,替代手段正是针对私人的消费者产生著作权执法很难实现的作用,它或者以技术手段使得消费者无法进行违法的特定行为,或者以其他手段吸引消费者远离违法的特定行为,往往能更加有效地管理私人行为。具体的关系如图 6-1。

---

① 技术措施是一种适用性极其广泛的手段,它既可以作为替代手段,限制私人消费者的复制和传播,也可以作为著作权执法的手段,用来限制盗版中间商的行为,比如在 CSS 技术就是在 DVD 播放机内置密钥,禁止播放盗版碟,它其实主要是针对盗版商的技术措施,用来在商业领域协助著作权执法。

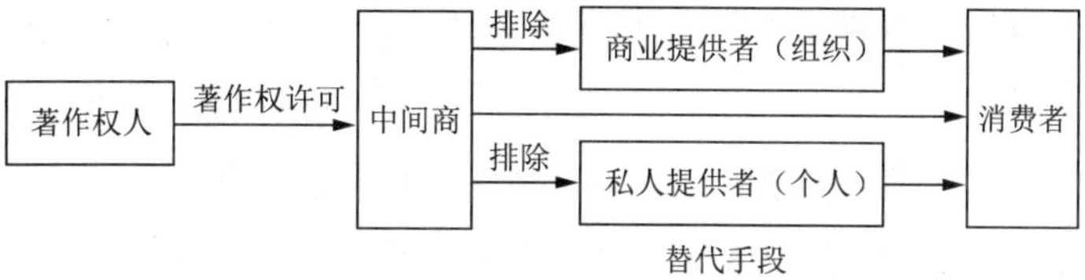

图 6-1　著作权与替代手段关系图

如上图所示，著作权和中间商需要排除的就是上下两个领域，分别由著作权执法和替代手段保证其排他性，著作权与替代手段各有其特点，各有其局限，各有其适合的领域，替代手段正好对著作权形成了补充的关系。

在目前这个普遍认可著作权的时代，著作权占据了主要的位置，但对市场中从事实际运作的生意人来说，替代手段也不可或缺，它减少了对著作权强制手段的需求，节约了管理私人行为的成本，使作品到消费者的渠道更易于接受。例如，著作权的强制手段使得乐意长期经营的中间商征求许可（著作权许可），获得许可的中间商则使用低价或捆绑广告的方式吸引消费者（替代手段），这两者相辅相成。假如没有著作权的强制手段，未经许可的中间商也能够使用低价或捆绑广告的方式，获得许可的中间商在竞争中只能处于劣势，最后不得不放弃许可。所以说获得著作权许可是实施替代手段的前提，没有著作权许可将作品进行传播（辅之以替代手段）的行为都是侵权行为；假如没有替代手段，单纯地凭借著作权许可进行传播的产品面对盗版产品没有优势可言，消费者会通过 P2P 软件这样的私人传输手段寻找廉价的替代品，仅仅提供传输渠道和技术的网络服务商也很难受到追究。这样一来，单纯的著作权也不能给著作权人和中间商带来最大化的收入。总之，由于替代手段必须以获得著作权许可为前提，某种意义上说著作权占据了主要地位，所以本书说替代手段对著作权形成了补充关系。不过替代手段也有其独立的地位，起到了不可或缺的补充作用，著作权和替代手段两者共同实施才最有利于著作权人与中间商，二者的配合也同时实现了著作权法的目标：促进创作与传播。

尽管怎样签订著作权许可合同与怎样实施替代手段都是著作权人和中间商的自由，但是也需要受到反垄断法的制约。著作权与替代手段联合起来有可能造成更为严重的垄断。一个著名的例子发生在 20 世纪 50 年代的好莱坞，派拉蒙等大型电影公司收购了数百家电影院，这使得这些公司拥有了垄断地位，他们要求独立影院接受既包括优质电影又包括烂片的打包合同(俗称卖片花)。电影院的硬件设施可以看做是一种替代手段——捆绑易于排他的事物,它通过物理设施的排他性保证电影作品的排他性。捆绑本身并不违法,但是这些电影公司利用了自己的垄断地位强迫独立影院接受卖片花的许可合同则引发了反垄断的诉讼,1948年联邦最高法院在著名的“派拉蒙决议”中裁定该做法构成垄断。[①] 另外,替代手段也有可能不合理地限制公众的自由,比如,技术措施虽然受到著作权法的保护,但是限制了公众通过合理使用的条款使用作品的自由,也需要配套条款的制约,才能恢复著作权法原有的平衡。[②]

6.2 著作权与替代手段之间的平衡

这一节探讨著作权与替代手段之间的平衡问题。如上一节所述,著作权与替代手段不同、适用的时间不同、达成的效果也不同,所以各有其适用的领域,著作权适用于公开的商业领域,替代手段适用于私人消费领域,替代手段对著作权形成了有益的补充。这等于是基本划定了二者的边界,这个边界不可能太清楚,二者轻微地进入对方的边界是很有可能的。比如,未经许可的私人上传,虽然属于私人领域,但是私人上传达到了公开出版的效果,所以也归入著作权的权利范围,以目前的管理水平看,即便不能对未经许可的私人上传采取有效的措施,也不能将其认定为不侵权。然而如果二者打破了相辅相成的平衡,深入对方适用的领域,又会发生什么呢?该怎样评价向著作权或者替代手段某一方倾斜的事情呢?下文就分成两种情况讨论这个问题,第一种情况是天平向著作权倾斜,也就是著作权更换替代手段的问题,第二种情况是天平向替代手段倾斜,也就是替代手段更换著作权的问题。这里的更换是一个度的问题,在当今著作权与替代手段共存的时代,不太可能出现完全的更换,这里的更换指的是将对方某一部分更换。

---

① 参见[美]约翰·维维安,《大众传播媒介》,顾宜凡等译,北京大学出版社2012年,第146页。

② Joel Reidenberg, *The rule of intellectual property law in the internet economy*, 44 Hous. L. Rev 1073, 1087(2007).

6.2.1　著作权更换替代手段的问题

著作权在私人消费领域适用的突出表现是将私人下载纳入复制权的权利范围，这打破了物理世界里著作权与替代手段的平衡。在物理世界里，作品必须附着于载体才能被复制，著作权法对有载体的私人复制持宽容的态度。著作权人许可给中间商是第一个阶段，中间商将包含着作品的载体交于私人消费者是第二个阶段，一旦完成了第二个阶段，著作权人和中间商对于私人复制既缺乏监控的条件，也缺乏监控的兴趣。一个比较有说服力的例子是 Williams & Wilkins Co 案，在这个案子中，原告 Williams & Wilkins Co 是一家出版公司，美国国家医学图书馆每年都要大量复印该公司出版的医学刊物。原告与这家图书馆协商收取许可费未果，就把美国政府告上了法庭，这个案子一直打到了美国最高法院，原告还是败诉了。[①] 在出版商把图书卖给图书馆之后，如果图书馆向外公开的大规模复印在这次诉讼中都被认定为不侵权，[②] 私人小规模的复印更难以被认为是侵权了。

对私人复制的宽容有两个原因，第一个原因是很多人认为著作权法的终极目标是促进知识的传播和文化繁荣，所以不能过分地强化著作权从而过多地限制人们获得知识和文化的机会，这也是功利主义正当性中的接触原则。私人消费者少量地复制和传播作品也是为了实现著作权法的目标，而且不会对创作者的激励造成实质性威胁。第二个原因是载体的天然排他性导致了私人复制一般不会是大规模的，复印一本图书和磁带还是要花费成本，而且复制品的品质会降低。复制 CD 和 DVD 的成本小一些，而且复制品的品质基本不会降低，不过少量复制然后赠送给朋友或者家人即便可能构成侵权，也绝不会惹来著作权

---

① Williams & Wilkins Co. v. United States，420 U. S. 376 (1975).

② 尽管在 Williams & Wilkins 案中美国最高法院判定图书馆的大量复印不构成侵权，美国著作权法在 1976 年修改了 108 条关于图书馆和档案馆大量复印的但书规定，并将新技术手段使用享有著作权作品全国委员会（简称 CONTU）出台的一个“5 份规则”纳入其协商报告（Conference Report），用来指导图书馆与出版商的实践。“5 份规则”就是自被请求复制之日起 5 年内，如果某一特定期刊上发表的任何文章在 1 年内被复印 5 份以上，就被认为是大量复制，不再被认为是合理使用。参见［美］保罗・戈斯汀：《著作权之道：从古登堡到数字点播机》，金海军译，北京大学出版社 2008 年，第 117 页。

人的侵权诉讼。[①] 基于这两种原因，复制权的权利范围或者其实际执行中一般不会纳入小规模的私人复制。

进入网络时代之后，有些国家将网络世界的私人数字复制也纳入了复制权的权利范围，典型的就是在Napster案中，美国法院认定个人下载MP3音乐文件也构成了对于著作权人复制权的侵犯。本书认为这是不必要的。如果著作权执法限制了商业未经许可的商业使用、私人上传以及责令网络服务商承担合理的过滤义务，私人下载的成本将显著提高，著作权人和中间商就能实施替代手段将大部分消费者吸引到正版上来，私人下载盗版自然就会大量减少。

美国著作权法将私人消费领域的下载认定为复制权的权利范围，首先影响的是交易成本。在著作权人向中间商发放许可的阶段，著作权法是降低交易成本的制度构建。如果没有著作权，作者和中间商联系的时候就只能依靠商业秘密法和合同法的保护，在签订合同之前作者不敢把全部的作品交给中间商，因为他怕万一不能签订合同而作品又遭到泄露，他就无法找下一个中间商开发自己的作品了，如果不能看到作品的全貌，中间商也很难对是否开发作品做出一个全面的、合理的判断，这就陷入了两难境地。除此之外，双方即便签订了合同，也要在合同中加入复杂而详细的条款约定双方的保密义务，这样的话谈判中信息披露的成本以及签约成本都非常高，阻碍了有效率合同关系的实现。著作权使得作者即便公开了作品，也一样拥有排除他人未经许可使用作品的行为，所以著作权会有效地降低谈判成本和签约成本。[②]

但是在中间商向消费者传播的这个阶段，著作权降低交易成本的这个优势就没有了。一是中间商不会选择消费者，所有消费者只要付费就可以获得作品，二是中间商在向消费者传播时作品已经公开了，中间商不会与消费者就保密的事项再签约，相反，如果在这个过程加入著作权则增加了交易成本，因为私人下

① 在Sony案中被诉的个人被告只是一个幌子，原告事先已经和他达成协议，即便胜诉也不会追究这个个人被告的侵权责任，Sony案中原告的真正目标是录像机生产商和销售商。另外，Sony案中认定不侵权的行为范围很窄，只是时移行为，也就是私人录制电视节目，现实生活中肯定有很多人将录制的电视节目又复制一份给自己的家人或者朋友，这就不是时移行为了，但也没有听说对此行为提起的著作权诉讼。

② Robert Merges, *A Transactional View of Property Right*, 20 Berkeley Technology Law Journal 1477, 1489-1504(2005).

载作品还要经过一道著作权许可的手续。执法成本也是交易成本，复制权排他性的保证依赖于著作权执法，将私人下载纳入复制权对于著作权执法而言是增添了沉重的负担而最终事倍功半。著作权人面临着千千万万的消费者，跟踪和监控他们的私人下载行为成本较高，著作权人只能挑选极小的一部分提起著作权个人诉讼，结果就是威慑力不足。对于愿意冒险的年轻人而言，只有小概率的可能性成为著作权诉讼的被告，而且判决也不容易执行（年轻人的财产有限，有可能不足以赔偿），著作权个人诉讼的阻止作用可想而知。

为了降低交易成本，著作权人和中间商一个更为有效的保障手段是技术措施。由于美国著作权法把未经许可的私人下载认定为侵权行为，需要著作权执法来排除这种行为，那么限制复制的技术措施就可以被看作是保障著作权执法的手段。著作权人和中间商给作品添加技术措施以及《数字千年版权法》对于技术措施的认可和维护限制了私人对作品的使用，产生了负面效果，比较显著的是增加了私人的接触成本。著作权法的目标是促进知识传播和文化繁荣，为此设置了保护期和合理使用的规则，但是限制复制的技术措施使得这两项规则很大程度上被悬置了。比如，保护期一般是作者有生之年加上 50 或者 70 年，保护期过后任何人都可以随意复制作品，但是添加了限制复制技术措施的作品不会在保护期过后自动去除。再比如，在网络世界里，复制成为常规的信息传送流程，浏览网页就要在内存中暂时复制网页的内容，运行程序也要在内存中暂时复制程序的代码，因此使用数字作品一般就要先行复制数字作品，如果私人复制被认为是侵权的话，就会大大增加合理使用时的不便，[①] 尤其是对于以批评、教育为目的的这些合理使用的方式（本身即带有强烈的正面意义）。

首次销售原则在网络世界被抛弃也说明了这一点。首次销售原则指在版权人或者其获其授权的被许可人出售作品原件或复制件之后，该原件或复制件的受让人后续的发行行为就不再受发行权的限制。[②] 在物理世界里，首次销售

---

① Committee on Intellectual Property Rights in the Emerging Information Infrastructure, National ResearchCouncil, *The Digital Dilemma: Intellectual Property in theInformation Age*143(National Academies Press 2000).

② 参见崔国斌:《著作权法:原理与案例》，北京大学出版社 2014 年，第 397 页。

原则有减少私人接触成本的作用，但是首次销售原则不能延伸到网络世界[①]，在目前接触就要先复制的网络世界，暂时还没有一个替代首次销售原则的平衡工具。

本书认为，将私人复制纳入复制权的权利范围还抑制了私人复制的竞争合理性。私人下载产生了适度的竞争压力，这会激励版权人与中间商合作实施替代手段，提供更为低价、丰富的产品。在物理世界里，首次销售原则方便了私人之间著作权产品的交换，提供了适当竞争的作用。首先，如果著作权产品的定价过高，大量消费者就会到二手市场购买或者租赁已经完成首次销售的产品，其次，消费者的消费能力是有限的，新的著作权产品会形成社会热点，吸引消费者购买（需要从一手市场购买）从而放弃旧的著作权产品（有可能从二手市场购买或者租赁）。首次销售原则的存在迫使著作权人与中间商不能定价过高，而且要不断地推出新的著作权产品吸引消费者。

进入网络时代之后，私人下载是如何产生适度的竞争激励的呢？不妨先回溯一下世界刚刚进入互联网时代的图景。尽管有识之士已经向唱片公司提示了互联网将要带来的威胁和机会，但唱片公司依然沉醉于有形产品（如磁带和CD）给他们带来的巨大成功，他们对于互联网既不熟悉也不屑于了解，他们认为，“如果我们不喜欢新的传播技术，我们只需不发放许可就可以了，它也只能溜掉”。尽管唱片公司都设有针对数字产品的高级官员（digital person），但他们的声音基本上被忽视了，唱片公司依然迷恋于制作专辑和销售CD的模式，把唱片零售店当成消费者，把版权当成自己的“防弹衣”。[②]由于缺乏必要的竞争，唱片公司便固化于既有的传播格局，无法敏感地发现和回应消费者的需求，无法迅速开辟在线市场，直到Napster的横空出世。如今回顾一下Napster案之

① 在绝大多数国家网络传输不被认为是有形复制件的转让，所以首次销售原则只能限制发行权，不能限制向公众传播权（在我国是信息网络传播权），从而与网络传播无关。美国的情况较为特殊，其版权法用复制权（网络传输在接收方那里增加了一份复制件）和发行权等权利来共同涵盖网络传输，而在《美国版权法》上明文规定只限制发行权的首次销售原则也不能适用于网络传输。王迁：《论网络环境中的“首次销售原则”》，《法学杂志》，2006年第3期，第117-121页。

② Michael Carrier, *Copyright and Innovation: The Untold Story*, 4 Wisconsin Law Review 891, 932-935(2012).

后十来年的娱乐业的进步，就会发现著作权人与中间商在节节收复失地，将大量的消费者又吸引到正版产品上来，获取了不菲的收入。这里面一个重要的原因是中间商实施了丰富的替代手段，让消费者放弃了私人下载转而购买合法的产品。

避免著作权执法深入私人消费领域，给私人复制以合法地位，就会发挥私人复制的适度竞争作用。一方面，私人复制迫使著作权人和中间商在竞争中实施替代手段，推出更好的产品，避免著作权人躺在著作权的坦克里横冲直撞，因为如果他们不这样做，消费者就会转向私人复制。另一方面，私人复制提供的是适度的竞争激励，适度是其合理性的关键所在。私人复制需要花费时间和耐心去寻找和下载，而且下载的是简单粗糙的产品，给简单粗糙的产品添加替代手段是私人消费者无法完成的商业化过程，如此私人复制就给予了著作权人和中间商胜出的机会。技术不但提升了私人的能力，技术也提升了著作权人和中间商的能力，他们作为商业运营者，可以实施丰富多彩的替代手段，能够超越私人复制并赢回市场。

与之相反，未经许可的商业使用者和传统的印刷商一样，复制就是为了发行、销售和赚钱（完全不考虑创造），由于不承担前期的创造成本，他们能够以更低的价格吸引消费者，更为关键的是他们也可以融资，组织规模化生产，具有与著作权人和中间商相同的商业能力，也能给作品添加丰富多彩的替代手段，所以说未经许可的商业使用应予禁止。总之，如果禁止商业使用、禁止未经许可的私人上传以及为网络服务商设定合理的过滤义务，私人复制的成本就会上升，但又不会被绝对消除，从而使得私人复制提供的竞争保持在适度的水平，激励著作权人和中间商通过替代手段提供更好的产品。综合以上的理由，如果向著作权一方倾斜，也就是著作权更换替代手段，将打破著作权与替代手段的平衡，直接的负面效果就是增加了交易成本、减少了私人接触作品的机会以及不能实现私人复制的竞争合理性。

6.2.2　恢复平衡的举措——宽容私人复制

根据以上论述，谈一下本书观点对于《著作权法》有关合理使用的第一条——个人使用条款的启示。《著作权法》（2020）第 24 条规定，“在下列情况下使用作品，可以不经著作权人许可，不向其支付报酬……：（一）为个人学习、研究或者欣赏，使用他人已经发表的作品”，此项规定将几乎全部的个人使用都划入了合理使用的范围，当然也包括私人复制。有观点认为网络技术的进步使得个人使用作品的能力已经大大增强了，再给予个人使用以如此之大的自由将导致著作权人的权利被架空，这种观点表示要限缩合理使用中个人使用的范围。本书暂且不讨论其他的使用方式，只是涉及本书已经重点分析过的私人复制。

关于私人复制的限缩主张主要有三点，第一点是变整体复制为部分复制，第二点是要求复制的合法来源，第三点是私人复制的数量限制。第一点主张已经表现在立法文件中，在 2020 年《著作权法》修订之前，《著作权法》（修订草案送审稿）[①] 的第 43 条第一项的文本是“为个人学习、研究，复制他人已经发表的作品的片段”，与原来合理使用的规定相比，修订草案删除了“欣赏”，增加了“片段”（至于“使用”改为“复制”本书暂不讨论），不再允许整体复制，大大限缩了私人复制的范围。第二点主张来自德国《著作权法》第 53 条第 1 款第 1 项，其规定要求复制来源合法，也就是复制件的样本不应当明显来自违法的来源。[②] 第三点主张的理由来自多个国家的立法文本，比如捷克、巴西、埃及、墨西哥等国的著作权法规定为个人需要复制 1 份为合理的数量，不允许复制多份，冰岛著作权法则认为为个人需要复制 3 份也是合理的。[③] 但这都是少量的复制，中国《著作权法》个人使用的条款在字面上是允许无限量的复制，与这些国家的立法有明显的区别。

这三种限制的立法理由很大程度上来自“损害聚集”理论，即无论部分复制还是要求来源合法还是数量限制，都是害怕私人复制累积起来对著作权人产

① 国务院法制办公室关于公布《中华人民共和国著作权法（修订草案送审稿）》公开征求意见的通知，http://www.gov.cn/xinwen/2014-06/10/content_2697701.htm，2018 年 9 月 21 日访问。

② 参见[德]M·雷炳德：《著作权法》，张恩民译，法律出版社 2005 年，第 299 页。德国《著作权法》第 53 条第 1 款第 1 项规定：“准许自然人为私人使用而个别地复制作品于任何载体，但以该复制既不直接，也不间接服务于营利目的的及未使用明显违法制作或网络传播的样本为限。”《德国著作权法》，范长军译，知识产权出版社 2013 年，第 82-83 页。

③ 参见吴汉东主编：《知识产权法》（第 5 版），法律出版社 2014 年，第 100 页。

生实质性的损害。为了避免这种情形，就采用了限制私人的复制行为这种做法。具体来说，就是如果复制行为的结果加总起来会与著作权人和中间商形成竞争的话，就不被著作权法所允许，不能归入合理使用。整体复制会带来竞争的隐患，所以只允许部分复制，因为对于消费者而言，作品的部分比整体差得太远，只消费作品的一部分带来的消费体验太差，所以作品的部分不会对整体形成替代，这也是现在大量著作权产品允许取样试听的原因。作品复制来源合法的要求则是在私人复制之前，至少保证一次著作权人与合法中间商的正版销售，除此之外，合法的复制来源要求个人只能选择正版的来源，而提供正版来源的著作权人与中间商也许会对私人复制实施某种限制（比如技术措施），合法来源的要求意味着私人只能接受这种限制。数量限制的目的更为明确，复制一份一般也就是自用，而不是传播给他人，即使传播其范围也极其有限，比如亲戚朋友，对著作权人和中间商的危害不大。这三点限制来自传统观点下对于复制的恐惧，著作权法之所以规定复制权，就是因为传统观点认为，复制就是为了发行，就是为了和著作权人与合法的中间商竞争。如果不把对复制行为的控制单列为一项专有权利，著作权人与合法中间商的经济利益就无法得到切实的保障。这种观点反映到个人复制上，就是将复制行为限制在部分、合法来源和少量上。

本书认为，上述三点主张对于私人复制范围的限制都是不必要的。理由之一是比较传统的功利主义分析——上述三种主张将极大地增加接触成本。第一种主张是只能部分复制，在网络世界里，常规的技术规范就是整体复制，整体复制与部分复制的成本几乎没有差别，如果私人只能部分复制的话，需要私人将自己需要的部分从整体中剪切出来将明显地增加复制的成本。尤其是对于基于原作品的再创作，因为创作往往不会一下子就完成，使得创造者不得不寻找原作品多次进行部分复制，成本明显上升。[①] 第二种主张是合法来源，私人在复制的时候还要理性地判断是否是合法来源，比如作家在写作的时候需要参考一篇文章，他还要首先判断这篇文章的来源，如果是非法来源他还不能复制，必须要找一个合法来源复制，这不能不说是一种干扰。第三种主张是必须保证是少量复制，如果市场中没有现成的作品可以购买，而私人为个人需要必须复

① Debora Halbert, *The State of Copyright: The complex relationships of cultural creation in a globalized world* 8(Routledge 2014).

制多份的话，难道他只能用复印机复制一份，其他的全靠手抄吗？在网络世界里，复制是默认的技术规范，私人跨媒体的使用如果也要遵守数量限制的话，就会极大地限制私人使用作品，哪怕是私人自己花钱购买的正版作品。

反对这三种主张的理由之二是监控私人消费者的成本太高，这一点本书已经多次强调过。私人复制一般发生在私人的生活区域，如何有效地监控每个人的复制行为又完全不影响私人的隐私权和住宅不受侵犯的权利呢？这在网络复制如同家常便饭的今天简直就是一个不可能完成的任务，必然使得每个人在隐私权和住宅不受侵犯权方面做出一定程度的牺牲。另外，监控和诉讼成本往往要超过所获得的收益，导致著作权人和中间商左右为难。比如在德国《著作权法》，其合法来源的要求不是正面宣示的“复制的样本必须来自合法来源”，而是反面宣示的“要求不得明显来自非法来源”，这一方面降低了私人复制时的判断成本，一方面也是为了节约处理纠纷的成本，因为复制人是否知道样本来自非法来源的证明标准较高，而证明复制样本明显来自非法来源则较为容易。即便如此，如果复制人只是少量复制了作品，其监控和诉讼的成本往往高于所获赔偿。

虽然著作权人和中间商期待着著作权个人诉讼所产生的威慑效应，但是诉讼的成本高于收益，著作权人和中间商就不能对每个复制人都起诉，只能选择一小部分进行，考虑到被诉的概率很小，个人诉讼的威慑效应也会大打折扣。如果法院为此大量适用惩罚性赔偿金，著作权个人诉讼还会遇到令判决无法实现者（Judgment-proofness），也就是被告没有足够的资金来偿付惩罚性赔偿金，这就像一个酒后驾驶的穷司机，拿着别人的生命和财产冒险，可能造成巨大的损害却没有钱赔偿。

虽然既然理论上法律的实施比较困难，为何那么多国家还会规定对于私人复制行为的限制呢？比如说只限于复制 1 份，难道执法机关真能时时刻刻地监督每个人的复制行为吗？笔者估计：虽然很多国家的著作权法这样规定，但是执行效果未必如愿。例如，上文提到的巴西，作为一个新兴的市场经济国家，其盗版情况是众所周知的严重。在商业软件联盟 2011 年的全球调查报告中，中国的软件盗版率是 77%，印度是 63%，巴西是 53%，都是排名靠前的国家。[①] 曾经担任《连线》杂志的主编、以发现长尾理论闻名的克里斯·安德森（Chris Anderson），为了证明文化创意产业没有著作权的有效保护也能持续，在他的著作《免费：商业的未来》中特地举了中国和巴西的例子，安德森采用的论据恰好说明了巴西著作权执行的糟糕状况。[②] 很难相信在软件盗版率如此之高、著作权保护水平低的巴西，其执法机构竟然能有效地监督私人复制是否超过 1 份。实际上，德国《著作权法》似乎也并不重视对于私人复制行为的监控（允许私人进行多份复制），其《著作权法》着重规定了复制装置和存储媒介的制造者支付报酬的义务（也就是美国法中的征收设备税），报酬用来支付给作者，而且还详细规定了复印机经营者支付报酬的义务。[③] 毕竟，监控复制装置和存储媒介的制造者和复印机经营者的成本要低很多，这还是监控中间商的思路。

理由之三是私人复制只是一种选择，不一定必然发生，立法者和执法者可以通过间接的方式调高私人复制的成本，使得著作权人和中间商可以通过实施替代手段有效减少未经许可的私人复制。如何调高私人复制成本呢？一是设置网络服务提供商合理的过滤义务，使得网络服务提供商过滤掉明显的、易于获取的侵权文件，剩下的侵权文件就需要私人耗费更多的时间和试错成本才能获取，相比于著作权人和中间商提供作品的低价和其他替代手段，大多数私人消费者一定会选择著作权人和中间商的正版产品。二是禁止私人上传，考虑到执法成本，可以考虑选择性执法，如禁止大规模私人上传。私人上传发生在灰色领域，虽然也发生在私人场合，但由于其最终效果发生在公开领域，也应当被禁止。

一般来说，如果没有网络服务提供商的帮助，即便私人上传者违法上传了

---

① 在其他的市场经济国家中，美国的软件盗版率是 19%，日本是 21%，德国和英国都是 26%，两相对比就能看出巴西的盗版率远远高于著作权保护较好的国家，也就说明了巴西的著作权保护其实较差。Business Software Alliance，Shadow Makert: 2011 BSA Global Software Piracy Study（2012），https://globalstudy. bsa. org/2011/downloads/study_pdf/2011_BSA_Piracy_Study-Standard. pdf. 2019 年 3 月 21 日访问。

② Chris Anderson，*Free: The future of a radical price* 199（Random 2009）.

③ 参见德国《著作权法》第 54 条。参见《德国著作权法》，范长军译，知识产权出版社 2013 年，第 88-93 页。

侵权文件，私人复制者想要快速准确地定位侵权文件也是有困难的。所以说，如果网络服务提供商都能够履行合理的过滤义务，偶尔的私人上传是不构成威胁的。构成威胁的是恶意地、重复地、大量地上传侵权文件的私人上传者，这些上传者由于其长期积累的经验和信息，甚至能够不借助网络服务提供商提供的定位服务就能把侵权文件的信息精准投放给需要复制、下载侵权文件的私人复制者。比如，在一个喜爱某影星的论坛，有些版主知道经过注册的会员都是喜欢这位影星的粉丝，就不停地向这些会员推送这位影星主演电影的网盘链接，这种精准投放快速准确地满足了粉丝的偏好，使得私人复制的成本低于视频网站，是应予禁止的。著作权人和中间商无需对所有私人上传者不加选择地提起诉讼（事实上也不可能），他们只要能够禁止这种恶意地、重复地、大量地上传侵权文件的行为就能达到满意的效果。①

如果能够做到上述两点，即便允许消费性目的的复制，即便允许整体复制，即便允许非法的复制来源，即便允许无限复制，私人复制也还是要承担不低的成本，复制的效果也比不上正版的资源，著作权人与中间商的替代手段完全能够吸引大部分消费者放弃私人复制，损害也就不会聚集。此外，允许私人复制正好能发挥私人复制的适度竞争功能，它迫使著作权人与中间商不但不能要求过分的高价和设置苛刻的消费条件，而且要实施替代手段吸引消费者放弃私人复制转而购买经过许可的著作权产品，这不能不说是一个更好的结局。中国目前执法实践中执行的标准与本书就较为契合。在 2006 年，国家版权局版权司副司长许超就《信息网络传播权保护条例》的解读接受了记者采访，他表示法律是“管上不管下”，上传违法而下载不违法。② 本书认为这个划分标准大体是正确的。正如本书所论述的那样，2020 年这次《著作权法》的修订对个人使

---

① Mark Lemley and Anthony Reese, *Reducing Digital Copyright Infringement without Restricting Innovation*, 56 Stanford Law Review 101, 154(2004). 在这篇文献中，作者提到 3% 的 P2P 软件用户上传了网络上 97% 的文件，这个逻辑同样也适用于侵权文件的私人上传者，即少量私人上传者上传了大部分的侵权文件。

② Qian Wang, *Is downloading of pirated content for private purposes a copyright infringement in China?*, 57 Journal of the Copyright Society of the U. S. A 655, 663(2010). 在这篇文章中，作者还提到在 2006 年的泛亚诉百度案中，原告曾经将一名普通的个人用户起诉至杭州中院，诉由是未经许可下载原告的作品，后来此案被浙江杭州中院裁定不予受理。

用保持了原有的标准,没有对私人复制做出进一步的限制。

6.2.3　替代手段更换著作权的问题

如果著作权不能充分保证在公开商业领域的排他性,很多中间商能够未经许可对作品进行商业使用,很多个人未经许可公开上传作品,网络服务商怠于承担合理的过滤义务,那么网络上的盗版就会泛滥,还会有中间商去向著作权人寻求许可吗?肯定还是会有的,因为中间商还能够实施特定的替代手段谋取利润。这时,虽然著作权人与中间商名义上签订的依然是著作权许可合同,但著作权人和中间商都明白,著作权只是一个幌子,会有大量的商业竞争者不经许可就使用作品或者提供免费使用作品的便利设施和技术,所以中间商只能依赖在作品运营过程中实施替代手段来保证排他性,著作权人与中间商签订合同的真正价值就在于"作品+运营"的商业模式,而不是形式上的著作权许可。比较一下中国图书出版、音乐、电影这三个产业著作权许可的情形,就会发现图书出版产业、电影产业、游戏产业中著作权还能保证相当程度的排他性,大量的人们还是喜欢实体书、在电影院里看电影、在正版音乐平台收听音乐,图书销量、电影票房、音乐收入的持续增长表明著作权许可还在产业中较好地维持,这起码保证了著作权人一部分固定的收入。

与当前对比,在过去相当长的一段时间内——从 2005 年网络时代来临到 2015 年最严版权令颁布,在音乐产业中著作权只能保证低程度的排他性,这是因为人们消费的绝大部分是数字音乐,而数字音乐的著作权排他性在网络上难以得到充分的保证。这是一个难得的契机,虽然很多学者倡议即便去除著作权或者弱化著作权,文化创意产业也能够持续甚至繁荣,但是现实世界里著作权在不断地加强,学者们缺乏反面的例证,所以他们的理论只能是推测。在 2005 年至 2015 年这 10 年间的中国音乐产业,著作权软弱的执法正好提供了一个现实的版本可供研究,本书可以从中提取经验性的证据来分析这个问题。如果著作权许可只是形式,替代手段在实质上部分更换了著作权,那么结果会是什么呢?

中国的音乐产业在 2005 年至 2015 年遭遇了网络上铺天盖地的盗版,著作权人与中间商实施的替代手段主要有五种:现场演出、360 度合同、彩铃、赞助、捆绑影视剧和电脑游戏。现场演出中表演者必须到场,这不像观众在家里听唱片，正版的买不起可以买一张盗版的，现场演出没有盗版。表演者通过捆绑自身来排除不买票的观众和不支付演出费用的演出组织者。360 度合同和现场演出是一体的，唱片公司变身为经纪公司，因为现场演出可以赚钱，那么就培养艺人，然后从艺人的现场演出中分得高额的提成。彩铃利用了移动通信运营商渠道的唯一性，消费者想获得彩铃服务就必须通过三大移动通信运营商，著作权人与三大移动通信运营商签订许可合同（其实是以合同法而不是著作权法来保证排他性），借助他们的渠道排除未经许可的使用者。演唱艺人可以利用粉丝效应为赞助商推介产品，从而获得收入。音乐人可以为排他性较高的影视剧、电脑游戏创作音乐作品，从而获得收入。在著作权能够保证排他性的时候，这五种替代手段也存在，只是在著作权不能保证充分排他性的时候，这五种替代手段出现的次数和场合增加，发挥了更为明显的作用。

如何评价音乐产业中著作权表现软弱、替代手段更换著作权所导致的后果呢？本书就从著作权的合理性角度来看待这个问题。著作权的合理性有三种：激励创作、激励传播和作者自治。替代手段更换著作权是否能实现这三种著作权的合理性呢？本书强调法律多元主义，而且著作权的三种合理性各有其特点，所以本书就这三种合理性都做了规范的分析。

一、激励创作

著作权的第一种合理性来自功利主义的学说以及经济学的理论支撑，这种学说认为著作权能够向作者提供经济激励，从而增加作品的产出。经济学建立的一个简单框架是作品是准公共物品，具有使用上的非竞争性和收费上的非排除性，作品一旦创作出来很容易为其他人同时使用，而且这个使用不会对作品产生耗费，但是很难排除不付费的使用者，这两个特点决定了作品的创作者很难向使用者收取费用，既然收费不能弥补之前的创作成本，理性的创作者就会减少创作，整个社会陷入作品匮乏的境地。功利主义倡导设置著作权，用法律排除未经许可的使用者，迫使使用者向创作者付费征求许可，这样的回报会激励创作者继续创作。当然，功利主义隐藏的说法是如果不设置著作权也能出现同样多同样好的作品，著作权就成为不必要的了。在当前著作权的经济分析中，更多的是在坚持著作权的前提下给予量化的考虑，也就是在已经存在著作权的情况下，在边际上考虑是否应该提高著作权的保护水平。其分析框架：倘若再提高一下著作权的保护水平带来的激励收益小于其他创作者和消费者的接触成本，就没必要在边际上提高，保持现状就可以了，倘若再提高一下著作权的保护水平带来的激励收益大于其他创作者和消费者的接触成本，就应该提高。[①]

这种合理性提供的是经济激励。著作权排除未经许可的使用，想要取得许可就必须支付著作权人同意的价格，著作权人通过许可来获得经济收入。如果著作权不能保证排他性，必定带来著作权人经济收入的减少。首先，从事盗版的中间商、未经许可的私人上传者、怠于承担合理过滤义务的网络服务商不会向著作权人请求许可，自然也不会支付报酬。其次，能够实施替代手段的中间商会索取更高的分成，那么著作权人的收入相比著作权能够保证排他性的时候也要减少。这种现象比较突出的就是中国 2005 年至 2015 年的音乐产业。在 2010 年，与移动运营商合作的著作权人只能从彩铃业务收入中拿到 2%的分成，但即便是这 2%，也能占到 2010 年中国音乐产业收入的 90%。[②] 可见中国音乐产业的收入有多么低。

中国音乐产业收入之低还有以下数据的支持，2007 年中国的 GDP 是美国的 23. 5%，但是音乐行业的收入只有美国同行的 1. 1%[③]，到了 2010 年，中国音乐行业的总收入为 0. 643 亿美元，同年泰国的此项收入是 0. 689 亿美元，而泰国的人口仅仅是中国的 5%，人均 GDP 与中国大体相当。[④] 中国音乐行业收入较低的原因并非中国消费者不喜欢音乐，根据中国互联网络信息中心（CNNIC）第 27 次中国互联网络发展状况统计报告（2010 年 7 月），2009 年 12 月至 2010 年 6 月，中国网民的网络音乐使用率高达 82. 5%，高于网络新闻

① William M. Landers & Richard A. Posner, *An Economic Analysis of Copyright Law*, 28 J. LEGAL STUD. 325, 326 (1989).

② Sean Pager, *The Role of Copyright in Creative Industry Development*, January Law and Development Review 1, 24 (2017).

③ Jiarui Liu, *The Tough Reality of Copyright Piracy: A Case Study of the Music Industry in China*, 27 Cardozo Arts & Ent. L. J. 621, 626 (2010).

④ See OFFICE OF THE U. S. TRADE REP. , 2012 SPECIAL 301 REPORT 29 (2012). https://iipa.org/files/uploads/2017/12/2012SPEC301CHINA.pdf, 2018 年 2 月 12 日访问。

(78.5%)和搜索引擎(76.3%),排在所有网络应用的第一位。[①] 中国音乐产业收入低是由于著作权执法不能保证"著作权+许可"模式的有效实施导致的。

音乐产业收入低是一个总体现象,在产业内部也有不同于总体现象的异常表现。那就是极少一部分表演者——超级歌星,他们有天然的替代手段来确保他们的收入。由于现场演出可以通过自身(不是著作权执法)排除不付费的观众和未经许可的演出组织者,超级歌星在现场演出这一方面基本不受著作权执法的影响。超级歌星甚至不在乎盗版的存在,因为盗版的传播为他们聚拢了商业价值,他们可以在现场演出中把由于盗版失去的钱又拿回来。人们的娱乐习惯是只聚焦于超级巨星,假设两位歌手表演技巧只是差了一点点,绝大部分听众也会选择好一点的那位歌手。虽然只是差一点点,但是另一位歌手几乎失去了所有市场。站在台上的表演者都是这样,就更不要说幕后的词曲作者、录音制品制作者了,因此没有现场表演机会的大部分表演者、词曲作者和录音制作者的收入是非常低的。中国著名的音乐家谷建芬每年从音著协拿到的版税收入是8万元人民币,著名音乐制作人张亚东一年的版税也不过十几万元。[②] 谷建芬和张亚东是中国当前顶级的音乐人,创作和制作了很多热门歌曲,这些歌曲每年在电视台、电台、KTV、公共场所不知道播放多少遍,竟然一年只有这点钱成为他们的版税收入!

按照第一种著作权的合理性,著作权是以经济收入激励创作,避免创作匮乏。如果替代手段更换了著作权,中国音乐行业整体收入会趋于偏低,那么低收入是否降低了创作产出呢?这需要区分音乐行业内部的不同职业来分析。对于自己就能通过替代手段保证排他性的职业,比如可以从事现场演出的音乐表演者,整体收入偏低的问题不会明显地影响创作产出。因为这个职业总有极小一部分超级歌星获得超级收入,对于普通的、绝大部分的表演者而言,成为超级歌星的梦想就会激励他们留在这个行业继续奋斗。娱乐行业的特点就是只有极少数人成为超级巨星,他们的人气和商业报酬都极高,享受着粉丝的拥戴,

① 中国互联网络发展状况统计报告(2012年1月),http://www.cnnic.cn/hlwfzyj/hlwxzbg/hlwtjbg/201206/t20120612_26720.htm,2018年2月20日访问。

② 陈蕙茹:《请把我的歌带回你的家请把我的版税留下》,载《成都日报》2009年3月11日,A10版。

另外的人即便食不果腹，也会像飞蛾扑火一样不断地投身这个圈子。弗兰克教授和库克教授的认为有两个原因导致了这一现象，第一个是人们(尤其是年轻人)愿意高估自己的运气，总认为只要坚持下去，自己也会成为下一个超级巨星，第二个是即便人们对成功的概率有准确的估计，但是他们只注意到成功的可能性，忽视了少数人成功是建立在多数人失败的基础上。[①] 所以说在音乐表演的职业里，即便只有经济激励，也会有大量的人从事这个职业，大多数人收入较低也不太会降低表演的产出数量。

对于无法以自身作为替代手段的音乐产业的大多数从业者来说，收入降低产生的负面影响似乎也不大，因为大多数人从事音乐创作的激励是来自内心，而不是来自经济激励——功利主义的手段。根据刘家瑞对中国一些音乐人的问卷调查和深度访谈，他发现只有 17. 9%的音乐人承认经济利益是他们从事音乐创作的动机之一，74. 4%的音乐人明确地表示他们创作音乐不是为了钱，49%的音乐人声称他们创作时极少想到听众或者市场。[②] 另一项数据也说明了这个问题。格雷戈里•瓦萨尔和尼尔•阿尔珀调查了 3 000 位常住于新英格兰地区的艺术家，他们只有 24%的人没有兼职，他们从事艺术工作的收入只占总收入的 46%，他们的平均收入比整个新英格兰地区低 1. 6%（尽管他们平均受教育时间达到 16. 5 年，而普通劳动力受教育时间是 12. 3 年)，但是他们的家庭平均收入却高于整个新英格兰地区 11. 3%，这说明艺术家大多要依赖家庭其他成员。[③] 新英格兰地区的艺术家们拿着与他们受教育时间不匹配的经济收入，靠兼职和家庭其他成员的帮忙来从事艺术创作，结论只有一个，艺术创作

① Robert Frank and Philip Cook, *The Winner-Take-All Society* 101 (Penguin, 1966).

② Jiarui Liu, *Copyright for Blockheads: An Empirical Study of Market Incentive and Intrinsic Motivation*, 38 Colum. J. L. & Arts 467, 501 (2015).

③ Gregory Wassall and Neil Alper, *Toward a Unified Theory of the Determinants of the Earnings of Artists*, in Ruth Towse and Abdul Khakee, eds., Cultural Economics, 187-200 (Springer Verlag, 1992).

是他们的内在动机，[①] 他们从艺术创作中获得的精神享受是金钱难以衡量的，所以金钱不能驱动他们搞艺术创作，金钱也不能使他们放弃艺术创作。

通过以上的分析，结论是替代手段更换著作权不会明显地降低创作产出，一是因为音乐表演者会跟随依然能保持超高收入的超级巨星的脚步，继续投入音乐表演行业，二是因为绝大多数词曲作者和录音制品制作者是因为内在动机从事音乐创作，不会受到收入降低的负面影响。只有那些以金钱为外在动机的创作者才会因为收入低而离开，这个比例并不算大。然而，这里谈的只是创作数量的问题，具体到创作质量，收入降低就真的不影响作品的质量吗？刘家瑞的调查还表明，在同样的调查样本中，97.4%的音乐人承认金钱对于音乐创作非常重要而且有帮助。[②] 也许金钱不会影响这些音乐人创作动机，但是金钱会影响这些音乐人的创作行为，并因此影响创作质量。这一点本书放到著作权第三种合理性里进行分析。

二、激励传播

著作权的第二种合理性是激励传播。这种学说把著作权产生的激励聚焦到创作之后的阶段——传播。一个典型的例子是韦伯斯特的所作所为，诺厄•韦伯斯特（Noah Webster）担心盗版影响他极受欢迎的作品《英语语法原理》的利润，于是在各州立法机关极力鼓动制定一部著作权法，在他与其他倡导者的努力下，康涅狄格州在1783年通过了美国历史上第一部著作权法。[③] 虽然该法的宗旨是鼓励文学与天才创作，但是韦伯斯特是在写完了他作品之后才发起立法活动的，可以说著作权不是激励他的创作，而是激励作品的出版。戈斯汀在一篇短文中谈到著作权的功能在于构建作者与受众之间的渠道，使得作者与受众

---

① 根据刘家瑞的调查和访谈，中国音乐人的内在动机主要表现在四个方面：自我表达、作为朋友交往的交流工具、同行的尊重和公众的认可。Jiarui Liu, *Copyright for Blockheads: An Empirical Study of Market Incentive and Intrinsic Motivation*, 38 Colum. J. L. & Arts 467, 522-524 (2015).

② Jiarui Liu, *Copyright for Blockheads: An Empirical Study of Market Incentive and Intrinsic Motivation*, 38 Colum. J. L. & Arts 467, 504 (2015).

③ [美]保罗 • 戈斯汀：《著作权之道：从古登堡到数字点播机》，金海军译，北京大学出版社2008年，第41-42页。

之间的联系成为可能，那么就不能只注重创作者，而且要注重出版者的作用。[①] 之后德姆塞茨强调不能将信息产品的生产和消费分割开来考虑，应该依托市场机制以及设置财产权去处理这个问题。[②] 综上，第二个方面的合理性在于著作权利用了现有的财产权和市场机制的框架。财产权的优势是它把收益和成本全部内化，从而在衡量决策的成本和收益之后，权利人的决策既是个人的理性决策，也是整个社会的理性决策，符合经济学的效率标准。[③] 市场机制能够迅速地评价投入和产出，并把评价信息加总到价格中迅速地传播，被价格指引的理性人就会调整自己的行为，行为结果会在财产权中被完美的表达，最终趋向于有效率的资源配置。这两者结合起来能够使创作者充分了解消费者的需求，创作者的创作成果会与消费者福利保持一致。

激励传播的合理性不仅仅是专注于作品创作，而且还要考虑到作品创作完成后到达消费者的过程。作者（著作权人）或者没有能力将其作品转化为产品传播给消费者，或者没有能力将产品传播给所有市场的消费者，他们只能依靠中间商，由中间商帮助他们转化、宣传、推广、传播。创作过程和作品传播过程都需要耗费资源，而资源都是稀缺的，要想合理地分配资源，就要依靠现行的市场体制和财产权框架。具体运作的过程是这样的，把作者的作品和中间商转化的产品嵌入具有排他性的财产权中，这个财产权在市场的平台——由最大数量的接受者（也就是市场中的需求者）组成——上进行评价，价值由高出价者决定，那这个评价机制就达到了准确的最大限度，因为它反映了作品对于大多数人的有用性。[④] 著作权的排他性保证了著作权人和中间商可以将作品出售给

---

① Paul Goldstein, *Copyright*, 55 Law and Contemporary Problems 79, 91 (1992).

② Harold Demsetz, *Information and Efficiency: Another Viewpoint*, 12 J. L. & ECON. 1, 22 (1969).

③ 参见[美]登姆塞茨：《关于产权的理论》，载科斯、阿尔钦、诺斯等著《财产权利与制度变迁——产权学派与新制度学派译文集》，生活·读书·新知　三联书店上海分店、上海人民出版社 1994 年，第 96-100 页。

④ 这就是“比例原则”，哈耶克最早在论述个人主义的时候提到这个概念，但只是他原始的想法，并没有提炼出成形的法律原则。参见[奥]哈耶克：《个人主义与经济秩序》，贾湛、文跃然等译，北京经济学院出版社 1989 年，第 21 页。关于“比例原则”更为详尽的论述参见 Robert Merges, *Justifying Intellectual Property: Main Themes* 159 (Harvard University Press 2011).

出价最高的人（不用担心这些出价高的人转而去买低价的盗版），从而能准确地衡量作品的有用性，这个评价会通过价格传递给市场，如此一来“著作权+许可”的商业模式就会通过价格诱导产出更多的满足消费者偏好的作品。

著作权的好处在于它是普适的，对所有作品一视同仁，而替代手段则是有选择的，它只针对部分作品起作用。如果替代手段更换了著作权，那么就不能通过替代手段将所有作品的价值（也就是满足消费者的有用性）通过价格的方式有效传递给市场，价格机制就会发生扭曲。比如在中国的音乐市场，由于现场演出能够保证排他性，导致现在中国重演出、轻唱片的现状。2015年英国音乐产业唱片录制收入为现场演出收入的66.56%，而中国音乐产业中这项比例的数据仅为4.30%。[①] 这4.30%，主要也是分配给了能够组织现场演出的流行音乐，而小众音乐则几乎完全被忽视。如果小众音乐不能以著作权的方式（制作实体唱片、电台电视台播放和数字音乐下载和播放）传递价格信息，因为其受众较少，小众音乐也没有办法通过组织现场演出这个替代手段传递价格信息，这样不但导致了小众音乐作品创作的减少，也少有中间商投入资金建设从作品到消费者的渠道。

作为一个健康的市场，是能够充分满足消费者不同需求的市场，有些消费者需要流行音乐，也有些消费者喜欢小众音乐，他们的需求都应该被满足。由于现场演出这种替代手段只能照顾到流行音乐，不能照顾到小众音乐，资源也不会分配到小众音乐的创作与发行，最终导致小众音乐主要通过实体唱片满足的需求不能被满足。

再比如，现场演出因为是音乐人唯一的替代手段而被过分突出了，比如现在的音乐综艺节目（我是歌手、中国新歌声等等），音乐主要起媒介的作用，通过音乐将艺人载入大众现场，所以这样的音乐演出的功能主要是娱乐，而不是声音艺术。[②] 适合于现场演出的音乐表演者被热捧，他们必须年轻、健康、漂亮、

---

① UK Music:《Measuring Music 2015 Report》，中国传媒大学：《2015中国音乐产业报告》，转引自张丰艳：《中国音乐生态圈的现状问题与产业发展研究》，《中国版权》2016年第2期，第50-54页。

② 李皖：《“时代歌手”再不拥有时代——二零一三至二零一七年中国流行音乐概览之一》，《读书》2019年第2期，第3-11页。

有活力，但是他们很可能成为不断更迭的流量明星，而真正有演唱实力但是形象差的表演者就少人问津，因为他们不适合现场演出。还有一个例子，作为主要替代手段的彩铃，也只是突出了彩铃的需求信息，音乐人就只能跟进制作短的、易于上口的低品质彩铃音乐，而创作复杂的、有深度的高品质音乐的需求就至少要被部分地牺牲掉。[①] 综上，能够更换著作权的替代手段毕竟是有限的，这会使得无法实施替代手段的音乐作品在创作和传播上都得不到充分的满足，损害了音乐产业的多样性。

三、作者自治

著作权的第三种合理性是作者自治。这种学说首先肯定了现代民主社会的重要性，现代民主社会就需要每一个知识丰富、有独立判断力的个人积极地参与，这种参与能力和性格的养成要依靠丰富的思想和文化产品，而著作权则能够通过保障作者的独立自主地位来保障作品的多样性。这种学说承认不是所有作者的创作激励都来自金钱，有些作者创作的激励来自内在的动机——比如纯粹的喜爱和自我表达的需要，即便没有著作权他们也会创作。但是有了著作权还是不一样，著作权提供的经济支持使得作者能够自由地创作，这样可以避免作者依附于国家或商人赞助，从而保证了创作的独立自主性。[②]

作者自治的合理性认为著作权带来的经济收入不仅保障了音乐人的创作，而且保障了整个音乐产业的独立性。金钱不是音乐人的主要激励，但是金钱确实能够改善音乐人的创作条件，没有金钱就会对音乐人的自由创作产生障碍。首先，金钱可以帮助音乐人沟通、合作、添置乐器和制作设备等，有了充足

---

① Jiarui Liu, *Copyright for Blockheads: An Empirical Study of Market Incentive and Intrinsic Motivation*, 38 Colum. J. L. & Arts 481, 513(2015).

② Neil Weinstock Netanel, *Copyright and a Democratic Civil Society*, 106 YALE L. J. 283, 352-362(1996).

的资金就更容易创作出好音乐，这是一个简单的道理。[①]其次，如果没有著作权带来的经济收入，在目前这个社保体系还不是很发达的年代，很多音乐人为了养活自己，就得兼职，从事其他职业就会占用音乐创作的时间和精力，很少有人能够达到精确的平衡。如果音乐创作带来的收入较低或者音乐人要依赖家庭成员才能生存，音乐人的自尊一定会受到冲击，因为大众的评价毕竟以收入多寡为主要标准。假设身边有人对此进行挖苦和讽刺，相信很多音乐人也难有好的心境去搞创作。

再次，音乐人也许不会因为金钱放弃音乐，但是金钱会改变他们的创作行为，比如一个爱好摇滚乐的音乐人要为影视剧配乐或者创作主题歌，制作人为了满足影视剧目标观众的需求，会要求他改变作品风格，去除作品中的针砭时弊的元素，使作品变得感性但浅薄。这个音乐人也许会听从这样的安排，因为影视剧制作者会因为作品的影音同步许可而给他版税，但是发行唱片却赚不到钱。对于音乐人而言，这样的改变就意味着作品质量的下降，但是毫无办法。最后，商业赞助是音乐人获得经济收入的替代手段，赞助公司会要求音乐创作和表演满足宣传产品的风格，他们不能拿产品宣传冒险，就会控制和干涉音乐的创作和表演。提供360度合同的娱乐公司更是如此，为了要收回之前的培养成本和赚取利润，这些公司会全方位干涉音乐人的私人生活和职业创作，一旦不服从就有可能被雪藏。对于签订360度合同的音乐表演者而言，很有可能就是放弃纯粹的音乐创作和表演，变成一个整天参加现场演出、综艺节目和影视剧拍摄的全方位艺人，这对于纯粹的音乐创作是很不利的。只能通过现场演出、彩铃和影视剧同步许可获得经济收入的音乐人，其创作很难达到充分的自由，最终的结果是丧失整个音乐产业的多样性。这就是我们平常的感觉，一年下来音乐市场热热闹闹，但是让人记住的好歌却没有几首。

以上从著作权的三种合理性出发来评价音乐市场中替代手段更换著作权

---

① 比如中国著名的音乐人刘欢在接受记者采访时说："至于创作能力，我觉得现在我们的创作能力反倒是应该比以前还要强了。从制作手段和技术能力上来看，我们都有很大的进步。但正是因为市场的影响，导致这些创作能力无从发挥。恶劣的环境没办法保证唱片公司拿到应有的收益，自然会限制音乐人创作能力的展现，这并不是音乐人自身的问题。"李雪：《音乐是被需要的》，《今日财富·中国知识产权》2010年第12期，第34-37页。

的后果，结论是无论是根据哪种合理性的学说，替代手段更换著作权的后果都会对音乐创作和音乐产业产生不利的影响。对于激励创作的合理性，表演者是因为有现场演出的替代手段，词曲作者和录音制品制作者因为存在对音乐的内在动机，所以丧失经济激励不会明显地影响音乐人，其不利影响是有限的。但是对于激励传播和作者自治两种合理性，其不利影响就大了很多。

如果把分析扩展到图书出版产业，就会发现图书出版产业中的创作者和传播者的格局与音乐产业大体相似。创作者大都是个体或是少数几个人合作，创作的成本投入较小，但是创作者大都出于内在动机创作，传播者相对于创作者占据市场上的优势，所以分析的结论与音乐产业大体相似。如果替代手段更换著作权的话，就激励创作而言影响不算大，就激励传播和作者自治而言，产生的负面影响较大。把分析扩展到电影产业的话，结论会有不同，因为电影产业中创造者与传播者的格局与图书出版产业和音乐产业不同。电影的创作需要很多个体的合作和大量资金的投入，制作者更受外在动机的激励，创作者与传播者能够在市场上展开博弈，分析的结论应该是：三种合理性学说都会支持替代手段更换著作权会对电影产业产生较大的负面影响，由于创作方面强大的外在动机（获取资金回报），替代手段更换著作权会使得电影创作的激励大为受损。综合以上的理由，如果向替代手段一方倾斜，也就是替代手段更换著作权，也将打破著作权与替代手段的平衡，将在激励创作、激励传播和作者自治三方面产生程度不同的负面影响。实践证明，在当前的市场体制下，著作权还不能完全让位于替代手段，在公开的商业领域还需要依靠著作权执法支撑的著作权。

6.2.4　著作权人与中间商之间的利益分配

著作权产品市场是一个将作品加工成产品并销售给消费者的过程。作品到消费者的过程大体遵循着两阶段的路径：第一个阶段，著作权人将权利许可给中间商，第二个阶段，中间商将作品转化成产品传播给消费者。这是一个两阶段的横向结构。在这个横向结构中，著作权人和中间商是利益共同体，他们共同的对手是未经许可的商业传播者和私人传播者。在第一个阶段，著作权人贡献具有法律强制力的著作权排除未经许可的商业传播者；在第二个阶段，中间商贡献替代手段排除未经许可的私人传播者，两者通力合作来保证著作权产品到达消费者时没有别的竞争者，从而获得超过边际成本的收入。

著作权人和中间商虽然是利益共同体，毕竟不是一体。它们是独立的个体，有自己的利益和盘算，依然面临着分配合作剩余的问题，也就是它们如何分配著作权产品售出之后的收益。在商业实践中，著作权人和中间商要通过谈判来解决这个问题。如果著作权与替代手段都得到了完美的保障，市场中有无数的著作权人和中间商——原子式的参与者会促进充分的竞争，市场会形成一个合理的许可费价格，即一个合理的分配比例。一般而言，在一个完全竞争的市场中，合作剩余的分配要以著作权和替代手段在市场中的有用性来衡量，无论分配比例如何，必然是一个资源配置的最优结果。

然而现实中著作权人与中间商的谈判不是理想化的完全竞争，二者之间的谈判至少存在两个不同。第一是替代手段一般能够充分地施展，而著作权则依赖于著作权执法的力度，执法力度弱的情况屡有发生；第二是著作权人和中间商都不是原子式的，但是著作权人相对于中间商而言更为分散。对于第一点，上一小节已经对这个问题进行了论述——如果著作权不能依靠著作权执法来保证公开商业领域的排他性，那么就会出现替代手段更换著作权的问题。对于第二点，即便著作权人组成了文著协、音著协、音集协、影著协，但是目前这些协会的地位不高，影响力小，完全无法和中间商相提并论，它们对著作权人的帮助十分有限。作为著作权协会尚且无法代表著作权人伸张权利，作为分散的著作权人就更不可能了。本来著作权执法的力度就比较弱，再加上分散的权利主体不能形成合力，导致著作权人在与中间商分配合作剩余的谈判中占尽了劣势。

在分析著作权人与中间商的收益分配问题时，谈判力是一个非常有用的概念，它能够表征一个参与者在谈判中所获得的合作剩余的份额，获得份额的多少取决于谈判力的大小。谈判力的影响因素非常复杂，第一个影响因素是参与者的次优选择，如果参与者缺乏次优选择或者次优选择非常差，谈判破裂、放弃交易的后果对他来说更为恶劣，那么他的谈判力就比较小，因为谈判对手退出谈判后他就什么也得不到。第二个影响因素是参与者的公平考量，尽管参与者的贡献都是不可或缺的，但是参与者对于合作剩余的贡献大小还是有区别，贡献大的一方谈判力就大，贡献小的一方谈判力就小。[①] 著作权人与中间商的利

① 参见[美]萨缪·鲍尔斯:《微观经济学：行为、制度和演化》，江艇、洪福海、周业安等译，中国人民大学出版社 2006 年，127 页、146 页。

益分配，就要看著作权人贡献的著作权与中间商贡献的替代手段的比较。当著作权执法不力的时候，著作权人相对于中间商而言就是贡献较小的一方，分配比例也就较低。

在音乐产业中，由于著作权执法不力而导致中间商攫取大部分合作剩余的例子是彩铃。著作权人提供作品，三大移动通信运营商提供渠道，双方合作通过后者渠道的唯一性排除了盗版的提供者，并因此获得了相对丰厚的收益。然而著作权人并不能从收益中获得让他们满意的分成，因为他们的谈判力实在是太弱了，在影响谈判力的每一个因素上音乐人都不能占据上风。首先是次优选择，三大移动通信运营商是国有垄断性企业，资产雄厚，有专门的律师团队，他们承担风险的能力强，不做音乐彩铃也能做语音彩铃，甚至不做彩铃业务也能靠行业垄断地位圈钱；相比而言，唱片公司大都是私企，资产少，抗击风险的能力差，很多音乐作品的作者不能亲自表演，因为的盗版音乐的泛滥，他们如果不向通信运营商发放许可就几乎没有其他收入来源了。著作权人和三大移动通信运营商之间明显存在着交易风险的不对称，放弃交易对著作权人来说是更不可接受的，而三大移动通信运营商的雄厚实力也更容易让著作权人相信他们放弃交易是可置信的威胁。在参与者的公平考量上，三大移动通信运营商也会认为自己是对彩铃收入贡献更大的一方——他们提供的渠道唯一性能够排除盗版，而著作权人依赖的著作权却不能有效地排除盗版。

总之，谈判力的强弱分明让著作权人分成极低，国际上的惯例是著作权人至少拿40%，而中国的著作权人在彩铃业务收入中只能拿到2%。[①] 在2009年，中国无线音乐市场盈利达到 300 亿元，其中移动通信运营商拿走了 94%，内容服务商拿走了 4%～5%，音乐作品的创作者——词曲作者、表演者和录音制品制作者——只拿到了不到 1%的分成。[②] 分成低是一个说得通的商业逻辑，如果替代手段在收入中贡献了更重要的作用，那么实施替代手段的人自然有理由拿大头。在音乐产业中实施替代手段的不是著作权人，而是中间商，所以即便

① 王小峰:《宋柯: 中国唱片业的衰落之因》,《环球市场信息导报》, 2012 年第 5 期, 第 84-87 页。

② 李智萍、刘云:《浅谈当前我国数字音乐出版业现状》,《科技与出版》, 2011 年第 7 期, 第 84-85 页。

以替代手段更换著作权也能获得经济收入，著作权人也只能分得不多的一部分，然而分成如此之低还是令人大跌眼镜。

在电影产业中，由于著作权执法不力，提供有效替代手段的中间商当然会索要合作剩余的更多份额。比较典型的例子是放映方与制作者的分成。在美国，院线上演电影一般拿总票房的三成，[①] 而电影制片者则能拿到总票房的50%以上。[②] 而在中国，电影产业内比较认可的分配比例是院线拿可分配票房的57%，制作者和发行方分配剩下的43%。[③] 另外，57%和43%的基数是可分配票房，和总票房不一样——总票房要减去5%的电影专项基金和3.3%的税费以及中影数字的代理费，剩下的才是可分配票房。由于和国外的计算基数不一样，中美两国电影制作者和院线之间分配的比例也有所变化。按照总票房来算的话，国内院线拿到的比例大概是52%，这个比例远远高于美国的三成。

按照音乐产业中分配比例的分析路径，可以推导出著作权法执行不力是导致中国电影院线分配比例较高的一个重要原因。电影制作者会和院线公司之间的票房分成比例还是由他们之间的谈判力所决定。谈判力的第一个影响因素是次优选择，电影制作者的电影如果不在院线播放，在视频网站和电视台播放的收益较低，而电影院一般建在繁华的商业中心，不放电影还可以改造成餐厅，所以电影制作者面临着更差的次优选择。电影制作者面临着谈判力的第二个影响因素是公平性考量。由于著作权的执法不力，观众会在互联网上方便地寻找到盗版资源，他们之所以来到电影院看电影，完全是因为电影院提供了不同的观影体验，院线公司认为它们提供的电影院才是获取收入的最大贡献。同

① 参见[美]理查德•凯夫斯：《创意产业经济学—艺术的商品性》，康蓉、张兆慧、冯晨、王栋译，商务印书馆2017年，第259页。

② 参见[美]黛娜•阿普尔顿、丹尼尔•扬科利维兹：《好莱坞怎样谈生意：电影、电视及新媒体的谈判技巧与合同模板》，北京联合出版公司2016年，第211页。

③ 关于票房分配比例的典型案例是崴盈投资有限公司与华谊兄弟传媒股份有限公司合作创作合同纠纷案，制片方和发行方因为票房分配问题引起诉讼，在这起案件的判决书中可以找到中国电影产业内部比较认可的票房分配比例。详见北京市第三中级人民法院(2014)三中民(知)初字第13217号判决书。

时，这种情况的出现也能解释中国电影过度依赖票房的现象。[①] 在中国，票房收入要占到电影产业总收入的 80%以上，既然如此，掌握电影院的院线公司拥有更强的谈判力，也就能拿到更高的分配比例。

6.2.5 恢复平衡的举措——加强著作权执法

以上两小节的论述支持替代手段不能更换著作权，那么如果想在公开的商业领域维持著作权的地位，就必须落实著作权排他性的保障手段——著作权执法。本书为了行文简便，采用广义的执法，将著作权的行政执法与司法保护统称为著作权执法。进入 21 世纪之后，随着复制和传播技术的进步，著作权遭遇了巨大的威胁，中国的行政机关和司法机关也加强了著作权执法。比如 2015 年中国音乐产业的最严版权令使得著作权执法力度突然增加，也确实取到了效果。[②] 但是彻底的改变不是一天两天就能做到的事情，根据前三章的论述，中国的著作权执法还有很多不足，还需要更长的时间去观察和调整实践，使之适应中国音乐产业的健康发展。在这一小节，本书将理论成果落脚到制度实践上，就如何加强著作权的执法给出建议（其中将涉及的立法上的问题一并论述）。

---

① 几份比较权威的文献均提到了中国电影产业过度依赖票房的情况，在这几份文献中，占比 80%是比较乐观的估算。美国国际数据集团（IDG）全球常务副总裁兼亚太区董事长、IDG 资本创始合伙人熊晓鸽在访谈中提到影院收入占电影产业总收入的 80%，熊晓鸽、尹鸿：《全产业链经营是降低电影产业投资风险的有效方式》，《当代电影》2013 年 11 期，第 7-11 页。浙江大学影视与动漫游戏研究中心主任盘剑在一篇文章提到此项数据是 85%，盘剑、宣琳：《产业改革深化背景下的挑战与机遇——2012 年度中国电影产业发展述评》，《东岳论丛》2013 年第 7 期，第 115-119 页。中国文联中国电影家协会秘书长、北京大学兼职教授饶曙光提到 2013 年中国电影产业的收入 90%来自国内票房，饶曙光、李国聪：《2003 年以来的中国电影产业流变与市场走向》，《艺术百家》2017 年第 2 期，第 10-34 页。北京电影学院客座教授陈焱提到中国电影投资回报 93%来自电影院，陈焱：《好莱坞模式：美国电影产业研究》（第 2 版），北京联合出版公司 2016 年，第 86 页。以上几份文献的作者要么是在电影界工作多年的实务权威，要么是研究电影产业的学术权威，要么是横跨实务与学术的权威人士，他们的认识反映了中国电影产业的现实——票房是中国电影产业最主要的收入来源。

② 比如，网易云音乐副总裁丁博在接受记者采访时表示："'最严版权令'实施两年来，行业版权环境有了很大改善，……国内音乐产业呈现蓬勃发展之势，原创者热情很高，越来越多的年轻人进入音乐领域，……平台上月收入几万元的音乐人并不少，未来，原创音乐人的收入还会逐步增高，进而激励他们不断推出作品，找到自己的发展模式。"窦新颖：《正版化，让音乐焕发生命力》，中国知识产权报 2017 年 7 月 14 日，第 9 版。

当然，加强著作权执法是一个如此宏大的主题，其容量足够再写一篇论文，本书的重点本不在此，所以只就大体的框架和迫切的问题做一个相对简单的分析和论述，使得本书的理论价值表现得更为直接。

本书的结论是著作权执法要局限在公开的商业领域。需要注意的是，上一节结尾论述到的网络服务提供商的商业活动发生在公开的商业领域，私人上传的效果也发生在公开的商业领域，都属于著作权执法的范畴，上一节的论述只是为了说明在对这两者进行良好执法的前提下，可以放开私人复制。对于著作权执法的论述先从总体上的问题着手，然后根据传统领域、中间领域和网络领域就具体的问题进行分析。首先是总体上的问题，本书在以下四个方面谈一谈如何加强著作权的执法。

一、权利整合与一站式许可

现在的著作权法“以用设权”，由于作品的利用方式较多，在同一个作品可能形成的著作权权项也较多，而且权利主体较为分散，这对于权利的执法较为不利。一旦形成纠纷，就要在著作权的许可历程上追本溯源，权利人和被许可人需要在多个权利和多个主体资格上举证，执法机关对此也要逐一审查，极大地增加了执法成本。这就需要权利整合，也就是将权利及其主体尽量集中，使之一目了然。权利整合的方式有两种，一种是在立法上将权利合并，比如将广播权与信息网络传播权合并为一项权利——如公开传播权，这在网络技术与广播技术的技术标准及通道都日渐合一的今天，困难并不算大。不过在音乐产业，参与的主体——词曲作者、表演者和录制者——各有创作行为和实质性的贡献，将权利合并困难较大，这时可以考虑权利整合的第二种方式——集中一站式许可，也就是立法上不做改变，在权利的许可过程中集中。

目前比较流行的主张是音乐产业中的被许可人可以通过一次性许可获得其利用方式所需要的全部权利，包括不同权利主体的不同权利，而且被许可人可以通过一次性许可获得大量作品的授权，这样就有效地通过数量的优势降低了单个作品的交易成本。现在中国的音乐产业中法定许可与普通许可共存，两者不容易兼容，可以考虑将法定许可去除，改由几个集体管理组织构建“一站式集中许可”。[1] 一站式许可的好处不仅仅在于降低了著作权许可时的交易成本，而且也降低了著作权执法的难度。被许可人的权利状况简单而清楚，举证容易，如果拿不出一站式许可的证明，就是未经许可的使用，著作权执法机关的审查与处理就简单化了。执法不仅仅是要加强执法的力量，也要在源头上进行合理的规划，使执法力量发挥最大化的效能。一站式许可使得著作权的许可与执法都更加顺畅，值得大力提倡。不过在具体的制度构建上仍需要仔细斟酌，理论上一站式许可能够降低交易成本，以实际的经济利益来吸引权利人和被许可人，实践中就要破除集体管理组织的垄断，鼓励许可模式的创新，使得一站式许可的好处落到实处。

二、行政执法与司法保护的协调

中国在著作权执法上施行双轨制——行政执法与司法保护并行。这一是来源于传统的社会治理理念，强调通过行政机关的执法活动来直接保护公共利益，而不是通过法院来支持个人权利的伸张，进而实现公共利益。[2] 二是来源于法院系统审判著作权诉讼的效率问题，著作权人一直以来的抱怨包括诉讼成本高、案件久拖不决、很难预测的结果和赔偿数额低。[3] 然而著作权行政执法无法摆脱其固有的弱点，执法手段过于依赖罚金，这就产生了潜在的激励——行政机关希望违法继续存在使其能够不断地实施罚金的行政处罚，而且行政执法容易滋生腐败和专断。[4] 另外，行政机关设置了不同的层级，对法律的执行往往在自上而下的贯彻过程中走形，而法院则直接适用法律，更能够理解和贯彻法律的本意，更适合于个人权利的执行。对于著作权执法，我国学者也不断

① 熊琦：《美国音乐版权制度转型经验的梳解与借鉴》，《环球法律评论》2014 年第 3 期，第 142–160 页。

② Daniel Chow, *Counterfeiting in the People's Republic of China*, 78 WASH. U. L. Q. 1, 25 (2000).

③ Peter Ganea and Jin Haijun, *China*, in Paul Goldstein, ed, *Intellectual property in Asia: law, economics, history and politics* 31 (Springer 2009).

④ Donald Clarke, *Private enforcement of intellectual property rights in China*, 10 NBR ANALYSIS 29, 34 (1999).

发出弱化行政执法的声音。[①][②]

本书认为，虽然著作权执法应当形成以司法保护为主要途径的格局，但是在双轨制实施已久的体制下，利害关系人已经形成相对固化的心理预期和行为模式，短期内去除行政执法恐怕会引起较大的负面影响。目前较为合适的做法一是著作权执法由行政执法向司法保护缓慢过渡，这需要逐步限制著作权行政机关的直接执法活动，毕竟耗费公共资源维护个体的著作权于法理上说不通，还需要司法机关发挥其高效的审判职能，符合权利人的合理期望；二是改善著作权行政机关的执法模式，将行政执法与行政管理区分开来，强化专业行政执法，淡化直接执法，这既能够保留行政执法快速有力的优点，又能在一定程度上避免腐败和专断，这种扬长避短的做法是行政执法改善的方向。[③]

三、提高民事赔偿数额

中国著作权民事赔偿数额较低已经有了较多的经验性证据的证实。CIELA是专门分析中国知识产权行政执法和民事诉讼相关统计数据的在线工具，利用CIELA分析得出的报告显示：2006年中国著作权诉讼的平均赔偿额是41 955元，2007年是39 891元，2008年是17 039元，2009年是25 872元，2006—2009年平均赔偿额是31 189元。[④]另一项实证调查的研究表明，在2008年6月1日至2011年12月31日北大法意数据库收录的所有著作权侵权案件中，原告要求的民事赔偿的平均金额为7.7万元，而法院判决赔偿的平均数额仅为1.5万元，案件判赔支持度也反映了这一趋势，35.88%的案件支持度低于20%，31.13%的案件支持度在20%～40%之间，全部案件的平均支持度

---

① 崔国斌：《中国知识产权热点评论》，《清华法治论衡》2005年第2期，第109-129页。

② 谢晓尧：《著作权的行政救济之道——反思与批判》，《知识产权》2015年第11期，第3-16页。

③ 李顺德：《对加强著作权行政执法的思考》，《知识产权》2015年第11期，第17-24页。

④ Compare CIELA Summary Report: Trend by Year，CIELA: China IP Litigation Analysis，cited in Eric Priest，Copyright Extremophiles: *Do Creative Industries Thrive or Just Survive in China's High Piracy Environment*?，27 Harv. J. L. & Tech. 467，477（2014）.

仅为 31.10%。[①] 这两项研究所用的样本也许不完全一样，所以得到的数据也并不相同，但结论都是一样的，著作权民事赔偿的数额较低，甚至无法覆盖诉讼成本。

著作权民事赔偿过低不但不能填平权利人和被许可人的损失，而且不能产生对于侵权行为的阻止功能，因为如果民事赔偿不能超过侵权人所获利益，那等于变相激励侵权人换个“马甲”继续从事侵权行为，中国著作权侵权行为的高发态势不得不说和民事赔偿数额过低有一定关系。鉴于此种状况，对策一是在司法审判中提高法定赔偿数额，2020 年修订的《著作权法》已经将法定赔偿数额提高到五百元以上五百万元以下，[②] 这将有利于法官适用从严的法律责任机制来遏制著作权侵权行为。[③] 对策二是引入惩罚性赔偿，2020 年修订的《著作权法》已经规定了一倍以上五倍以下的惩罚性赔偿，[④] 施加惩罚性赔偿丰富了法官制裁著作权侵权的手段，特别适合遏制故意侵权和重复侵权。[⑤] 针对著作权侵权行为易逝性、多发性的特点，权利人和被许可人不可能对发现之前的侵权行为进行有效的取证，如果是大量的侵权，著作权人也很难将所有的侵权行为逐一取证请求赔偿，这就需要法官针对侵权行为的总体情况适用法定赔偿和惩罚性赔偿，至少使得侵权人“吐还”所获的利益，阻止未来的侵权行为。

四、落实刑事制裁

刑事制裁是遏制著作权侵权行为的有力手段，但是我国在这方面做得不够有力。根据一项实证性的调查，2006—2015 年北大法宝收录的著作权案件统计表明，这 10 年中网络著作权诉讼案件的数量为 11 784 件，而涉及刑事司法的件数只有 1 891 件，比例仅为 16.04%。许多严重侵犯著作权的行为常常被当作是民事或行政案件处理了，重民轻刑与重行轻刑的有立法存在缺陷，证

---

① 詹映、张弘：《我国知识产权侵权司法判例实证研究——以维权成本和侵权代价为中心》，《科研管理》2015 年第 7 期，第 145-153 页。

② 《著作权法》(2020)第五十四条第二款。

③ 吴汉东：《著作权法第三次修改草案的立法方案和内容安排》，《知识产权》2012 年第 5 期，第 13-18 页。

④ 《著作权法》(2020)第五十四条第一款。

⑤ 李明德：《关于知识产权损害赔偿的几点思考》，《知识产权》2016 年第 5 期，第 3-9 页。

明犯罪难等原因。[①] 对于前者，可以增加刑法的规制范围，使刑法适用的范围与著作权法保护的权利范围一致，并且删除“以营利为目的”的要件；[②] 对于后者，可以采用“三审合一”的审判模式，将经验丰富的民事审判法官吸纳到刑事审判中，并且聘请司法鉴定机构、专家辅助人帮助查明事实。[③]

其次是传统领域、中间领域和网络领域就具体的问题。根据天然排他性的程度，本书把著作权许可的诸种方式分在了这三个领域，除了替代手段的差异，也意味着著作权执法特征的不同，针对这三个领域各自的特征，具体分析如下。

一、传统领域中的著作权执法

传统领域包括音乐产业中的电台电视台广播、公共场所播放背景音乐、现场演出以及电影产业中的影院放映、电视台播放、电影衍生品中的主题公园。这几种方式存在着渠道的唯一性，消费者只能从提供渠道的中间商那里获得作品，所以著作权执法只须保证中间商征得了著作权人的许可。在这些方式中，院线放映基本能够通过合同法保证排他性，著作权执法相应的不需过分介入也能获得接近完美的结果。现场演出与主题公园的活动规模较大，外部痕迹明显，公共场所播放背景音乐可以通过技术监控（比如 ASCAP 开发的媒体导航系统 Mediaguid，放置在公共场所用以比对和识别公共场所播放的音乐），所以取证并不困难，可以考虑加大诉前禁令的使用范围和频率。

这里着重谈一下音乐的电台、电视台播放和电影的电视台播放问题。就如第四章与第五章所言，中国的广播电台、电视台依附于各级政府，受到了严格的管制，其播放行为都有据可查，也能找到确定的主体为其行为负责。但是这两种方式下著作权执法较为无力，电台电视台支付的许可费微不足道。这显然是因为电台电视台与著作权人市场地位不对等造成的，电台电视台在现在财政不再拨款、自负盈亏的条件下，又承担着一定的宣传教化和提供公共福利的功能，

---

① 张先昌、鲁宽：《近十年网络著作权犯罪案件的实证研究》，《知识产权》2016 年第 9 期，第 76-80 页。

② 程莹、孟文玲：《网络文化背景下著作权刑法保护的困境与出路——基于近 10 年著作权犯罪相关案件的实证分析》，《理论导刊》2018 年第 11 期，第 90-95 页。

③ 徐宏、陈颖：《侵犯著作权罪实证研究——以上海市近 5 年的裁判文书为分析样本》，《中国出版》2019 年第 2 期，第 56-59 页。

自然要依靠特殊的政治地位少付或者不付许可费。这种情况目前很难彻底改变，本书提供一个大胆但是可行的方案，就是电台、电视台与著作权集体管理组织签订集体协议。具体而言，既然电台、电视台依附于各级政府，那么就由政府部门（比如国家版权局、国家广播电视总局、国家电影局）牵头组织全国所有的电台、电视台与著作权集体管理组织签订使用协议，重点是在许可费的内部分配上，政府部分可以凭借对于电台、电视台的影响力，促使大城市与东部城市承担较大的份额，而小城市与中西部城市承担较小的份额，也就是许可费可以根据发达程度高低依次递减，这既符合了中国目前发展不均衡的特点，也满足了不发达地区人们的精神文化需求，还能够给予著作权人一定的经济补偿。当然，这需要政府部门的大力推动，只是凭借著作权人的呐喊则起效甚微。

二、中间领域中的著作权执法

中间领域主要包括图书出版产业中的实体书、音乐产业中的实体唱片、电影产业中的实体影碟，这三种方式下作品与物质载体相结合，私人虽然能够复制，但是成本也比较高，依然具有相当强的天然排他性。著作权人和合法的中间商如果能够有效地实施替代手段，打败私人复制也不是难事。那么重点就在著作权人向中间商许可这个阶段，著作权执法应该禁止未经许可的中间商使用作品。由于针对这三种方式的犯罪与侵权行为要将作品复制在物质载体上，所以会留下较为明显的外部痕迹，著作权执法相对容易。在一项著作权犯罪的实证研究中，研究者选取了北大法宝案例库中 2011 年 1 月 1 日至 2015 年 12 月 31 日裁判的 1 914 件著作权刑事案件，其中非法复制、发行、盗版光盘和图书等的传统型犯罪是 1 387 件，占总数的 80%，利用网络实施犯罪的有 343 件（犯罪对象主要是网络小说、网络游戏、计算机软件），占总数的 20%。[①] 传统型犯罪占 80% 也说明了针对中间领域的三种方式实施犯罪和侵权的行为易于查处。

中间领域著作权执法的问题主要出在地方保护主义和执法职能冲突上。[②]

① 王廷婷：《我国近五年著作权犯罪与司法实证研究》，《中国出版》2017 年第 2 期，第 45–49 页。

② Daniel Chow, Counterfeiting in the People's Republic of China, 78 WASH. U. L. Q. 1, 108 (2000).

地方政府的财政税收和就业可能会依赖当地的著作权侵权企业，但是制止著作权侵权行为的直接受益人很可能是外地企业和个人，甚至是外国企业和个人，所以当地政府有保护侵权企业的潜在激励。这种状况在短期内也很难彻底改变，一个渐进改善的方法是将执法权力集中以及向高级别执法机构转移。组建知识产权的专业法院是一个很好的办法——将某个地域的著作权案件集中审理，加大地方政府对法院的干预难度。我国已经在北京、上海、广州以及海南自由贸易港成立了专门知识产权法院，各地中级人民法院也成立了数量可观的知识产权法庭，以后可以将部分运作比较好、案源充足的知识产权法庭发展为独立的知识产权法院。再比如，将较大规模著作权案件的行政执法权力转移到省一级或中央一级，这样可以跳出地方政府的权力圈。执法职能冲突主要表现在各个政府部门之间权力设置的重合及冲突，比如一个企业生产盗版光盘又在光盘盒上非法使用了他人的商标，这落入版权执法部门、文化执法部门和工商行政管理部门的职权范围，有可能导致执法活动的冲突，解决办法就是建立统一的专业执法机构，避免执法的混乱。

三、网络领域中的著作权执法

在网络领域中，数字作品的天然排他性降到了最低。由于数字作品的复制、传播不需要物质载体了，在实体书、实体唱片和实体影碟那里存在的载体障碍在数字产品这里都不存在了，私人消费者也可以利用电脑和网络非常方便地把完美的私人复制品传送给其他私人消费者。在网络时代刚刚开始的时候，有的人惊呼互联网就是著作权的终结者，因为著作权无法控制互联网上的私人消费者的行为。但是技术是中立的，技术给予了私人消费者过去不曾有过的复制和传播能力，技术也给予了著作权人和中间商过去不曾有过的吸引消费者的能力。比如，技术可以让私人消费者从网络上搜索、下载歌曲，技术也可以让音乐流媒体网站让私人消费者在网站平台上自组歌单随时收听，不用下载。所以说技术提升了双方的能力，商人总会有手段吸引超越消费者自造的产品。

网络领域中的著作权执法依然是只需负责著作权人许可给中间商这个阶段，至于中间商到消费者的这个阶段则不必介入，也就是只适用于公开的商业领域，而不是私人的消费领域。这也是 Sony 案中判定私人录制电视节目是否是合理使用时适用的标准——先区分行为是商业的还是私人的，然后给予不同的处理，本书也坚持这种观点。在网络领域的著作权执法中，绝大部分是商业行为，需要适用更为严格的标准，因为商业行为的主体也可以实施替代手段，如果标准放低的话，盗版商能够提供与正版商几乎相同的产品——添加了同样的替代手段，那么正版商又怎能凭借替代手段吸引消费者放弃盗版呢？比如引起较多争论的内容聚合行为，设链者在客户端界面直接呈现来自被链接网站的内容，消费者在浏览被链接内容的过程中，依然停留在设链者控制的页面或客户端界面上。[①] 设链者以聚合的方式公开展示作品，[②] 其实是实施了提供资源库的替代手段，这种未经许可的商业提供行为虽然没有将作品上传到自己的服务器，但是对合法中间商提供的正版产品形成了实质呈现，所以应当认定为对著作权人的直接侵权。[③] 反之，如果是介于公开商业领域与私人消费领域之间的私人上传，由于其不具有商业性，所以应当放弃对偶尔的、短期的、少量的上传者的追究，只追究恶意的、重复的、大量的上传者的法律责任即可。

6.3　总结

经过长长的论述，本书终于可以在此回答一下第一章提出的核心问题。这些问题是：在作品以正版的方式从著作权人到达消费者的过程中，著作权起到了什么样的作用？替代手段又起到了什么样的作用？著作权与替代手段是什么样的关系呢？应该怎样对待著作权与替代手段的关系？本书的回答是：通过著作权执法保证的排他性，著作权使得善意、有能力的中间商取得了利用作品的权利，而替代手段吸引消费者为合法中间商提供的作品付费，著作权在公开的商业领域发挥作用，替代手段在私人的消费领域发挥作用，替代手段对著作权形成了补充。在制度的构建和实施上，应该尊重著作权许可与替代手段之间的平衡，著作权不能更换替代手段，替代手段也不能更换著作权，不应该出现向任何一方过分倾斜的态势。

---

① 崔国斌：《加框链接的著作权法规制》，《政治与法律》2014 年第 5 期，第 74–93 页。

② 崔国斌：《得形忘意的服务器标准》，《知识产权》2016 年第 8 期，第 3–19 页。

③ 冯晓青：《聚合盗链行为侵权性及司法适用标准分析——兼议“腾讯诉快看影视”案》，《中国版权》2016 年第 4 期，第 40–43 页。

结　语

在未来著作权和替代手段的关系是怎样的？作者在这里想插入一个著名的预测：如果技术的发展将交易成本降到接近于零，那么所有的作品使用都可以用著作权许可的方式实现。这种预测最早的思想源泉来自高登(Wendy Gordon)的经典论文《作为市场失灵的合理使用：Sony 案及之前有关案例的一个结构与经济的分析》。[①] 在这篇论文中，高登认为 Sony 案及其他合理使用的案件的关键在于交易成本，因为著作权人和私人复制者之间交易成本过高，所以不可能形成交易，那么就应该允许私人复制，一来跨越了交易成本增加了作品使用的社会福利，二来倒逼著作权人拿出好的办法来降低交易成本，使得交易成为可能。高登的这篇论文就强烈暗示如果交易成本降到可以接受，著作权人就可以和所有使用者签订著作权许可合同，就各种各样的使用方式进行商业交易。

之后戈斯汀教授依照这个思路提出了数字点播机的模型。著作权人可以为作品的各种不同的使用设定详细的价格，纳入到一个类似点播机的电子技术系统，消费者只需要轻轻地点击一下，就能获得使用作品的某项服务，系统会自动扣费，一切变得高效而简便。[②] 如果把点播机里的价格清单细化的话，很有可能出现这样的情况：在手机里播放一次收取一分钱，在车载音响中播放一次收取 5 分钱，在普通家庭音响设备中播放一次收取一角钱，在高级家庭音响设备中播放一次收取两角钱，在生日宴会上播放一次收取 1 元钱，在婚礼上播放

---

① Wendy Gordon, *Fair Use as Market Failure: A Structural and Economic Analysis of the "Betamax" Case and Its Predecessors*, 82 Columbia Law Review 1600, 1657(1982).

② 参见[美]保罗·戈斯汀：《著作权之道：从古登堡到数字点播机》，金海军译，北京大学出版社 2008 年，第 201 页。

一次收取 10 元钱，等等。这样做的恶劣后果有三个：一是想到每一次消费都伴随着钱财的流失和数据系统的监控，私人在消费的时候会有很不舒服的感觉；二是限制了对作品的创造性使用和批评性使用；三是方便了著作权人和中间商实施价格歧视。[①]

互联网技术给出了极大降低交易成本的可能，但是著作权和替代手段的平衡没有被打破，只是实施替代手段的主角变成了网络服务商。但是未来的两种技术——区块链技术、生成式人工智能——具备了更强的冲击力。以公有链为特征的区块链的内在架构是去中心化的，赋能著作权人以一己之力保护权利、许可使用作品，这就有可能打破著作权和替代手段的平衡，增强著作权而削弱替代手段，但是区块链技术在版权领域的落地似乎还很遥远。生成式人工智能（如文本生成的 GPT-4、图片生成的 Midjourney、音乐生成的 suno，视频生成的 Sora）会极大地消除作品的稀缺性，如果按照现在的制度，会削弱著作权而增强替代手段。

不过技术是全方面发展的，会影响到社会的各个方面，不会在区块链和人工智能方面一枝独秀。如果技术发展到上述的地步，市场机制是否还存在都需要打上个大大的问号。在技术迎来飞速发展和应用的未来，各种产品都会极大地丰富，资源的稀缺性很有可能不再限制人们创造和传播智力成果了。比如人们可以不用工作也能获取一份不错的收入，远远地超过生存之必需，人们就可以自由的创作而不必担心温饱问题；传播成本的下降和生产率的提高会造就媒体充裕的环境；DNA 芯片、人机结合、量子计算以及大数据的收集、储存和应用可以准确地测算和调整消费者的需求和生产者的供给，不再需要用市场的价格信号来引导，等等。如果真的到了这个地步，市场机制也许会被废弃，依托于市场机制的著作权只剩下了限制作品传播和再创作的坏处，[②] 自然也不会留存。至于替代手段，由于不需要增强排他性了，大部分会被当作吸引消费者注意力的宣传和推广手段，排他性最强的现场演出，随着虚拟现实技术的发展，也许都会变成排他性较弱的商业手段了。不过，以上所有的描述是想象多于学术分析，

---

① 参见［美］威廉 . W. 费舍尔：《说话算数：技术、法律以及娱乐的未来》，李旭译，上海三联书店 2008 年，第 151-154 页。

② Mark Lemley, *IP in a World without Scarcity*, 90 N. Y. U. L. Rev. 460, 515（2015）.

只是作者在枯燥的学术分析之后,为了添加趣味性而对著作权未来的一个展望而已。

著作权是老问题,替代手段却是新问题,著作权的替代手段是非常复杂的,它衍生于作品在市场中的利用,因为市场的利用手段是五花八门、千变万化的,所以著作权的替代手段同样是非常多样化的,而且在不断翻新。替代手段的复杂性增加了研究的难度,不仅如此,学界对于替代手段也没有深入的研究,这些都给本书的写作带来了一定的困难和风险。作为一项在陌生领域的探索,本书希望抛砖引玉,给著作权的研究带来一些新的东西。虽然有些地方不能论述和分析得十分严密和精到,但作者认为这个领域值得挖掘下去,尤其是在中国文化创意产业的现实世界对著作权和替代手段的运行做实证的研究和总结,也许能给中国著作权未来的立法和实践提供一种另外的思路。

参考文献

专著

[1] 费舍尔. 说话算数：技术、法律以及娱乐的未来[M]. 李旭，译. 上海：上海三联书店，2008.

[2] JOYCE C, LEAFFER M, JASZI P, et al. Copyright law[M]. New York: Matthew Bender & Company, Inc. ,2010.

[3] 曼昆. 经济学原理[M]. 梁小民，译. 北京：生活·读书·新知三联书店、北京大学出版社，1999.

[4] 萨缪尔森，诺德豪斯. 经济学(第14版)[M]. 胡代光等，译. 北京：首都经济贸易大学出版社，1996.

[5] 斯蒂格利茨. 经济学(第二版)[M]. 梁小民，黄险峰，译. 北京：中国人民大学出版社，2000.

[6] 戈斯汀. 著作权之道：从古登堡到数字点播机[M]. 金海军，译. 北京：北京大学出版社，2008.

[7] POSNER R. The economics of justice[M]. Boston: Harvard, 1981.

[8] 莱特. 德国著作权法[M]. 张怀岭，吴逸越，译. 北京：中国人民大学出版社，2019.

[9] 雷炳德. 著作权法[M]. 张恩民，译. 北京：法律出版社，2005.

[10] 王迁. 著作权法[M]. 北京：中国人民大学出版社，2015.

[11] 沃克. 牛津法律大辞典[M]. 李双元等，译. 北京：法律出版社，2003.

[12] GARNER B. Black's law dictionary 8th ed[M]. Eagan: Thomson west, 2007.

[13] 斯密. 国民财富的性质和原因的研究(上卷)[M]. 郭大力，王亚南，

译. 北京:商务印书馆,1972.
[14] JAY DRATLER J. 知识产权许可(上)[M]. 王春燕等,译. 北京:清华大学出版社,2003.
[15] 柯武钢,史漫飞. 制度经济学:社会秩序与公共政策[M]. 韩朝华,译. 北京:商务印书馆,2000.
[16] 十二国著作权法[M].《十二国著作权法》翻译组,译. 北京:清华大学出版社,2011.
[17] 德国著作权法(德国著作权与邻接权法)[M]. 范长军,译. 北京:知识产权出版社,2013.
[18] 贝勒斯. 法律的原则:一个规范的分析[M]. 张文显等,译. 北京:中国大百科全书出版社,1996.
[19] 波斯纳. 法律的经济分析[M]. 蒋兆康,译. 北京:中国大百科全书出版社,1997.
[20] 凯尔森. 法与国家的一般理论[M]. 沈宗灵,译. 北京:中国大百科全书出版社,1996.
[21] 李明德. 美国知识产权法[M]. 北京:法律出版社,2014.
[22] 贝蒂格. 版权文化:知识产权的政治经济学[M]. 沈国麟,韩绍伟,译. 北京:清华大学出版社,2009.
[23] COHEN J, LOREN L, OKEDIJI R, et al. Copyright in a Global Information Economy[M]. New York: Aspen Law & Business, 2002.
[24] 艾因霍恩. 媒体、技术和著作权:经济与法律的融合[M]. 赵启杉,译. 北京:北京大学出版社,2012.
[25] 墨杰斯,迈乃尔,莱姆利,等. 新技术时代的知识产权法[M]. 齐筠,张清,彭霞,等,译. 北京:中国政法大学出版社,2006.
[26] 美国著作权法[M]. 杜颖,张启晨,译. 北京:知识产权出版社,2012.
[27] 胡康生. 中华人民共和国著作权法释义[M]. 北京:法律出版社,2002.
[28] 格雷科. 图书出版业(第二版)[M]. 周丽锦,褚悦闻,译. 北京:清华大学出版社,2011.
[29] 凯夫斯. 创意产业经济学—艺术的商品性[M]. 康蓉,张兆慧,冯晨,等,

译. 北京:商务印书馆,2017.
[30] 罗森塔尔. 按需出版:国际图书印刷与营销新途径[M]. 陶晓鹏,译. 北京:清华大学出版社,2009.
[31] 哈特. 版权贸易实务指南[M]. 宋含露等,译. 上海:世纪出版集团、上海人民出版社,2009.
[32] 维维安. 大众传播媒介(第七版)[M]. 顾宜凡等,译. 北京:北京大学出版社,2010.
[33] 黄虚峰. 美国版权法与音乐产业[M]. 北京:法律出版社,2012.
[34] 佟雪娜. 音乐产业运营与管理[M]. 北京:中国传媒大学出版社,2016.
[35] BURR S. Entertainment law in a nutshell 3d ed[M]. Eagan: West, 2013.
[36] HELEWITZ J, EDWARDS L. Entertainment law[M]. New York: Thomson/Delmar Learning, 2004.
[37] 刘承韪. 娱乐法导论[M]. 北京:中国政法大学出版社,2021.
[38] 蒋凯. 中国音乐著作权管理与诉讼[M]. 北京:知识产权出版社,2008.
[39] 崔国斌. 著作权法[M]. 北京:北京大学出版社,2014.
[40] 高戡. 影视娱乐法[M]. 北京:清华大学出版社,2017.
[41] 余峰. 中国娱乐法[M]. 北京:北京大学出版社,2017.
[42] 霍斯金斯,迈克法蒂耶,费恩. 全球电视和电影:产业经济学导论[M]. 刘丰海,张慧宇,译. 北京:新华大学出版社,20041.
[43] 高福安,宋培义,司若,等. 影视制片管理基础(第3版)[M]. 北京:中国传媒大学出版社,2018.
[44] 沃格尔. 娱乐产业经济学:财务分析指南(第8版)[M]. 北京:中国人民大学出版社,2013.
[45] 陈焱. 好莱坞模式:美国电影产业研究(第2版)[M]. 北京:北京联合出版公司,2016.
[46] 帕森斯,奥贾. 计算机文化(第13版)[M]. 吕云翔,傅而也,译. 北京:机械工业出版社,2011.
[47] 郑文明,杨会永,刘新民. 广播影视版权保护问题研究[M]. 北京:法律出版社,2013.

[48] 薛维珂. 影响美国的 100 个专利[M]. 北京：北京大学出版社，2007.

[50] 吴汉东. 知识产权法（第 5 版）[M]. 北京：法律出版社，2014.

[51] HALBERT D. The state of copyright：the complex relationships of cultural creation in a globalized world[M]. New York：Routledge，2014.

[52] ANDERSON C. Free：the future of a radical price[M]. New York：Random，2009.

[53] FRANK R，COOK P. The winner-take-all society[M]. New York：Penguin，1966.

[54] 哈耶克. 个人主义与经济秩序[M]. 贾湛，文跃然等，译. 北京：北京经济学院出版社，1989.

[55] MERGES R. Justifying intellectual property：main themes[M]. Boston：Harvard University Press，2011.

[56] 鲍尔斯. 微观经济学：行为、制度和演化[M]. 江艇，洪福海，周业安等，译. 北京：中国人民大学出版社，2006.

[57] 阿普尔顿，扬科利维兹. 好莱坞怎样谈生意：电影、电视及新媒体的谈判技巧与合同模板[M]. 刘莐，译. 北京：北京联合出版公司，2016.

报告

[1] IIPA. Special 301 report：PEOPLE'S REPUBLIC OF CHINA（PRC）（2000-2018）[R/OL]. [2018-02-12]. https://iipa. org/reports/special-301-reports/.

[2] 开卷公司. 中国图书零售市场报告[R/OL]. [2018-12-29]. https://www. sohu. com/a/215757079_292883.

[3] 2017-2018 中国数字出版产业年度报告[R]. 印刷杂志，2018，9：33-37.

[4] 中国传媒大学艺术学部音乐与录音艺术学院赵志安教授音乐产业项目组. 2018 中国音乐产业发展报告[R/OL]. [2019-01-26]. http://www. sohu. com/a/283194161_152615.

[5] 艾瑞咨询有限公司. 2007 年中国在线音乐研究报告[R/OL]. [2019-01-15]. http://ishare. iask. sina. com. cn/f/jc3r5N2M4R. html.

[6] 中国信息通信研究院. 2016中国网络版权保护年度报告[R/OL]. [2018-02-10]. 中国出版年鉴2017, 393-395. https://kns. cnki. net/kcms2/article/fulltext?invoice=N462%2BsmfX%2FOrWqfnlgQ6Oyv0f2VFtR1n8%2FNShXXFrZDgoesk63VtQXA%2Fl7P7YwynL465aP8jNAGdQH3gC1SYO0ukLBNfmNv7NjNn7Kggv4opKHzYYTFIx9X1RFR1dTnCNb2Otl4Ur29KQ5XY%2F8S%2FMFdE7UJoYtYZPdp5zpj4oHg%3D&platform=NZKPT&product=CYFD&filename=N2018050103000699&tablename=cyfd2023&type=ALMANAC&scope=download&cflag=overlay&dflag=&pages=&language=chs&trial=&nonce=993A98C499C04E3F8BF1A6AF2A75E496.

[7] 2016中国音乐产业发展报告[R/OL]. [2019-01-28]. http://www. chinambn. com/show-3949. html.

[8] 2017中国音乐产业发展报告[R/OL]. [2019-01-28]. http://www. chnmusic. org/news/20171103223140550737. html. [208]

[9] 2018中国音乐产业发展报告[R/OL]. [2019-01-28]. http://www. sohu. com/a/283194161_152615.

[10] 国家新闻出版广电总局发展研究中心. 2014年中国电影产业发展报告[R/OL]. [2019-02-06]. 中国版权年鉴2015. https://kns. cnki. net/kcms2/article/fulltext?invoice=fYEAPMatvL752zeWxAHuZCedljHem8dzAof%2FtTUqyj5BlCVpSSZfj6P26ttnzdaFVXbNr0T9IBemOKKFA5qimH3l%2BefPnZi%2B5E8PQeY76APjz7YiL78fcv7j7WXnYlhmimdmd8AHrfIv1ib5IJdTBGtvvjWv4pfXJZqONM9SntU%3D&platform=NZKPT&product=CYFD&filename=N2016010333000507&tablename=cyfd2016&type=ALMA NAC&scope=download&cflag=overlay&dflag=&pages=&language=chs&trial=&nonce=A1201B94AFA54F4791733C4476C9CBEA.

[10] 中国视频网站发展研究课题组. 中国视频网站发展研究报告[R]. 传媒, 2014, 6: 8-13.

[11] 刘汉文. 2016年中国电影产业发展分析报告[R]. 当代电影, 2013, 3: 18-24.

[12] 艺恩咨询. 2018年中国网络视频行业经营状况研究报告[R/OL]. [2019-02-15]. http: //www. 199it. com/archives/728128. html.

[13] Committee on intellectual property rights in the emerging information infrastructure，National Research Council. The digital dilemma：intellectual property in the information age[R]. National Academies Press，2000：143.

[14] Business software alliance. Shadow makert：2011 BSA global software piracy study（2012）[R/OL]. [2019-03-21]. https：//globalstudy. bsa. org/2011/downloads/study_pdf/2011_BSA_Piracy_Study-Standard. pdf.

[15] 中国互联网络发展状况统计报告(2012 年 1 月)[R/OL]. [2018-2-20]. http：//www. cnnic. cn/hlwfzyj/hlwxzbg/hlwtjbg/201206/t20120612_26720. htm.

论文集、专著中析出的文献

[1] 刘春田. 中国知识产权评论(第二卷)[M]// 休斯. 知识产权哲学. 杨才然，张萍，译. 北京：商务印书馆，2006：25-33，79-87.

[2] ROWLEY C. Readings in industrial economics：volume two：private enterprise and state intervention[M]// ARROW K. Economic welfare and the allocation of resources for invention. London：Palgrave，1972：219-236.

[3] BOUCKAERT B，De Geest G. Encyclopedia of law & economics：volume II[M]// Menell P. Intellectual property：general theories. Cheltenham：Edward Elgar，2000：129-132.

[4] POLINDKY M，SHAVELL S. Handbook of law & economics：Volume 2[M]// Menell P，SCOTCHMER S. Intellectual property law. Amsterdam：Elsevier B. V. ，2007：1473-1477.

[5] PARISI F. The Oxford handbook of law and economics，volume 2：private and commercial law[M]//MERGES R. Economics of intellectual property law. Oxford：Oxford University Press，2017：200-219.

[6] BOUCKAERT B，De Geest G. Encyclopedia of law & economics[M]// ULEN T. Rational choice theory in law and economics. Cheltenham：Edward Elgar，2000：790-795.

[7] 科斯等. 企业、市场与法律[M] //. 科斯. 企业、市场与法律. 盛洪，陈郁

等，译. 上海：生活·读书·新知 三联书店上海分店，1990：1-23.

[8] KEANE M. Handbook of cultural and creative industries in China[M]//. MONTGOMERY L, PRIEST E. Copyright and China's digital cultural industries. Cheltenham: Edward Elgar, 2016: 339.

[9] KEANE M. Handbook of cultural and creative industries in China[M]// REN Xiang. Between sustaining and disruptive innovation: China's digital publishing industry in the Age of mobile Internet. Cheltenham: Edward Elgar, 2016: 377.

[10] RAWNSLEY G. D., RAWNSLEY M. T. Routledge handbook of Chinese media[M]// MONTGOMERY L, REN Xiang. The changing role of copyright in China's emergent media economy. London: Routledge, 2015: 315, 329.

[11] TOWSE R, KHAKEE A. Cultural economics[M]//WASSALL G, ALPER N. Toward a unified theory of the determinants of the earnings of artists. Berlin: Springer Verlag, 1992: 187-200.

[12] 科斯，阿尔钦，诺斯，等. 财产权利与制度变迁——产权学派与新制度学派译文集 [M]// 登姆塞茨. 关于产权的理论. 上海：生活·读书·新知 三联书店上海分店、上海人民出版社，1994：96-100.

[13] GOLDSTEIN P. Intellectual property in Asia: law, economics, history and politics[M]//GANEA P, HAIJUN J. China. Berlin: Springer, 2009, 31.

期刊文献

[1] WU T. When Code isn't law[J]. Va. L. Rev., 2003, 89: 710.

[2] 刘家瑞. Napster 案与文件共享技术的版权责任[J]. 科技与法律，2004，4：69-77.

[3] 栗源. 知识产权的哲学、经济学和法学分析[J]. 知识产权，2008，5：3-29.

[4] PLANT A. The economic aspects of copyright in books[J]. Economica, 1934, 1(2): 167-195.

[5] M. HURT R, M. SCHUCHMAN R. The economic rationale of copyright[J]. American economic review, 1966, 56(1): 421-432.

[6] BREYER S. The uneasy case for copyright: a study of copyright in books, photocopies, and computer programs[J]. Harvard law review, 1970, 84: 281-351.

[7] TYERMAN B. Economic rationale for copyright protection for unpublished books: a reply to professor Breyer[J]. Copyright L. Symp., 1971, 21: 1-34.

[8] BREYER S. Copyright: a rejoinder[J]. UCLA L. REV., 1972, 20: 75-80.

[9] PALMER T. Intellectual property: a non-posnerian law and economics approach[J]. Hamline L. Rev., 1988, 12: 261-304.

[10] LANDERS W, POSNER R. An economic analysis of copyright law[J]. The journal of legal studies, 1989, 18: 325-363.

[11] M SALZBERGER E. The law and economics analysis of intellectual property: paradigmatic shift from incentives to traditional property[J]. Review of law & economics, 2011, 7: 435-473.

[12] MEURER M. Copyright law and price discrimination[J]. Cardozo L. Rev., 2001, 23: 55-148.

[13] YOO C. Copyright and product differentiation[J]. N. Y. U. L. Rev., 2004, 79: 212-280.

[14] LIEBOWITZ S, WATT R. How to best ensure remuneration for creators in the market for music? Copyright and its alternatives[J]. Journal of economic surveys, 2006, 20: 513-545.

[15] PRIEST E. Copyright extremophiles: do creative industries thrive or just survive in China's high piracy environment[J]. Harv. J. L. & Tech., 2014, 27: 467-541.

[16] LIU Jiarui. The tough reality of copyright piracy: a case study of the music industry in China[J]. Cardozo arts & ent. L. J., 2010, 27: 621, 662.

[16] LIU Jiarui. Copyright for blockheads: an empirical study of market incentive and intrinsic motivation[J]. Colum. J. L. & Arts, 2015, 38: 467-548.

[17] GORDO W. An inquiry into the merits of copyright: the challenges of consistency, consent, and encouragement theory[J]. Stan. L. Rev., 1989, 41:

1343–1370.

[18] BARNETT J. Why is everyone afraid of iP licensing?[J]. Harvard journal of law & technology, 2017, 30: 123–140.

[19] KITCH E. The nature and function of the patent system[J]. Journal of law and economics, 1977, 20: 265–271.

[20] LEMLEY M. Ex Ante versus ex post justifications for intellectual property[J]. University of chicago law review, 2004, 71: 129–133.

[21] GINSBURG J. Copyright and control over new technologies of dissemination[J]. Colum. L. Rev., 2001, 101: 1513–1620.

[22] 王迁. “索尼案”二十年祭——回顾、反思与启示 [J]. 科技与法律, 2004, 4: 58–59.

[23] LICHTMAN D, LANDES W. Indirect liability for copyright infringement: an economic perspective[J]. Harvard journal of law & technology, 2003, 16: 395–398.

[24] LANDES W, LICHTMAN D. Indirect liability for copyright infringement: Napster and beyond[J]. Journal of economic perspectives, 2003, 17: 113, 121.

[25] GROSSMAN M. From sony to grokster, the failure of the copyright doctrines of contributory infringement and vicarious liability to resolve the war between content and destructive technologies[J]. Buff. l. rev., 2005, 53: 141–222.

[26] SAMUELSON P. Three reactions to MGM v. Grokster[J]. Mich. telecomm. & Tech. l. rev., 2006, 1: 177–186.

[27] 王迁. P2P 软件提供者的帮助侵权责任——美国最高法院 Grokster 案判决评析[J]. 电子知识产权, 2005, 9: 52–56.

[28] LITMAN J. Antibiotic resistance[J]. Cardozo Arts & Ent. L. J., 2012, 30: 53–54.

[29] BELZLEY S. Grokster and efficiency in music[J]. Virginia journal of law & technology, Fall 2005, 10: 199–208.

[30] NEWMAN J. Copyright freeconomics[J]. Vand. L. Rev., 2013, 66: 1409–

1432.
[31] 王迁. “技术措施”概念四辩[J]. 华东政法大学学报,2015,2:30-40.
[32] WATT R. The past and the future of the economics of copyright[J]. Review of economic research on copyright,2004,1:151-163.
[33] TAKEYAMA L. The welfare implications of unauthorized reproduction of intellectual property in the presence of demand network externalities[J]. Journal of industrial economics,1994,17:155-162.
[34] VARIAN H. Copying and copyright[J]. The journal of economic perspectives,2005,19:121-134.
[35] MEURER M. Price discrimination, personal use and piracy: copyright protection of digital works[J]. Buff. L. Rev. ,1997,45:845-870.
[36] VARIAN H, Shapiro C. Versioning: the smart way to sell information[J]. Harvard business review,1998,76:107-110.
[37] SHIH RAY KU R. The creative destruction of copyright: napster and the new economics of digital technology[J]. U. Chi. L. Rev. ,2002,69:263-310.
[38] 盛虎,唐慧泉. 图书出版产业链演化下贝塔斯曼集团的投资研究[J]. 出版科学,2014,4:92-97.
[39] 李春生. 图书盗版问题的经济分析及解决对策[J]. 出版发行研究,2007,9:30-33.
[40] 拜庆平. 全媒体时代的阅读新趋势、新变化——基于全国国民阅读调查十余年历史数据的总结[J]. 传媒,2016,11:13-15.
[41] 费琳,陆瑾,杨国立. 2013-2017 年国民阅读调查报告解读及启示[J]. 图书馆理论与实践,2018,5:38-41.
[42] 夏伟宇,朱家明. 全面“二胎”新政策下我国人口增长率及经济发展关联性研究[J]. 赤峰学院学报(自然科学版),2017,8(上):3-6.
[43] 国家版权局. 国家版权局通报“剑网 2016”专项行动第一批网络侵权盗版案件查办情况[J]. 中国出版,2016,21:2-5.
[44]“剑网 2016”行动关闭网站 290 家[J]. 中国地市报人,2017,1-2:56.
[45] 2011～2012 中国数字出版产业年度报告摘要[J]. 今日印刷,2012,11:53-

54.
[46] 中国数字出版产业年度报告课题组.〈2017-2018 中国数字出版产业年度报告〉解读[J]. 出版参考,2018,8:5-8.
[47] 中国数字出版产业年度报告课题组."十二五"收官之年的中国数字出版——2015-2016 中国数字出版产业年度报告主报告(摘要)[J]. 出版发行研究,2016,8:5-10。
[48] 费琳,陆瑾,杨国立. 2013-2017 年国民阅读调查报告解读及启示[J]. 图书馆理论与实践,2018,5:38-41.
[49] 多数美国人仍阅读纸质书 仅6%受访者只读电子书[J]. 新闻记者,2016,10:60.
[50] 赖晓华. 全媒体时代纸质图书出版探讨[J]. 编辑之友,2014,7:19-21.
[51] 杨迎春. 全媒体时代纸质图书出版的机遇与突破[J]. 现代出版,2015,5:59-60.
[52] 王曦. 我国图书出版现状的经济分析——基于使用＜中国标准书号＞的图书出版统计数据的实证研究[J]. 科技与出版,2013,8:118-120.
[53] 练小川. 幂律、长尾理论和图书出版[J]. 陕西师范大学学报(哲学社会科学版),2007,3:110-116.
[54] 尚媛媛,郭晶. 我国大众类电子书订阅现状研究[J]. 出版广角,2018,2(下):44-49.
[55] 张立红. 逆袭中的纸质书,雾霾中的电子书——管窥 2015 年图书市场[J]. 出版广角,2015,12:8-12.
[56] 廉宝霞. 国内电子书出版产业发展刍议[J]. 出版发行研究,2017,10:44-46.
[57] 宋旅黄. 电子书数字版权保护的技术模型初探——以三新书业的探索为例[J]. 图书馆杂志,2016,3:33-47.
[58] VARIAN H. Copying and copyright[J]. The journal of economic perspectives, 2005,19:121-134.
[59] 苏海明. 电子书出版产业链变革的探讨[J]. 新世纪图书馆,2015,12:26-29.
[60] 隗静秋,隗玮. 国外开放获取图书出版商业模式研究[J]. 科技与出版,

2016,1:62-66.

[61] 佟雪娜. 数字音乐传播价值链分析[J]. 重庆大学学报(社会科学版),2013,3:165-172.

[62] 佟雪娜,孙玮佳. 当今信息技术背景下数字音乐产业价值链的重构[J]. 音乐传播,2016,1:63-68.

[63] CARRIER M. No, RIAA, It's not the end of the world for musicians[J]. UMKC L. Rev.,2014,83:287-291.

[64] PRIEST E. The future of music and film piracy in China[J]. Berkeley Tech. L. J.,2006,21:795-821.

[65] MONTGOMERY L. Space to grow: copyright, cultural policy and commercially-focused music in China[J]. Chinese journal of communication,2009,2(1):36-42.

[66] 胡祥宝. 政策重拳治理下的网络音乐[J]. 互联网天地,2009,10:52-53.

[67] 李雪. 音乐是被需要的[J]. 今日财富·中国知识产权,2010,12:34-37.

[68] 王迁. 三论"信息定位服务提供者"间接侵权的认定——兼评"泛亚诉百度案"一审判决[J]. 知识产权,2009,2:3-12.

[69] 张汉国,田小军. 数字音乐深层链接行为的侵权认定与规制问题研究 [J]. 中国版权,2015,1:60-63.

[70] 傅鹏. 音乐产业 VS 百度:混战十年[J]. 电子知识产权,2010,9:22-28.

[71] 银昕. 版权大战背后巨头角力 腾讯音乐成"行业公敌"阿里网易云暂避锋芒[J]. 中国经济周刊,2017,36:72-73.

[73] 张丰艳. 美国音乐市场消费模式的发展现状与特征[J]. 人民音乐,2013,9:84-86.

[74] 马冬莉. QQ 音乐 APP 的特色创建之道[J]. 传媒,2017,1:45-47.

[75] 姚静波,陈建伟. 彩铃的功能及实现[J]. 电信快报,2005,6:45-48.

[76] 宋哲. 对"彩铃"法律性质的分析[J]. 电子知识产权,2011,Z1:111-117.

[77] 涂东晓. 彩铃:中国唱片业的意外拯救者[J]. 21 世纪商业评论,2006,4:68-69.

[78] URS G. Itunes: how copyright, contract, and technology shape the business

of digital media-a case study[J]. [2019-01-30]. https://ssrn.com/abstract=556802.

[79] 董钊. 论版权技术保护中的利益平衡问题——以“iTunes Store”为例[J]. 今传媒，2015，12：29-30.

[80] 刘藩. 我国影院数字化十年：发展历史、现状及未来挑战[J]. 当代电影，2012，12：15-19.

[81] 尹鸿，孙俨斌. 2015 年中国电影产业备忘[J]. 电影艺术，2016，2：5-17.

[82] 尹鸿，孙俨斌. 2016 年中国电影产业备忘[J]. 电影艺术，2017，2：33-45.

[83] 尹鸿，孙俨斌. 2017 年中国电影产业备忘[J]. 电影艺术，2018，2：148-160.

[84] 张宏，王沁沁. 电影版权经济的问题与机理分析[J]. 当代电影，2009，8：20-25.

[85] 刘威，王国瑞. 电影营销策略变化及展望[J]. 重庆社会科学，2015，1：87-93.

[86] 朱永德，张宏. 电影版权维护事业，任重而道远[J]. 当代电影，2009，8：8-11.

[87] 黄炜中，陶冶. 立足自身 规范他人[J]. 当代电影，2009，8：15-17.

[88] 张凌寒. 视频网站的版权侵权责任及规避[J]. 学术探索，2013，10：31-34.

[89] 吴伟光. 视频网站在用户版权侵权中的责任承担——有限的安全港与动态中的平衡[J]. 知识产权，2008，4：62-69.

[90] 崔立红. 影视作品版权与视频网站间的利益博弈[J]. 知识产权，2012，10：54-60.

[91] 李晓红，朱辉颖. 视频网站盈利模式与运作创新[J]. 重庆社会科学，2012，10：48-55.

[92] PRIEST E. Meet the new media, same as the old media: real lessons from China's digital copyright industries[J]. Geo. Mason L. Rev., 2016, 23: 1083-1086.

[93] 王誉俊. 根治国内电影界盗版的设想——站在社会环境视角的分析[J]. 现代视听，2015，4：27-30.

[94] 田小军，柏玉姗. 我国网络版权制度演化的现状、挑战与应对[J]. 中国版权，2016，3：31 34.

[95] 黄志远，梁晨笑. 网络影视版权整体转好网盘盗链仍为痼疾[J]. 中国出版，2017，9：16-17.

[96] 裴菁宇. 我国电影衍生品的产业现状及开发模式分析[J]. 中国电影市场，2015，11：22-25.

[97] 邹荣华. 国产电影衍生产品的开发现状及对策研究[J]. 当代电影，2018，1：145-148.

[98] BAI J，WALDFOGEL W. Movie piracy and sales displacement in two samples of Chinese consumers[J]. Information economics and policy，2012，24：187-196.

[99] 熊晓鸽，尹鸿. 全产业链经营是降低电影产业投资风险的有效方式[J]. 当代电影，2013，11：7-11.

[100] 盘剑，宣琳. 产业改革深化背景下的挑战与机遇——2012年度中国电影产业发展述评[J]. 东岳论丛，2013，7：115-119.

[101] 饶曙光，李国聪. 2003年以来的中国电影产业流变与市场走向[J]. 艺术百家，2017，2：10-34.

[102] 饶佳艺，徐大为，乔晗，等. 基于商业模式反馈系统的视频网站商业模式分析——Netflix与爱奇艺案例研究[J]. 管理评论，2017，2：245-254.

[103] 张心蔚. 试析网络与电视播放平台对电影院线的影响[J]. 电视研究，2018，2：59-61.

[104] 蒲剑，赵梦然. 电影产业中的互联网思维[J]. 当代电影，2014，6：19-22.

[105] 余佳丽. 内容+渠道：浅议中国后电影产品的营销策略[J]. 电影文学，2010，6：4-6.

[106] 王磊，张庆. 三次售卖：电影业的衍生盈利模式[J]. 企业管理，2011，9：56-58.

[107] 张为. 美国视频网站Hulu的盈利模式及借鉴意义[J]. 中国记者，2014，6：122-123.

[108] 赵艳明，陈晋伦. 数字电影安全系统关键技术[J]. 中国新通信，2009，13：67-71.

[109] LITMAN J. Antibiotic resistance[J]. Cardozo Arts & Ent. L. J.，2012，30：

53-60.

[110] REIDENBERG J. The rule of intellectual property law in the internet economy[J]. Hous. L. Rev. ,2007,44:1073-1087.

[111] MERGES R. A transactional view of property right[J]. Berkeley technology law journal 1477,2005,20:1489-1504.

[112] 王迁. 论网络环境中的"首次销售原则"[J]. 法学杂志,2006,3:117-121.

[113] CARRRIER M. Copyright and innovation: the untold story[J]. Wisconsin law review 891,2012,4:932-935.

[114] WANG Q. Is downloading of pirated content for private purposes a copyright infringement in China?[J]. Journal of the copyright society of the U. S. A, 2010,57:655-663.

[115] LEMLEY M, REESE A. Reducing digital copyright infringement without restricting innovation[J]. Stanford law review,2004,56:101-154.

[116] PAGER S. The role of copyright in creative industry development[J]. January law and development review,2017,10(2):521-576.

[117] GOLDSTEIN P. Copyright[J]. Law and Contemporary Problems,1992,55: 79-91.

[118] DEMSETZ H. Information and efficiency: another viewpoint[J]. J. L. & ECON. ,1969,12:1-22.

[119] 张丰艳. 中国音乐生态圈的现状问题与产业发展研究[J]. 中国版权, 2016,2:50-54.

[120] 李皖. "时代歌手"再不拥有时代——二零一三至二零一七年中国流行音乐概览之一[J]. 读书,2019,2:3-11.

[121] WEINSTOCK NETANEL N. Copyright and a democratic civil society[J]. YALE L. J. ,1996,106:352-362.

[122] 王小峰. 宋柯:中国唱片业的衰落之因[J]. 环球市场信息导报,2012,5: 84-87.

[123] 李智萍,刘云. 浅谈当前我国数字音乐出版业现状[J]. 科技与出版,

2011,7:84-85.

[124] 熊琦. 美国音乐版权制度转型经验的梳解与借鉴[J]. 环球法律评论,2014,3:142-160.

[125] CHOW D. Counterfeiting in the People's Republic of China[J]. WASH. U. L. Q. 1,2000,78:1-25.

[126] CLARKE D. Private enforcement of intellectual property rights in China[J]. NBR nalysis,1999,10:29-34.

[127] 崔国斌. 中国知识产权热点评论[J]. 清华法治论衡,2005,2:109-129.

[128] 谢晓尧. 著作权的行政救济之道——反思与批判[J]. 知识产权,2015,11:3-16.

[129] 李顺德. 对加强著作权行政执法的思考[J]. 知识产权,2015,11:17-24.

[130] 詹映,张弘. 我国知识产权侵权司法判例实证研究——以维权成本和侵权代价为中心[J]. 科研管理,2015,7:145-153.

[131] 吴汉东. 著作权法第三次修改草案的立法方案和内容安排[J]. 知识产权,2012,5:13-18.

[132] 李明德. 关于知识产权损害赔偿的几点思考[J]. 知识产权,2016,5:3-9.

[133] 张先昌,鲁宽. 近十年网络著作权犯罪案件的实证研究[J]. 知识产权,2012,9:76-80.

[134] 程莹、孟文玲. 网络文化背景下著作权刑法保护的困境与出路——基于近 10 年著作权犯罪相关案件的实证分析[J] 理论导刊,2018,11:90-95.

[135] 徐宏,陈颖. 侵犯著作权罪实证研究——以上海市近 5 年的裁判文书为分析样本[J]. 中国出版,2019,2:56-59.

[136] 王廷婷. 我国近五年著作权犯罪与司法实证研究[J]. 中国出版,2017,2:45-49.

[137] 崔国斌. 加框链接的著作权法规制[J]. 政治与法律,2014,5:74-93.

[138] 崔国斌. 得形忘意的服务器标准[J]. 知识产权,2016,8:3-19.

[139] 冯晓青. 聚合盗链行为侵权性及司法适用标准分析——兼议"腾讯诉快看影视"案 [J]. 中国版权,2016,4:40-43.

[140] GORDON W. Fair use as market failure:a structural and economic analysis

of the "Betamax" case and its predecessors[J]. Columbia law review, 1982, 82: 1600-1657.

[141] LEMLEY M. IP in a world without scarcity[J]. N. Y. U. L. Rev., 2015.

报纸中析出的文献

[1] 吴波. 盗版黑洞吞噬图书业[N]. 广州日报, 2014-02-09(3).

[2] 轩辕杨子. 盗版之风越刮越凶[N]. 中国文化报, 2010-04-15(10).

[3] 黄洁. 北京警方破获特大网络侵犯著作权案——200 余家加盟网站侵权作品超 8000 部[N]. 法制日报, 2013-07-29(8).

[4] 张晓娜. 打击网络侵权盗版"剑网 2016"专项行动启动[N]. 民主与法制时报, 2016-07-14(1).

[5] 张贺. "剑网 2017"专项行动关闭侵权盗版网站 2554 个[N]. 人民日报, 2018-01-17(12).

[6] 刘芝秀. 搜索引擎网络经营者的法律责任[N]. 检察日报, 2005-12-23(3).

[7] 崔清新, 杨维汉. 最高法公布百度侵权案例[N]. 新华每日电讯, 2011-12-21(6).

[8] 王康. 百度为正版音乐"埋单"获认可[N]. 中国知识产权报, 2011-07-29(11).

[9] 张贺. 付费听音乐, 这次真的能行吗[N]. 人民日报, 2016-05-12(19).

[10] 潘旭涛, 雷龚鸣. 数字音乐, 日子过得怎么样?[N]. 人民日报(海外版), 2016-08-11(6).

[11] 何天骄. 音乐版权疯涨 赢家只有国际唱片三巨头[N]. 第一财经日报, 2017-08-29(1).

[12] 陈晓晟. 腾讯加速推进在线音乐正版化 携手网易共建创新商业模式[N]. 通信信息报, 2015-10-21(C04).

[13] 罗杰. 不是黑胶复兴而是黑胶变时髦了[N]. 文汇报, 2017-12-23(6).

[14] 叶胜男. 侵权制销"小猪佩奇", 玩具公司被判赔[N]. 中国新闻出版广电报, 2018-09-06(7).

[15] 郑中砥. 打击电影盗录盗播 司法利剑直指盗版产业链[N]. 中国电影报,

2016-12-7(1).
[16] 张春蔚. 压缩 DVD 挑战中国音像市场[N]. 南方周末,2004-12-23.
[17] 瞿磊,颜彦. 盗版影碟市场产业链条上的畸形物[N]. 中国图书商报,2005-03-25(9).
[18] 李兮. 反盗版 MPA 与中国人联合行动! [N]. 中国电影报,2005-01-13(16).
[19] 李兮. 中美双方评估反盗版执行结果[N]. 中国电影报,2005-10-27(5).
[20] 张贺. 中国加大力度严打侵权盗版[N]. 人民日报(海外版),2008-02-22(4).
[21] 李雪. 影视片商出“鲜招”打响“网络维权”战[N]. 北京商报(海外版),2010-08-02(C13).
[22] 吴园妹. 视频网站侵权高发的现状和对策[N]. 经济参考报,2011-12-21(6).
[23] 姜瑜. 网络视频版权之争的背后[N]. 上海金融报,2010-03-16(A13).
[24] 姜旭. “剑网行动”催生版权主动监管长效机制[N]. 中国知识产权报,2011-02-11(9).
[25] 陈磊. 国家版权局通报“剑网行动”视频网站主动监管情况[N]. 科技日报,2011-01-31(1).
[26] 李博. 国内视频网站加速正本清源[N]. 中国文化报,2010-12-09(10).
[27] 陈炜. 快播败诉 2.6 亿元罚单终落地 互联网版权政策逐步收紧[N]. 证券日报,2019-01-09(C03).
[28] 吴学安. 电影衍生品怎样分得一杯羹[N]. 团结报,2013-02-16(5).
[29] 吴学安. 电影衍生品版权保护不该被遗忘[N]. 中国新闻出版报,2012-06-01(6).
[30] 陈蕙茹. 请把我的歌带回你的家请把我的版税留下[N]. 成都日报,2009-03-11(A10).
[31] 窦新颖. 正版化,让音乐焕发生命力[N]. 中国知识产权报,2017-07-14 (9).

电子资源(不包括电子专著、电子连续出版物、电子学位论文、电子专利)

[1] ROBERTS R. Napsternomics: what’s the most effective way to protect

intellectual property?[EB/OL]. [2019-02-19] http://www. econlib. org/library/Columns/Robertsnapster. html.

[2] 图书、期刊和报纸出版情况 [DB/OL]. [2018-12-07]. 中国社会统计年鉴 2017,9-8. https://kns. cnki. net/kcms2/article/fulltext?invoice=oNPWvqmBKEyr4LxtF1UcMFj9%2FwJr76KKPFog%2F4j1rtR1XZWNNs2si1Fhks1rZupmhjSpZBLrL7mcwwOAhKmZcwR3PdVu0O%2Fk4FmNB0VzbluAzUSucarD0MQbat1tI2UYgas%2FbDo353mOPTV%2F4yKFeOZPhtu3i126mMl9Hp8SxGg%3D&platform=NZKPT&product=CYFD&filename=N2018050235000237&tablename=cyfd2018&type=ALMANAC&scope=download&cflag=overlay&dflag=&pages=&language=chs&trial=&nonce=D6FC4D7313684A849060E2DA90F8D89C.

[3] 图书、期刊和报纸出版情况 [DB/OL]. [2018-12-07]. 中国统计年鉴 2018,23-2. https://kns. cnki. net/kcms2/article/fulltext?invoice=qYShu0knrOU%2Faf6QmKPUv9%2BjNUdFRUqRosz8e7S37c%2B%2FRCHcBAcvHmoIv0BlE1iAQperkOzaSF8uIHIonIdZkT0k0MjlE0TbZIq8RhR3PV0shhAylvnqYLeBQXcbJUzEX9NtPu0rVt5I8p2LHeFy4NRDFj9mBo%2FFZw6FbfIKrEY%3D&platform=NZKPT&product=CYFD&filename=N2018110025000549&tablename=cyfd2018&type=ALMANAC&scope=download&cflag=overlay&dflag=&pages=&language=chs&trial=&nonce=098C263CE0224FC2B422DE809417BF64.

[4] 国家统计局. 中华人民共和国 2017 年国民经济和社会发展统计公报[EB/OL]. [2018-12-28]. http://www. stats. gov. cn/tjsj/zxfb/201802/t20180228_1585631. html.

[5] 雷建平. 盛大文学曝光黑色产业链:盗版小站月入 300 万[EB/OL]. [2018-12-29]. http://tech. qq. com/a/20110407/000169. htm.

[6] 全国最大电子书盗版案告破 8000 部作品侵权[EB/OL]. [2018-12-29]. http://money. 163. com/13/0727/15/94Q3TVSM00253B0H. html.

[7] “剑网 2016” 专项行动总结会在京召开[EB/OL]. [2018-12-30]. http://mini. eastday. com/mobile/161226171559277. html#.

[8] 钱好. 大型网络文学网站作品被盗率近100%网文“秒盗”[EB/OL]. [2019-01-03]. http://it. people. com. cn/n1/2016/0527/c1009-28383981. html?utm_source=tuicool&utm_medium=referral.

[9] 报纸大面积“阵亡”之后，电视频道也迎来了“关停潮”！[EB/OL]. [2019-01-24]. http://www. sohu. com/a/290577294_104642.

[10] Change agents：inside China’s music copyright law. [EB/OL]. [2019-01-24]. http://www. chinamusicbusiness. com/article/change-agents-inside-chinas-music-copyright-law-paneldongdong-special/.

[11] 知识产权行为保全案例：〈狼爱上羊〉诉前禁令案[EB/OL]. [2019-01-25]. https://www. chinacourt. org/article/detail/2014/04/id/1283138. shtml.

[12] 开个唱引纠纷 汤潮拒不执行“禁唱令”被罚[EB/OL]. [2019-01-25]. http://ent. 163. com/10/0623/06/69RGTU9600032DGD. html.

[13] 国务院法制办公室．关于公布中国人民共和国著作权法（修订草案送审稿）公开征求意见的通知[EB/OL]. [2018-09-21]. http://www. gov. cn/xinwen/2014-06/10/content_2697701. htm.

案例

[1] 上海市徐汇区人民法院（2017）沪0104民初18960号判决书.

[2] 上海知识产权法院（2019）沪73民终4号判决书.

[3] Dreamland Ball Room，Inc. v. Shapiro，Bernstein & Co. ，36 F. 2d 354（7th Cir. 1929）.

[4] Fonovisa，Inc. v. Cherry Auction，Inc. ，76 F. 3d 259，261（9th Cir. 1996）.

[5] A&M Records，Inc v. Napster，239 F. 3d 1004（9thCir. 2001）.

[6] MGM Studios，Inc. v. Grokster，Ltd. ，545 U. S. 913（2005）.

[7] 中华人民共和国最高人民法院（2009）民三终字第2号民事判决书.

[8] 重庆市高级人民法院（2009）渝高法民终字第62号民事判决书．

[9] 最高人民法院（2010）民提字第39号民事判决书．

[10] 北京市第二中级人民法院（2008）二中民初字第10396号民事判决书．

[11] 北京市高级人民法院(2009)高民终字第 3034 号民事判决书.
[12] 贵州省贵阳市中级人民法院(2014)筑民三(知)初字第 57 号民事判决书.
[13] Sony Corporation of America et al. v. Universal City Studios, Inc, . et al. 464 U. S. 417 (1984).
[14] Williams & Wilkins Co. v. United States, 420 U. S. 376 (1975).
[15] 北京市第三中级人民法院(2014)三中民(知)初字第 13217 号判决书.